项目管理学

主编 王育辉

西北工业大学出版社

西 安

【内容简介】 本书立足于满足自考本科层次学生学习需求,以全国高等教育自学考试大纲为依据,以项目管理知识体系(PMBOK)第 6 版为基本框架,参考并吸收了国内外经典教材的宝贵观点,重点阐述项目管理的基本概念、基本框架、基本过程和方法等。

本书可作为自考本科相关专业的教材,也可供相关领域的工作者和自学者参考使用。

图书在版编目(CIP)数据

项目管理学 / 王育辉主编. —西安：西北工业大学出版社,2023.9
　ISBN 978-7-5612-9031-6

Ⅰ.①项… Ⅱ.①王… Ⅲ.①项目管理-高等教育-自学考试-教材 Ⅳ.①F224.5

中国国家版本馆 CIP 数据核字(2023)第 187273 号

XIANGMUGUANLIXUE
项 目 管 理 学
王育辉　主编

责任编辑：李文乾	策划编辑：华一瑾
责任校对：陈　瑶	装帧设计：侣小玲

出版发行：西北工业大学出版社
通信地址：西安市友谊西路 127 号　　邮编：710072
电　　话：(029)88493844,88491757
网　　址：www.nwpup.com
印 刷 者：兴平市博闻印务有限公司
开　　本：787 mm×1 092 mm　　1/16
印　　张：14.75
字　　数：350 千字
版　　次：2023 年 9 月第 1 版　　2023 年 9 月第 1 次印刷
书　　号：ISBN 978-7-5612-9031-6
定　　价：98.00 元

如有印装问题请与出版社联系调换

《项目管理学》编写组

主　　编　王育辉
副主编　徐吉辉　焦　阳
编　　者　关旭宁　张　楠　冯博宇　吴　凡
　　　　　白　光　唐　铂　张一瑫

前 言

自学考试是困难的,其难处在于它不像普通高校那样通过开展教学双边活动(如平时考试、期中考试、期末考试等)来评定学生成绩,而是只通过一纸试卷来评定学生对专业知识的理解和掌握。由于缺少了普通高校的诸多学习方式,在自考前获得一本较好的自学辅导书就显得尤为重要。

本书具有以下特点:

1.紧扣学习需求

本书立足于自考本科层次学生学习需求,以项目管理知识体系(PMBOK)第6版为基本框架,参考并吸收了国内其他专业自考教材的宝贵观点,帮助考生快速掌握项目管理基本内容。

2.突出重点难点

本书共有13章,每章均详细列出了本章考核知识点中的重点和难点,使考生能迅速抓住本章的实质。

3.自学自测结合

每章末尾都有同步综合训练,供考生检查自己对本章内容掌握的程度。同步综合训练与全国自学考试的题型完全一样。这样不仅起到检查和督促作用,又能帮助考生熟悉将来的考试。为了方便学习,练习题都给出了参考答案。

4.内容形象概括

本书具有图表化、整体化、概括化、提纲化等特点,不仅能帮助考生迅速掌握知识,还对考生的思维有启发作用,使考生将所学的各种理论知识有效地运用到社会实践中去。

5.真题模拟训练

本书最后附有两套全真模拟试题及参考答案,供考生自测使用。试题的编写严格按照考试大纲的要求,考生可以通过自测检验自己的学习效果和预测考试成绩。

总之,在备考中,建议考生以大纲和教材为根本,在熟悉大纲和教材的基础上,抓住本书的特点进行全面理解记忆和检测。相信各位考生一定能如愿以偿。

祝每一位考生早日成才!

编 者
2023年6月

目 录

第一章 项目与项目管理 ·· 1
   第一节 项目的概念 ·· 1
   第二节 项目管理的概念 ·· 4
   第三节 项目管理的发展历程 ·· 5
   第四节 项目管理的知识体系 ·· 6

第二章 项目管理过程与项目生命周期 ·· 13
   第一节 项目工作阶段的划分 ·· 13
   第二节 项目管理过程 ··· 17
   第三节 项目管理具体过程 ··· 19
   第四节 项目的生命周期 ·· 23

第三章 项目组织管理与项目经理 ··· 27
   第一节 项目相关利益主体 ··· 27
   第二节 项目实施组织的典型结构 ·· 29
   第三节 项目团队 ··· 32
   第四节 项目经理 ··· 36

第四章 项目集成管理 ·· 43
   第一节 项目集成管理的基本概念 ·· 43
   第二节 项目集成计划的制定 ·· 45
   第三节 项目集成计划的实施 ·· 50
   第四节 项目变更的总体控制 ·· 52

第五章 项目范围管理 ·· 57
   第一节 项目范围管理概述 ··· 57
   第二节 项目起始工作 ··· 58

第三节　制定项目范围计划 …………………………………………… 61
　　第四节　项目范围定义 ……………………………………………… 63
　　第五节　项目范围确认 ……………………………………………… 67
　　第六节　项目范围变更控制 ………………………………………… 69

第六章　项目时间管理 …………………………………………………… 75
　　第一节　项目活动的界定 …………………………………………… 75
　　第二节　项目活动的排序 …………………………………………… 77
　　第三节　项目活动工期估算 ………………………………………… 82
　　第四节　项目工期计划制定 ………………………………………… 85
　　第五节　项目工期计划的控制 ……………………………………… 88

第七章　项目成本管理 …………………………………………………… 94
　　第一节　项目成本管理的内容和方法 ……………………………… 94
　　第二节　项目资源计划 ……………………………………………… 96
　　第三节　项目成本估算 ……………………………………………… 97
　　第四节　项目成本预算 ……………………………………………… 101
　　第五节　项目成本控制 ……………………………………………… 104
　　第六节　挣值分析方法 ……………………………………………… 107

第八章　项目质量管理 …………………………………………………… 113
　　第一节　项目质量管理概述 ………………………………………… 113
　　第二节　项目质量计划 ……………………………………………… 117
　　第三节　项目质量保证 ……………………………………………… 120
　　第四节　项目质量控制 ……………………………………………… 122

第九章　项目人力资源管理 ……………………………………………… 128
　　第一节　人力资源管理概述 ………………………………………… 128
　　第二节　项目组织的规划与设计 …………………………………… 131
　　第三节　项目人员的获得与配备 …………………………………… 137
　　第四节　员工的发展与团队建设 …………………………………… 142

第十章　项目沟通管理 …………………………………………………… 151
　　第一节　沟通的概念、过程、要素及原则 ………………………… 151
　　第二节　项目沟通的方法和技巧 …………………………………… 154
　　第三节　项目沟通中的障碍 ………………………………………… 156
　　第四节　项目沟通计划 ……………………………………………… 157
　　第五节　项目报告 …………………………………………………… 160

  第六节 项目会议沟通管理 ……………………………………………………… 165

第十一章 项目风险管理 …………………………………………………………… 170
  第一节 项目风险和项目风险管理的概念 …………………………………… 170
  第二节 项目风险识别 ……………………………………………………………… 174
  第三节 项目风险度量 ……………………………………………………………… 178
  第四节 项目风险应对措施的制定 ……………………………………………… 182
  第五节 项目风险控制 ……………………………………………………………… 184

第十二章 项目采购管理 …………………………………………………………… 189
  第一节 项目采购管理概述 ………………………………………………………… 189
  第二节 项目采购管理的方法和技术 …………………………………………… 193
  第三节 项目采购计划的制定 …………………………………………………… 196
  第四节 项目采购计划的实施 …………………………………………………… 200
  第五节 项目合同管理 ……………………………………………………………… 206

第十三章 项目利益相关者管理 …………………………………………………… 212
  第一节 项目利益相关者概述 …………………………………………………… 212
  第二节 识别项目利益相关者及其需求 ………………………………………… 213
  第三节 项目利益相关者的管理过程 …………………………………………… 216

附录 ……………………………………………………………………………………… 219
  附录一 全真模拟试题(一) ………………………………………………………… 219
  附录二 全真模拟试题(二) ………………………………………………………… 222

参考文献 ………………………………………………………………………………… 225

第一章　项目与项目管理

▶ **本章知识要点概述**

要求学员在学习本章后,能够熟练掌握项目与项目管理的基本概念、基本内容、性质和分类,了解项目管理的发展历程以及项目管理的知识体系框架,为深入理解和掌握项目管理学这一专门知识体系奠定基础。

第一节　项目的概念

一、项目的定义

现代项目管理认为:项目是一个组织为实现既定的目标,在一定的时间、人员和其他资源的约束条件下,所开展的一种有一定独特性的、一次性的工作。项目是人类社会特有的一类经济、社会活动形式,是为创造特定的产品或服务而开展的一次性活动。因此,凡是人类创造特定产品或服务的活动都属于项目的范畴。对于项目的定义,人们从不同的角度给出了不同的定义,其中有代表性的有如下两种。

1. 美国项目管理协会的定义

项目是为创造特定产品或服务的一项有时限的任务。其中,"时限"是指每一个项目都有明确的起点和终点,"特定"是指一个项目所形成的产品或服务在关键特性上不同于其他的产品和服务。

2. 麦克·吉多的定义

项目就是以一套独特而又相互关联的任务为前提,有效利用资源,为实现一个特定的目标所做的努力。

从上述定义可以看出,项目可以是一个组织的任务或努力,它们小到可以只涉及几个人,也可以大到涉及几千人;项目也可以是多个组织的共同努力,它们甚至可以大到涉及成千上万人。完成项目所需的时间也不同,有的在很短时间内就可以完成,有的需要较长时间,甚至需要很多年才能够完成。实际上,现代项目管理所定义的项目包括各种组织所开展的各种一次性、独特性的任务与活动。

二、项目的特性

1. 目的性

项目的目的性是指任何一个项目都是为实现特定的组织目标服务的。因此,任何一个项目都必须根据组织目标确定出项目的目标。这些项目目标主要分两个方面:一是有关项目工作本身的目标,二是有关项目产出物的目标。前者是对项目工作而言的,后者是对项目的结果而言的。

2. 独特性

项目的独特性是指项目所生成的产品或服务有一定的独特之处。通常一个项目的产出物,即项目所生成的产品或服务,在一些关键方面与其他的产品和服务是不同的。每个项目都有某些方面是以前没有做过的,是独特的。

3. 一次性

项目的一次性(也称为"时限性")是指每个项目都有自己明确的时间起点和终点,都是有始有终的(不是不断重复、周而复始的)。项目的起点是项目开始的时间,项目的终点是项目的目标已经实现,或者项目的目标已经无法实现,从而中止项目的时间。项目的一次性与项目持续时间的长短无关,不管项目持续多长时间,每个项目都是有始有终的。

4. 制约性

项目的制约性是指每个项目都在一定程度上受客观条件和资源的制约。客观条件和资源对项目的制约涉及项目的各个方面,其中最主要的制约是资源制约。项目的资源制约包括人力资源、财力资源、物力资源、时间资源、技术资源、信息资源等方面的资源制约。通常,如果一个项目在人力、物力、财力、时间等方面的资源宽裕,制约较小,那么其成功的可能性就会非常大;情况相反时,项目成功的可能性就会大大降低。

5. 其他特性

项目除了上述特性以外还有其他一些特性,比如项目的创新性和风险性、项目过程的渐进性、项目成果的不可挽回性、项目组织的临时性和开放性等。这些项目特性是相互关联和相互影响的。

三、项目与运营的不同

人类的社会经济活动可分为两大类:一类是在相对封闭和确定的环境下所开展的重复性的、周而复始的、持续性的活动或工作,通常人们将这种活动或工作称为日常"运营或运行";另一类活动是在相对开放和不确定的环境下开展的独特的、一次性的活动或工作,这就是本书前面讨论和定义的"项目"。这两种不同的社会经济活动有许多本质的不同,最主要的不同体现在下述三个方面。

1. 工作性质与内容的不同

一般在日常运营中存在着大量常规性、不断重复的工作或活动,而在项目中则存在较多创新性、一次性的工作或活动。因为运营工作通常是不断重复、周而复始的,所以运营中的工作基本上是重复进行的常规作业,但是每个项目都是独具特色的,其中许多工作是开创性的,因此二者的工作性质与内容是不同的。

2. 工作环境与方式的不同

一般日常运营工作的环境是相对封闭和确定的,而项目的环境是相对开放和不确定的。因为运营工作的很大一部分是在组织内部开展的,所以它的运营环境是相对封闭的,譬如企业的生产活动主要是在企业内部完成的。同时,运营中涉及的外部环境也是一种相对确定的外部环境,比如,企业产品的销售多数是在一个相对确定性的环境中开展的,虽然企业的外部环境会有一些变化,但是相对来说还是比较确定的。

3. 组织与管理上的不同

由于运营工作是重复性的、相对确定的,所以一般运营工作的组织形式是相对不变的,运营的组织形式基本上是分部门成体系的。由于项目是一次性的、不确定的,所以一般项目的组织是变化的、临时性的,项目的组织形式多数是团队性的。同时,运营工作的组织管理模式以基于部门的职能型和直线指挥管理系统为主,而项目的组织管理模式主要以基于过程和活动的管理系统为主。

四、项目的分类

项目可以按照不同的标准进行分类。对项目进行分类的主要目的是要对项目的特性有更为深入的了解和认识。项目的主要分类有如下几种。

1. 业务项目和自我开发项目

业务项目是指由专业项目公司为特定的业主/客户所完成的一次性工作,这是一种商业性服务或开发、生产项目。自我开发项目是项目团队为自己企业或组织所完成的各种开发项目,是一种企业内部的研究与开发性项目。

2. 企业项目、政府项目和非营利机构项目

企业项目是由企业提供投资或资源,并作为业主/客户,为实现企业的特定目标所开展的各种项目,不管企业的性质是国有企业、集体企业,还是私营企业或合资企业。政府项目是由国家或地方政府提供投资或资源,并作为业主/客户,为实现政府的特定目标所开展的各种项目。非营利机构项目是指像学校、社团、社区等非营利组织提供投资或资源,为满足这些组织的需要而开展的各种项目。

3. 营利性项目和非营利性项目

营利性项目是以获得利润为目标而开展的项目,非营利项目是以增加社会福利或公益为目标所开展的项目。

4. 大项目、项目和子项目

在英文中有关"项目"的单词按照项目的规模和统属关系有 program、project 和 subproject

三个。它们都有与之对应的中文，project 通常被翻译成"项目"，而 subproject 被翻译成"子项目"，这种翻译大家一致认同。但是对于 program 的翻译就有很大不同，有的翻译成"项目"，有的翻译成"计划"，有的翻译成"工程"。"子项目"多数是可以分包出去由其他企业或本企业的其他职能部门完成的一个项目的子集。一个项目可以分解成各种不同层次的子项目。

第二节 项目管理的概念

一、项目管理的定义

现代项目管理认为，项目管理是运用各种知识、技能、方法与工具，为满足或超越项目有关各方对项目的要求与期望所开展的各种管理活动。其中，一般项目的有关各方需要满足的要求与期望主要涉及下述几个方面。

1. 对项目本身的要求与期望

这是所有的项目有关各方共同要求和期望的内容，因为这方面的要求和期望是项目全体有关各方面的共同利益所在。例如，对一个项目的范围、工期（时间）、造价（成本）和质量等方面的要求与期望就属于对于项目本身的要求和期望。

2. 项目有关各方不同的需求和期望

这是项目有关各方与自己相关利益的需要和期望，这包括项目的业主/客户、资源供应商、项目承包商、协作商、项目团队、项目所在社区、项目的政府管辖部门等各个方面的要求与期望，这种项目有关各方的需求和期望有些是相互矛盾的。

3. 项目已识别的需要与期望

这是已经由项目的各种文件明确规定的项目的需求和期望，是项目有关各方达成共识的需要和期望。例如，已经明确的项目工期、项目成本和项目质量等方面的要求与期望，以及对于项目工作的一些要求和期望等。

4. 项目尚未识别的要求和期望

这是项目各种文件没有明确规定的，但又是项目有关各方想要和追求的需求和期望。例如，潜在的环保要求、残疾人的特殊要求、更低的项目成本、更短的项目工期、更高的项目质量要求等等。

另外，美国项目管理协会（Project Management Institute，PMI）还从创新的角度对项目管理做了进一步的定义。他们认为："项目是一种创新的事业，所以项目管理也可简洁地称为实现创新的管理，或创新管理。"他们还提出了一整套的项目管理知识体系，认为项目管理知识体系主要由九个部分组成，分别是项目的集成管理、范围管理、时间（工期）管理、成本（造价）管理、质量管理、人力资源管理、沟通管理、风险管理和采购管理。

美国项目管理协会的这一定义提出了项目管理的创新特性与具体内容：①项目管理的

创新特性是由项目本身的独特性和创造性决定的,任何一个项目都有不同于其他项目之处,这种不同要求在项目管理过程中不断开展创新活动。②从项目管理所需"知识体系"的角度给出了项目管理的内容。

二、项目管理的基本特性

1. 普遍性

项目作为一种创新活动普遍存在于社会、经济和生产活动之中,人类现有的各种文化物质成果最初都是通过项目的方式实现的。

2. 目的性

项目管理的另一个重要特性是它的目的性,一切项目管理活动都是为实现"满足或超越项目有关各方对项目的要求与期望"这一目的服务的。由于项目是一次性的、不确定的,所以一般项目的组织形式是变化的、临时性的,项目的组织形式多数是团队性的。同时,运营工作的组织管理模式以基于部门的职能型和直线指挥管理系统为主,而项目的组织管理模式主要以基于过程和活动的管理系统为主。

3. 独特性

项目管理的独特性是指项目管理既不同于一般的生产、服务的运营管理,也不同于常规的行政管理。它有自己独特的管理对象、自己独特的管理活动、自己独特的管理方法与工具,是一种完全不同的管理活动。

4. 集成性

项目管理的集成性是相对于一般运营管理的专门性而言的。

5. 创新性

项目管理的创新性包括两层含义,一是指项目管理是对于创新(项目所包含的创新之处)的管理,二是指任何一个项目的管理都没有一成不变的模式和方法,需要通过管理创新实现对于具体项目的有效管理。

第三节 项目管理的发展历程

一、国际上项目管理的发展历程

现在通行的看法认为,项目管理是第二次世界大战后的产物,主要是战后重建和冷战阶段为国防建设项目而创建的一种管理方法。项目管理的发展基本上可以划分为两个阶段:20世纪80年代之前被称为传统项目管理阶段,80年代之后被称为现代项目管理阶段。

1. 传统项目管理阶段

从20世纪40年代中期到60年代,项目管理主要应用于发达国家的国防工程建设和工业/民用工程建设方面。从60年代起,国际上许多人对项目管理产生了浓厚的兴趣。随后建立的两大国际性项目管理协会,即以欧洲国家为主的国际项目管理协会(International Project Management Association,IPMA)和以美洲国家为首的美国项目管理协会(Project Management Institute,PMI),以及各国相继成立的项目管理协会,为推动项目管理的发展发挥了积极的作用,做出了卓越的贡献。

2. 现代项目管理阶段

80年代之后项目管理进入现代项目管理阶段,特别是进入90年代以后,现代项目管理获得了快速的发展和长足的进步。这主要表现在两个方面:一是项目管理的职业化发展,二是项目管理的学术性发展。

二、我国项目管理的发展历程

我国对项目管理的理论研究和管理实践起步较晚,尤其是在现代项目管理方面,不管从现代项目管理的职业化发展,还是从现代项目管理的学术性发展和现代项目管理的实践方面,我们都与国际发达国家存在着一定的差距。

1. 我国传统项目管理的发展历程

我国早在2000多年前就已经开始了项目管理的实践,并且创造了许多不错的传统项目管理方法。例如,举世瞩目的都江堰水利工程。

2. 我国现代项目管理在学术方面的发展

我国到1991年才成立了全国性的项目管理协会——中国项目管理研究会,这是一个挂靠在相关一级学会下面的二级学会,由于资金短缺、缺少支持等原因,中国项目管理研究会到2000年共召开过三次学术年会和两次国际研讨会。

3. 我国现代项目管理在职业化方面的发展

在项目管理的职业化方面,我们至今还没有建立起自己的职业项目经理职业资格认证的制度和方法。

4. 我国现代项目管理在实践方面的发展

80年代后期,我国开始在建筑业和国内工程建设项目的管理体制和管理方法上做出许多重大的改革,开始借鉴和采用一些国际上先进的现代项目管理方法。最先开展现代项目管理实践的项目是我国的鲁布革水电站项目。

第四节 项目管理的知识体系

项目管理的知识体系是指在现代项目管理中所要开展的各种管理活动,所要使用的各种理论、方法和工具,以及所涉及的各种角色的职责和它们之间的相互关系等一系列项目管理理论与知识的总称。

一、项目管理知识体系的构成

现代项目管理知识体系主要包括十个方面。

1. 项目集成管理

项目集成管理是在项目管理过程中为确保各种项目工作能够很好地协调与配合而开展的一种整体性、综合性管理工作。

2. 项目范围管理

项目范围管理是在项目管理过程中所开展的计划和界定一个项目或项目阶段所需和必须要完成的工作,以及不断维护和更新项目范围的管理工作。

3. 项目时间管理

项目时间管理是在项目管理过程中为确保按既定时间成功完成而开展的管理工作。

4. 项目成本管理

项目成本管理是在项目管理过程中为确保项目在不超出预算的情况下完成全部项目工作而开展的管理工作。

5. 项目质量管理

项目质量管理是在项目管理过程中为确保项目的质量所开展的管理工作。

6. 项目人力资源管理

项目人力资源管理是在项目管理过程中为确保更有效地利用项目所涉及的人力资源而开展的管理工作。

7. 项目信息管理

项目信息管理是在项目管理过程中为确保有效及时地生成、收集、储存、处理和使用项目信息,以及合理地进行项目信息沟通而开展的管理工作。

8. 项目风险管理

项目风险管理是在项目管理过程中为确保成功地识别项目风险、分析项目风险和应对项目风险所开展的管理工作。

9. 项目采购管理

项目采购管理是在项目管理过程中为确保能够从项目组织外部寻求和获得项目所需各种商品与劳务的管理工作。

10. 项目利益相关者管理

项目利益相关者管理指识别能影响项目或受项目影响的全部人员、群体或组织,分析利益相关者对项目的期望和影响,制定合适的管理策略来有效调动利益相关者参与项目的决策和执行。

二、项目管理知识与其他知识的关系

项目管理知识与其他知识的关系如图1-1所示。

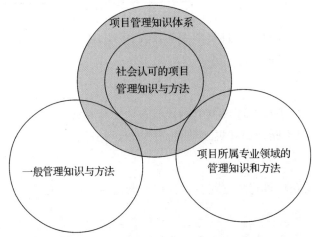

图1-1 项目管理知识与其他知识的关系

三、项目管理所涉及的一般管理知识

现代项目管理所涉及的一般管理知识主要包括下述几个方面。

1. 计划管理知识

计划管理是一项非常重要的管理职能,不管一般运营管理,还是项目管理,计划管理是首要的和必不可少的,只是一般运营管理和项目管理的计划管理在原理、方法和指导思想等方面有所不同而已。

2. 组织管理知识

一般管理中的组织管理知识只有一部分可以用在项目管理中。因为二者在组织形式上有很大的不同,一般的运营组织多采用直线职能制或事业部制的组织形式,而项目组织多采用项目制或矩阵制的组织形式。这使得一般运营管理和项目管理在组织管理方面存在一定差异,所以在项目组织管理中不能够生搬硬套一般管理中的组织管理知识。

3. 领导知识

一般管理理论认为,影响领导效果的关键因素有三个:一是领导者,领导者本身的能力、经验、背景、知识和价值观念等因素直接影响领导工作的效果;二是被领导者,被领导者本身的能力、经验、背景、专业知识、责任心、成熟程度和价值观念等因素也直接影响领导工作的效果;三是领导环境,即领导工作所面临的各种环境因素。领导效果的决定因素可以用图1-2来表示。

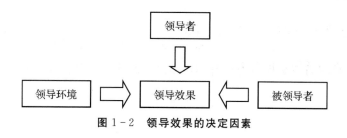

图 1-2 领导效果的决定因素

4.管理控制知识

在一般管理中,管理控制的主要工作内容包括:制定管理控制标准,因为控制标准是管理控制的依据;度量实际工作,即衡量、检查和给出具体度量结果,生成实际工作情况信息的管理控制工作;比较实际和标准,并找出问题、原因和解决方法;采取纠偏措施解决问题,消除偏差,并找出产生问题与偏差的原因,从而使工作恢复到正常运营和受控状态。

一般管理的控制工作与项目管理的控制工作在原理上有许多相同之处,但是在管理控制的内容、方法、程序等方面也有不同之处。这些不同之处是由于项目管理与一般运营管理存在诸多不同特性。

▶考核知识点

考核知识点	类别	内容
项目的概念	重点	项目的定义
		项目的特性
	难点	项目与日常运营工作的区别
项目管理的概念	重点	项目管理的定义
		项目管理的特性
项目管理的发展历程	重点	国外项目管理的发展历程
		国内项目管理的发展历程
项目管理的知识体系	重点	项目管理的知识体系
		项目管理知识与其他知识之间的关系

▶同步综合训练

一、名词解释

1.项目。

2.项目管理。

3.项目管理知识体系。

二、简答题

1.项目的特性有哪些?

2.项目管理知识体系主要包括哪些内容?

三、论述题

1. 项目管理与一般运营管理相比有哪些不同？为什么会有这些不同？
2. 现代项目管理与传统项目管理有哪些不同？现代项目管理是如何发展起来的？

▶ **参考答案**

一、名词解释

1. 项目是一个组织为实现既定的目标，在一定的时间、人员和其他资源的约束条件下，所开展的一种有一定独特性的、一次性的工作。

2. 项目管理是运用各种知识、技能、方法与工具，为满足或超越项目有关各方对项目的要求与期望所开展的各种管理活动。

3. 项目管理的知识体系是指在现代项目管理中所要开展的各种管理活动，所要使用的各种理论、方法和工具，以及所涉及的各种角色的职责和他们之间的相互关系等一系列项目管理理论与知识的总称。

二、简答题

1. 项目的特性有哪些？

答：(1)目的性。项目的目的性是指任何一个项目都是为实现特定的组织目标服务的。因此，任何一个项目都必须根据组织目标确定出项目的目标。这些项目目标主要分两个方面：一是有关项目工作本身的目标，二是有关项目产出物的目标。前者是对项目工作而言的，后者是对项目的结果而言的。

(2)独特性。项目的独特性是指项目所生成的产品或服务有一定的独特之处。通常一个项目的产出物，即项目所生成的产品或服务，在一些关键方面与其他的产品和服务是不同的。每个项目都有某些方面是以前没有做过的，是独特的。

(3)一次性。项目的一次性(也称为"时限性")是指每个项目都有自己明确的时间起点和终点，都是有始有终的(不是不断重复、周而复始的)。项目的起点是项目开始的时间，项目的终点是项目的目标已经实现，或者项目的目标已经无法实现，从而中止项目的时间。项目的一次性与项目持续时间的长短无关，不管项目持续多长时间，每个项目都是有始有终的。

(4)制约性。项目的制约性是指每个项目都在一定程度上受客观条件和资源的制约。客观条件和资源对项目的制约涉及项目的各个方面，其中最主要的制约是资源制约。项目的资源制约包括人力资源、财力资源、物力资源、时间资源、技术资源、信息资源等方面的资源制约。

(5)其他特性。项目除了上述特性以外还有其他一些特性，这包括项目的创新性和风险性、项目过程的渐进性、项目成果的不可挽回性、项目组织的临时性和开放性等。

2. 项目管理知识体系主要包括哪些内容?

答:项目管理的知识体系是指在现代项目管理中所要开展的各种管理活动,所要使用的各种理论、方法和工具,以及所涉及的各种角色的职责和它们之间的相互关系等一系列项目管理理论与知识的总称。项目管理知识体系包括许多方面的内容,这些内容可以按多种方式去组织,从而构成一套完整的项目管理知识体系。这些内容主要包括项目集成管理、项目范围管理、项目时间管理、项目成本管理、项目质量管理、项目人力资源管理、项目信息管理、项目风险管理、项目采购管理、项目利益相关者管理等。

三、论述题

1. 项目管理与一般运营管理相比有哪些不同?为什么会有这些不同?

答:人类的社会经济活动可分为两大类:一类是在相对封闭和确定的环境下所开展的重复性的、周而复始的、持续性的活动或工作,通常人们将这种活动或工作称为日常"运营或运行";另一类活动是在相对开放和不确定的环境下开展的独特的、一次性的活动或工作,也就是"项目"。这两种不同的社会经济活动有许多本质的不同,充分认识这些不同有助于我们对项目和项目管理认识与掌握。

"项目"与"运营"最主要的不同之处体现在下述三个方面:

(1)工作性质与内容的不同。一般在日常运营中存在着大量常规性、不断重复的工作或活动,而在项目中则存在较多创新性、一次性的工作或活动。因为运营工作通常是不断重复、周而复始的,所以运营中的工作基本上是重复进行的常规作业,但是每个项目都是独具特色的,其中许多工作是开创性的,因此二者的工作性质与内容是不同的。

(2)工作环境与方式的不同。一般日常运营工作的环境是相对封闭和确定的,而项目的环境是相对开放和不确定的。同时,运营中涉及的外部环境也是一种相对确定的外部环境。由于工作环境的相对封闭性,加上运营工作的重复性,所以运营中的不确定性较低,而且在不断重复的作业过程中还可以使许多不确定性因素逐步得以消除。

(3)组织与管理上的不同。由于运营工作是重复性的、相对确定的,所以一般运营工作的组织形式是相对不变的,运营的组织形式基本上是分部门成体系的。由于项目是一次性的、不确定的,所以一般项目的组织是变化的、临时性的,项目的组织形式多数是团队性的。同时,运营工作的组织管理模式以基于部门的职能型和直线指挥管理系统为主,而项目的组织管理模式主要以基于过程和活动的管理系统为主。

2. 现代项目管理与传统项目管理有哪些不同?现代项目管理是如何发展起来的?

答:(1)传统项目管理阶段。从 20 世纪 40 年代中期到 60 年代,项目管理主要应用于发达国家的国防工程建设和工业/民用工程建设方面。此时采用的传统项目管理方法主要是致力于项目的预算、规划和为达到项目目标而借用一般运营管理的方法,在相对较小的范围内所开展的一种管理活动。

(2) 现代项目管理阶段。80年代之后项目管理进入现代项目管理阶段,进入90年代以后,信息系统工程、网络工程、软件工程、大型建设工程以及高科技项目的研究与开发,促使项目管理在理论和方法等方面不断发展和现代化,现代项目管理在这一时期获得了快速的发展和长足的进步。

现代项目管理在这一阶段的高速发展主要表现在两个方面:一是项目管理的职业化发展,二是项目管理的学术性发展。在职业化发展方面,这一阶段的项目管理逐步分工细划,形成了一系列的项目管理的专门职业。在学术发展方面,主要体现在项目管理专业教育体系的建立以及项目管理理论与方法的研究。在现代项目管理阶段,国际上有许多大学相继建立和完善了项目管理专业的本科生和研究生教育体系。

第二章 项目管理过程与项目生命周期

▶**本章知识要点概述**

要求学员在学习本章后,能够熟练掌握项目过程及其工作阶段的划分、项目管理过程及其阶段或活动、项目管理具体过程描述的四要素及项目生命周期等内容。

第一节 项目工作阶段的划分

一、一般项目的工作阶段划分

对于一般意义上的项目,现代项目管理将其划分为四个主要的工作阶段。

1. 项目定义与决策阶段

在这一阶段中,人们提出一个项目的提案,分析和识别项目的机遇与需求,然后提出具体的项目建议书。在项目建议书或项目提案获得批准以后,就需要进一步开展不同详细程度的项目可行性分析,通过项目可行性分析找出项目的各种备选方案,然后分析和评价这些备选方案的损益和风险情况,最终做出项目方案的抉择和项目的决策。这一阶段的主要任务是提出项目、定义项目和做出项目决策。

2. 项目计划和设计阶段

在这一阶段中,人们首先要为已经决定实施的项目编制各种各样的计划(针对整个项目的工期计划、成本计划、质量计划、资源计划和集成计划等)。在开展这些计划工作的同时,一般还需要开展必要的项目设计工作,从而全面设计和界定整个项目、项目各阶段所需开展的工作以及有关项目产出物的全面要求和规定(包括技术方面、质量方面、数量方面、经济方面等)。实际上,这一阶段的主要工作是对项目的产出物和项目工作做出全面的设计和规定。

3. 项目实施与控制阶段

在项目实施的同时人们要开展各种各样的项目控制工作,以保证项目实施的结果与项目计划和设计阶段提出的要求、目标相一致。其中,项目实施工作还需要进一步划分成一系列的具体实施阶段,而项目控制工作也可以进一步划分成项目工期、成本、质量等不同的控制工作。

4.项目完工与交付阶段

在项目完工与交付阶段,人们要对照项目定义和决策阶段提出的项目目标和项目计划与设计阶段所提出的各种项目计划和要求,先由项目团队(或项目组织)全面检验项目工作和项目产出物,然后由项目团队向项目的业主(项目产出物的所有者)或用户(项目产出物的使用者)进行验收和移交工作,直至项目的业主/用户最终接受了项目的整个工作和工作结果(项目产出物),项目才算最终结束。

二、项目定义与决策阶段的工作

1.分析和识别项目的机遇与需求

在项目定义与决策阶段,首要的任务是识别出项目的机遇和对项目的基本需求。这一方面要做的主要工作如下:

(1)发现问题并提出设想。首先要找出为解决什么样问题而要开展一个具体项目。这种问题是开展一个项目的基本前提和必要条件。在发现问题的基础上,还需要进一步分析问题并找出解决问题的办法,即提出项目的基本设想。

(2)分析机遇和条件。在发现问题和提出设想的基础上,还需要分析和识别是否存在能够解决问题、实现设想、使企业或组织获得发展的机遇和条件。

(3)分析需求提出项目提案。在分析了机遇和条件以后,还需要进一步分析项目设想在满足企业或组织需求方面的情况,即项目能够在多大程度上解决组织所面临的问题。

2.给出项目提案或项目建议书

项目定义与决策阶段的第二项任务是给出项目的提案或项目建议书。通常一个项目提案或项目建议书应该包括如下内容:

(1)项目的目标。在项目提案或项目建议书中,首先要明确定义项目所要达到的目标。这些目标包括两大类:一类是项目产出物所要达到的目标要求(如项目产出物的质量、数量等),一类是有关项目工作的目标要求(如项目的工期、成本等)。项目提案或项目建议书所定义的项目目标要达到具体、可行、能够度量、便于检查和表达简洁等方面的要求。

(2)项目任务和范围。在项目目标确定以后,还需要根据项目目标界定项目的任务和项目的范围。这包括阐明和界定出项目要解决的具体问题、要满足的具体需求、项目的主要任务和最终成果形式与内容,以及实现项目目标所需要开展的主要活动等。项目提案或项目建议书界定给出的项目任务和范围要达到表述明确、切实必要、有相应的资源保障和有一定的弹性等方面的要求。

(3)项目工作和项目产出物的具体要求。在项目提案或项目建议书编制中,还需要以项目目标为依据,进一步规定和描述对于项目工作和项目产出物的具体要求。这包括度量项目工作的任务、绩效、质量、经济效益等方面的指标(如工期、成本和工作质量的度量指标),

度量项目产出物的数量、质量、科技水平、经济技术效果等方面的具体指标(如信息系统开发项目的系统功能、信息处理速度、可扩展性等度量指标)。项目提案或项目建议书中有关项目工作和项目产出物的具体规定和要求一般应该是切实可行和能够度量的,因为这是最终检验项目工作和项目产出物的基准。

3. 开展项目可行性研究并做出项目决策

项目管理要求对任何项目都要进行可行性研究,只是不同项目的可行性研究所要求的研究深度和复杂程度不同而已。不同国家对项目可行性研究的要求有所不同。一般项目可行性研究的主要内容和工作如下:

(1)初步可行性研究。通常,可行性分析涉及四个方面的内容:项目的技术可行性分析、项目的经济可行性分析、项目的运营可行性分析、项目的综合可行性分析。项目可行性分析的目的有两个:一是确定项目是否可行,从而得出项目是否立项的结论;二是确定项目的哪个备选方案最好,并得出各个备选方案的优先序列。

(2)详细可行性研究。这一工作的内容是在初步可行性研究的基础上,进一步详细地研究项目的可行性,分析项目的技术可行性、经济可行性、运营可行性,以及项目的不确定性和各种风险,各种环境影响和各个备选方案的优劣。详细可行性分析一般要比初步可行性分析详细和复杂。

(3)项目可行性分析报告的审批。项目可行性报告一般是由项目提出者、项目业主或项目主管自行或委托项目管理咨询单位完成的,项目可行性分析的研究者必须对研究的真实性、准确性和可靠性负责。

三、项目计划与设计阶段的工作

1. 项目集成计划的制定

项目集成计划的制定是对项目总体工作的一种计划安排,是对各种专项计划的一种集成。项目集成计划制定工作的结果是得到一份指导整个项目实施和控制、协调统一的计划文件。项目集成计划的作用包括:指导整个项目的实施和控制,协调各专项计划与工作,协调和促进利益相关者之间的沟通,界定项目的工作内容、范围和时间,提供绩效度量和项目控制的标准与基线,等等。

2. 项目专项计划的制定

项目专项计划的制定是对项目各方面具体工作的一种计划安排,是根据项目各种不同的目标而制定的各种专业工作或者专项工作的计划。项目专项计划制定工作的结果是得到一系列指导项目各专业和专项任务实施、控制与协调的计划文件。

3. 项目产出物的设计和规定

项目产出物的设计和规定工作包括对项目产出物的技术设计、实施方案设计、技术规范要求设计等方面的工作。

4. 项目工作的对外发包与合同订立

当一个项目需要使用外部承包商和供应商时，项目计划和设计阶段的工作通常还包括对外发包和合同订立工作。这项工作也属于计划安排的范畴，所以它被划分在这一阶段。这项工作一般包括承发包标书的制定、发标、招标、评标、中标和签订承包合同等内容。

四、项目实施与控制阶段的工作

1. 项目控制标准的制定

项目控制标准的制定是项目实施与控制阶段的首要任务，是整个项目实施与控制阶段所需各种管理依据和基准的制定工作。项目控制标准的制定包括项目进度控制、成本控制、质量控制等项目成功关键要素控制标准的制定，以及与项目专业特性有关的一些具体控制标准的制定。例如，建筑项目的安全控制标准、科研项目的阶段成果控制标准等。

2. 项目实施工作的开展

项目实施与控制阶段最主要的工作是项目的实施工作，即项目产出物的生产或形成工作。这一工作在每个项目中都有不同的内容，需要开展各种不同的作业。例如，建设一栋教学楼的项目与研制一项新产品的项目，它们的实施作业与活动就完全不同；即使建设设计相同的两栋楼，不同的施工地点、施工时间和施工队伍，它们的实施作业与活动也会有所不同。

3. 项目实施中的指挥、调度与协调

在项目实施与控制阶段，项目的管理者必须通过指挥、调度和协调等管理工作，使整个实施作业与活动处于一种有序的状态，并且使整个项目的实施在资源能够合理配置的状态下开展。项目实施中的指挥、调度和协调工作既涉及对项目实施任务的指挥调度，又涉及对项目团队关系的协调和对项目资源的调配。

4. 项目实施工作的绩效度量与报告

在项目的实施工作中，必须定期对项目实施工作的绩效进行度量与报告。项目实施绩效度量是将实施工作的实际结果与项目控制标准进行对照和比较的工作，项目实施绩效度量与报告工作是对照项目控制标准，统计、分析和报告项目实施实际情况的工作。通常项目实施阶段的这两方面工作给出了项目实施情况与项目标准之间的偏差、造成偏差的原因和纠偏的各种措施等。

5. 项目实施中的纠偏行动

项目实施与控制工作中最重要的管理工作是采取各种纠偏行动，即采取各种行动去纠正项目实施中出现的各种偏差，使项目实施工作保持有序和处于受控状态。这些纠偏措施有些是针对人员组织与管理的，有些是针对资源配置与管理的，有些是针对过程和方法的改进与提高的，等等。在项目实施与控制阶段，实施纠偏措施是制止偏差、消除问题与错误的具体管理行动。

五、项目完工与交付阶段的工作

在项目完工与交付阶段,人们要开展两个方面工作:其一,由项目团队或项目组织开展的项目完工工作,即全面检验项目工作和项目产出物,对照项目定义与决策阶段和项目计划与设计阶段所提出的项目目标和各种要求,确认项目是否达到目标或要求的工作。当发现项目存在问题或缺陷时,开展相应的返工与整改工作,使项目最终达到目标和要求。其二,由项目团队或项目组织向项目业主/用户进行验收和移交工作。在移交过程中,当项目业主/用户对项目工作和项目产出物提出整改要求时,项目团队则需要采取行动满足或拒绝这类要求,直至项目业主/用户最终接受项目的工作和成果。

1. 项目完工工作

项目完工工作主要包括各项工作的完结和项目涉及的各种分包或供货等合同的终结工作。

2. 项目交付工作

项目交付工作涉及两个方面:一是项目产出物的实物验收与交付工作,二是项目产出物的产权或所有权交付工作。

第二节 项目管理过程

一、项目过程

现代项目管理认为,项目是由一系列的项目阶段所构成的一个完整过程(或叫全过程),而各个项目阶段又是由一系列具体活动构成的一个工作过程。一般一个项目由两种类型的项目过程构成。

1. 项目的实现过程

项目的实现过程是指人们为创造项目的产出物而开展的各种活动所构成的过程(一般简称为"项目过程")。项目的实现过程一般用项目的生命周期来说明和描述它们的活动和内容。不同专业领域的项目,它们的实现过程是不同的,这将在后面的项目生命周期一节中讲述。

2. 项目的管理过程

项目的管理过程是指在项目实现过程中,人们所开展项目的计划、决策、组织、协调、沟通、激励和控制等方面的活动所构成的过程(一般称为"项目管理过程")。

二、项目管理过程

项目管理过程一般由五种不同的项目管理的具体过程构成。这五种项目管理的具体过程构成了一个项目管理过程组。一个项目管理过程组包括的五种具体管理过程如下。

1. 起始过程

一个项目管理过程组的首要管理过程是项目管理的"起始过程"。它包含的管理内容有：定义一个项目阶段的工作与活动，决定一个项目或项目阶段的起始与否，或决定是否将一个项目或项目阶段继续进行下去等。

2. 计划过程

一个项目管理过程组的第二种管理过程是项目管理的"计划过程"。它包含的管理内容有：拟定、编制和修订一个项目或项目阶段的工作目标、工作计划方案、资源供应计划、成本预算、计划应急措施等。

3. 实施过程

一个项目管理过程组的第三种管理过程是项目管理的"实施过程"。它包含的管理内容有：组织和协调人力资源及其他资源，组织和协调各项任务与工作，激励项目团队完成既定的工作计划，生成项目产出物等。

4. 控制过程

一个项目管理过程组的第四种管理过程是项目管理的"控制过程"。它包含的管理内容有：制定标准，监督和测量项目工作的实际情况，分析差异和问题，采取纠偏措施等管理工作和活动。这些都是保障项目目标得以实现，防止偏差积累造成项目失败的管理工作与活动。

5. 结束过程

一个项目管理过程组的第五种管理过程是项目管理的"结束过程"。它包括的管理内容有：制定一个项目或项目阶段的移交与接受条件，并完成项目或项目阶段成果的移交，从而使项目顺利结束。

三、项目管理具体过程之间的关系

项目管理的五个具体管理过程之间的关系，如图 2-1 所示。

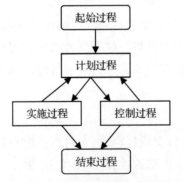

注：图中箭头代表了文件和文件内容的流转

图 2-1 项目管理具体过程之间的关系

另外，项目管理过程组的各个管理具体过程在时间上也并不完全是一个过程完成以后，另一个过程才能够开始,各个管理具体过程在时间上会有不同程度的交叉和重叠。图2-2描述了一个项目管理过程组中各个项目管理具体过程之间是如何交叉和重叠的。

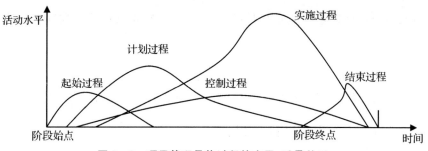

图2-2 项目管理具体过程的交叉、重叠关系

另外,项目管理具体过程之间的相互作用和相互影响还会跨越不同的两个项目阶段。这种两个项目阶段的项目管理具体过程的相互影响可以用图2-3来描述。

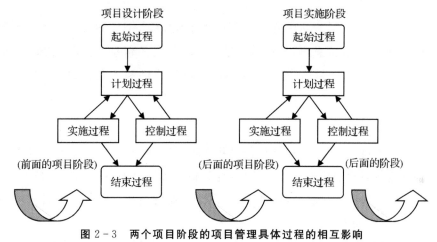

图2-3 两个项目阶段的项目管理具体过程的相互影响

第三节 项目管理具体过程

一、项目管理具体过程的描述

在一个项目管理过程组中,各个项目管理具体过程之间是通过输出/输入相互关联的。对项目管理过程的描述主要包括如下内容。

1. 输入

一个项目管理具体过程的输入是这一过程中所开展的管理工作与项目实现工作的依据。

2. 活动

这是指在一个项目管理具体过程中,将所获"输入"转变成"输出"的过程中所开展的工作和活动。

3. 工具和方法

这是指在一个项目管理具体过程中,在将"输入"转变成"输出"的过程中所使用的方法和工具。

4. 输出

这是一个项目管理具体过程所产生的,以文件或信息的形式给出的结果。

二、各个项目管理具体过程的描述

一个项目管理过程组包括起始过程、计划过程、实施过程、控制过程和结束过程。这些项目管理具体过程的特定描述如下。

1. 起始过程

起始过程是项目管理过程组中的第一个管理具体过程。这一过程根据前一个项目阶段结束过程所输出的文件和信息,以及在这一过程中所收集的信息,开展起始管理方面的相关活动,并给出有关一个项目阶段是否"起始"的决策文件和信息,以此作为这一过程的输出。

2. 计划过程

通常,在项目管理过程组中,计划过程要开展较多的活动,所以它需要的输入信息也较多,既包括前面起始过程输出的文件或信息,也包括有关项目的目标、要求、技术规范、项目实施和管理的条件和环境、项目成本、费用、资源等方面的信息。项目或项目阶段的计划工作所包括的活动主要如下:

(1) 范围的计划与界定。这是计划、说明和描述一个项目或项目阶段的具体工作范围,并以此作为未来项目决策的基础和依据,以及将项目分解为较小的、可实施和易管理的多个项目作业部分的管理活动。

(2) 工作的界定和工作顺序安排。这是一项找出完成各个项目阶段所需开展的具体工作任务和活动的计划工作,是一项找出各项工作之间的顺序关系,并做出相应的依次排序文件的项目管理工作。

(3) 工作持续时间的估算与计划排定。这是一项估算各项目实施工作所需工期长度,并在分析各项具体工作的顺序关系、持续时间和所需的资源的基础上,计划安排好各项实施工作的计划管理活动。

(4) 资源的安排与成本估算。这是一项确定各项实施工作所需资源种类和数量,并安排项目采购的计划工作,以及估算完成各项实施工作所需资源的成本和花费等方面的计划管理工作。

(5) 预算和项目计划的确定。这是依据上述计划工作给出的信息,确定项目或项目阶段的总预算、项目各项具体工作的预算,并制定出一个项目集成计划文件的项目计划管理工作。

项目核心性计划工作间的相互关系和辅助性计划工作间的相互关系如图2-4和图2-5所示。

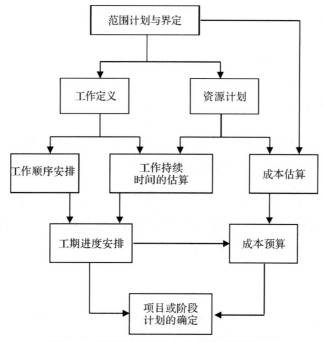

图 2-4　项目核心性计划工作间的相互关系

图 2-5　项目大部分辅助性计划工作间的相互关系

3. 实施过程

实施过程是指实施和完成计划过程中所确定的核心性计划工作和辅助性计划工作各项任务的管理过程。这一过程的主要输入有两个:一个是在计划过程中所制定的各种计划和相关细节信息与文件,另一个是项目的各种技术文件。其中最为主要的工作内容如下:

(1)项目计划任务的实施。这主要是完成项目计划所给出的各项工作任务,即实施项目的计划。

(2)项目任务范围的进一步确认。这是根据项目实施中所发生的情况,进一步明确地界定项目计划中所规定的任务这样一项工作。

(3)项目质量的保证。这包括按照既定的方法和标准,评价整个项目的实际工作,并采取各种项目质量保证和监控措施,确保项目能够符合相应的质量标准。

(4)项目团队的建设。这主要是通过努力提高项目团队及其成员的技能,提高项目团队的合作和团队精神,从而提高项目实施的绩效。

(5)项目相关信息的传递。这包括及时、准确、完整地将项目信息传递给需要这些信息的项目相关利益者的工作。

(6)采购工作的开展。这包括对于项目采购计划和采购工作计划所规定任务的实施。例如,开展寻求报价、招投标、发现和选择合适供应商等方面的工作。图2-6给出了这三项具体工作之间的相互关系。

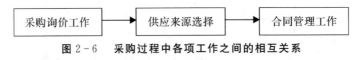

图2-6 采购过程中各项工作之间的相互关系

4.控制过程

(1)实施过程的控制。这是在项目或项目阶段的实施过程中,对项目的实施程序、实施作业和实施步骤等所开展的管理控制工作。

(2)项目范围的控制。这是在项目或项目阶段的实施过程中,对项目或项目阶段的任务范围所进行的界定与确认、变更管理和控制等方面的工作。

(3)项目进度的控制。这是在项目或项目阶段的实施过程中,对项目或项目阶段的作业时间和实际工期进度等方面的全面控制。

(4)项目成本的控制。这是在项目或项目阶段的实施过程中,对项目或项目阶段的成本预算和成本发生状况的全面控制工作。

(5)项目质量的控制。这是在项目或项目阶段的实施过程中,对项目或项目阶段的工作质量和项目产出物质量的管理与控制工作。

(6)项目的绩效报告。这是在项目或项目阶段的实施过程中,收集和报告有关项目或项目阶段实施的实际情况,以及相关信息的工作。

(7)项目风险的控制。这是在项目或项目阶段的实施过程中,对各种项目风险、项目风险后果的风险应对与管理控制的工作。

上述这些项目控制工作是控制过程的核心内容,这些项目控制工作有些是独立进行的,有些是依次进行的。但是这些控制过程中的项目控制工作之间的相互影响是非常强烈的。

5.结束过程

在项目管理过程组中,结束过程的主要工作如下:

(1)管理的结束工作。这是收集、生成并分发一个项目阶段或整个项目实施工作完成与结束的各种文件和信息的项目管理工作。这项工作的目的是为结束一个项目或一个项目阶段做好各种文件准备。

(2)项目合同的终结。这是完成和终结一个项目或项目阶段各种合同的工作,主要包括项目的各种商品采购和劳务承包合同。这项管理活动还包括有关项目或项目阶段的遗留问题解决方案和决策的工作。

第四节 项目的生命周期

一、项目生命周期的定义

美国项目管理协会对项目生命周期的定义表述如下:项目是分阶段完成的一项独特性的任务,一个组织在完成一个项目时会将项目划分成一系列的项目阶段,以便更好地管理和控制项目,更好地将组织的日常运作与项目管理结合在一起。项目的各个阶段放一起就构成了一个项目的生命周期。

二、项目生命周期的内容

项目生命周期的内容包括下述几个方面。

1. 项目的时限

项目生命周期的首要内容是给出了一个具体项目的时限。这包括一个项目的起点和终点,以及一个项目各个阶段的起点和终点。

2. 项目的阶段

项目生命周期的另一项主要内容是项目各个阶段的划分。这包括一个项目的主要阶段划分和各个主要阶段中具体阶段的划分,这种阶段划分将一个项目分解成一系列前后接续、便于管理的项目阶段,而每个项目阶段都是由这一阶段的可交付成果所标识的。所谓项目阶段的可交付成果就是一种可见的、能够验证的工作结果(或叫产出物)。

3. 项目的任务

项目的任务包括项目各个阶段的主要任务和项目各阶段主要任务中的主要活动等。

4. 项目的成果

项目生命周期同时还需要明确给定项目各阶段的可交付成果。这同样包括项目各个阶段和项目各个阶段中主要活动的成果。

三、项目生命周期的描述

1. 典型的项目生命周期描述

典型的项目生命周期是由图 2-7 给出的四阶段项目生命周期。

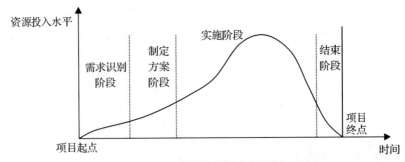

图 2-7 典型的项目生命周期

图 2-7 中的纵轴表示项目的资源投入水平,横轴表示项目阶段的时间。这种典型的项目生命周期描述方法可以适用于对多数项目的生命周期描述,但是它比较粗略。

2. 美国国防部的项目生命周期描述

美国国防部 1993 年修订的项目管理规程给出了图 2-8 所示的项目生命周期的阶段划分和阶段性里程碑的说明和描述。

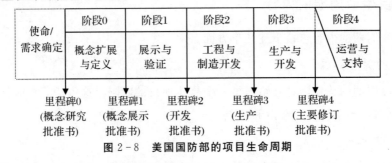

图 2-8 美国国防部的项目生命周期

3. 一般工程建设项目生命周期描述

一般工程建设项目的生命周期也可以划分为四个阶段,图 2-9 给出了一般工程建设项目四阶段生命周期的图示描述。

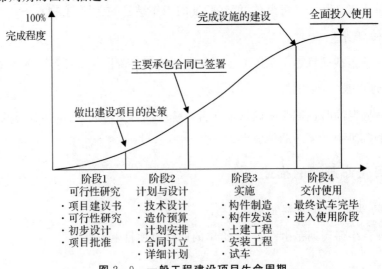

图 2-9 一般工程建设项目生命周期

第二章 项目管理过程与项目生命周期

▶ **考核知识点**

考核知识点	类别	内容
项目工作阶段的划分	重点	项目工作阶段的划分
	难点	项目工作各阶段的工作内容
项目管理过程	重点	项目管理过程的概念
		项目管理过程的划分
	难点	项目过程的概念
		项目管理过程阶段之间的关系
项目管理具体过程	难点	项目管理具体过程的描述
项目的生命周期	重点	项目生命周期的内容
	难点	项目生命周期的概念
		项目生命周期的描述

▶ **同步综合训练**

一、名词解释

1. 项目管理过程。
2. 项目生命周期。

二、简答题

1. 项目可划分为几个工作阶段?
2. 项目管理具体过程之间存在怎样的关系?
3. 项目生命周期的内容有哪些?

三、论述题

描述典型项目生命周期。

▶ **参考答案**

一、名词解释

1. 项目管理过程一般由五种不同的项目管理具体过程构成。这五种项目管理的具体过程构成了一个项目管理过程组。一个项目管理过程组所包括的五种具体管理过程有起始过程、计划过程、实施过程、控制过程、结束过程。

2. 美国项目管理协会对项目生命周期的定义:项目是分阶段完成的一项独特性的任务,一个组织在完成一个项目时会将项目划分成一系列的项目阶段,以便更好地管理和控制项目,更好地将组织的日常运作与项目管理结合在一起。项目的各个阶段放一起就构成了一个项目的生命周期。

二、简答题

1. 项目可划分为几个工作阶段?

答:对于一般意义上的项目,现代项目管理将其划分为四个主要的工作阶段。这四个工作阶段分别是项目定义与决策阶段、项目计划与设计阶段、项目实施与控制阶段、项目完工与交付阶段。

2.项目管理具体过程之间存在怎样的关系?

答:项目管理具体过程之间存在的关系如图2-1所示。

3.项目生命周期的内容有哪些?

答:一个项目从始到终的整个过程构成了项目生命周期,项目生命周期的内容包括项目的时限、项目的阶段、项目的任务、项目的成果。

三、论述题

描述典型的项目生命周期。

答:典型的项目生命周期是由图2-7给出的四阶段项目生命周期(仅供参考)。

第三章 项目组织管理与项目经理

▶ **本章知识要点概述**

要求学员在学习本章后,能够熟练掌握有关项目组织管理的内容、方法和理论,以及项目经理的责任、角色、素质和能力要求等内容。

第一节 项目相关利益主体

一个项目的相关利益主体是指那些参与项目或者其利益会受项目成败影响的个人或组织。一个项目的管理者必须全面地识别出项目的相关利益主体,分析、确认和管理好项目相关利益主体的需求和期望,才能使项目获得成功。

一、项目主要的相关利益主体

一个项目会涉及许多组织、群体或个人的利益,这些组织、群体或个人都是这一项目的相关利益主体,不管项目是直接涉及还是间接涉及这些人或组织的利益。通常在项目管理中,一个项目的主要相关利益主体包括下述几个方面。

1. 项目的业主

项目的业主是项目的投资人和所有者。项目业主是一个项目的最终决策者,他拥有对于项目的工期、成本、质量和集成管理等方面的最高决策权力,因为项目是他所有的。项目业主有时还是项目的直接用户,有时甚至还是项目的实施者。

2. 项目的客户

项目的客户是使用项目成果的个人或组织。任何一个项目都是为项目客户服务的,都是供项目客户使用的,所以在项目管理中必须认真考虑项目客户的需要、期望和要求。一个项目的客户可能是非常单一的,也可能是非常广泛的。

3. 项目经理

项目经理是负责管理整个项目的人。项目经理既是一个项目的领导者、组织者、管理者和项目管理决策的制定者,也是项目重大决策的执行者。项目经理对一个项目的成败至关重要。

4. 项目实施组织

项目的实施组织是指完成一个项目主要工作的企业或组织。一个项目的实施组织可能是项目业主委托的业务项目实施组织,也可能是项目业主自己内部的单位或机构。

5. 项目团队

项目团队是具体从事项目全部或某项具体工作的组织或群体。项目团队是由一组个体成员为实现项目的一个或多个目标而协同工作的群体。一个项目可能会有为完成不同项目任务的多个项目团队,也可能只有一个统一的项目团队。

6. 项目的其他相关利益主体

除了上述各种项目相关利益主体之外,一个项目还会有像供应商、贷款银行、政府主管部门,项目涉及的市民、社区、公共社团等方面的相关利益主体或相关利益者。这些不同的项目相关利益主体的需要、期望、要求和行为都会对项目的成败产生影响。

二、项目相关利益主体之间的关系

项目相关利益主体之间的关系既有一致的一面,也有冲突的一面。通常,项目相关利益主体之间的关系体现在以下几个方面。

1. 项目业主与项目实施组织之间的利益关系

项目业主与项目实施组织之间的利益关系在很大程度上决定了一个项目的成败。通常,二者的关系既有利益一致的一面,这使项目业主与项目实施组织最终形成了一种委托和受托或者委托与代理的关系(如果项目业主和项目实施组织之间没有这种利益一致就无法形成项目业主与实施组织之间的合作关系);也有利益冲突的一面(因为双方各自都有独立的利益、期望和目标),这会影响到项目的成功实施。

2. 项目业主与项目其他相关利益主体之间的利益关系

项目业主与项目其他相关利益主体之间同样存在着利益一致和利益冲突的一面。通常,项目业主与项目其他相关利益主体之间利益一致的一面使得项目得以成立,而利益冲突的一面使得项目出现问题或失败。

3. 项目实施组织与项目其他相关利益主体之间的利益关系

项目实施组织与项目其他相关利益主体也会发生各种利益关系,也包括利益一致和利益冲突两个方面。虽然项目实施组织与项目其他相关利益主体的利益关系没有项目业主与其他相关利益主体之间的利益关系那么直接和紧密,但是同样会有利益冲突的地方,也存在着由于利益冲突导致项目失败的危险。

现代项目管理的实践证明,不同的项目相关利益主体之间的利益冲突和目标差异可以通过采用合作伙伴式管理(partnering management)和其他解决方案予以解决。这意味着在一个项目管理中,从项目的定义阶段开始就要充分了解项目相关利益主体各方面的需求和期望,就应该充分考虑项目全部相关利益主体的利益关系;在项目的计划阶段要合理安排和照顾好项目各方面相关利益主体的利益,协调好项目相关利益主体们在项目目标方面的冲突和差异;在项目的实施阶段要努力维护好项目各相关利益主体的不同利益,设法达到甚至超过各方面的需要和期望,从而最终成功完成整个项目。

第二节 项目实施组织的典型结构

对于项目组织管理而言,由于不同项目有不同的目标和要求,人们无法给出一个适合各种项目的理想组织结构,因此会有许多不同的项目实施组织结构类型。项目实施组织结构类型按照从面向功能到面向活动的程度可分为直线职能型、矩阵型、项目型和综合型四大类。这四大类还可以进一步细分,如矩阵型项目组织的结构又可以分为弱矩阵型、均衡矩阵型和强矩阵型三类。

一、直线职能型组织

直线职能型组织是一种层次型的,主要适用于运营性企业。在这种组织结构中,每个雇员都有一个直接的上级,雇员需要接受他的领导并向他汇报,以保证组织的直线指挥系统能够充分发挥作用。这种组织中的雇员基本上是按照专业划分工作和部门的。在这种组织中除了直线指挥系统之外,还有一系列的职能管理部门,它们负责企业或组织各方面的职能管理工作。

这种直线职能型组织可以用于完成某些项目,也可以在组织内部建立相关的项目团队,但是这种项目团队多数是按照直线职能型组织的职能部门组建的,这种项目团队的多数成员属于同一个职能部门。在这种项目团队中,项目经理和项目管理人员都是兼职的,一般不从直线职能型组织的其他部门选调专职的项目工作人员。这种团队的项目经理的权力和权威很小,甚至很少使用"项目经理"这一头衔,只是简单地称为"项目协调人"。这种直线职能型组织对开展项目管理十分不利。

直线职能型组织的结构如图 3-1 所示。

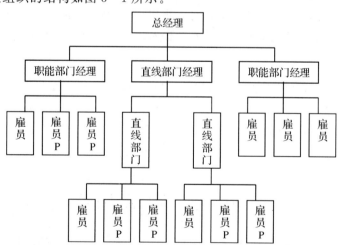

注:带"P"的雇员是分配去做项目的雇员(下同),他们的组合构成了直线职能型组织中的项目团队。

图 3-1 直线职能型组织中的项目团队结构示意图

二、项目型组织

项目型组织是一种模块式的组织结构,主要适合于开展各种业务项目的企业,是一种专门为开展一次性和独特性的项目任务而建立的组织结构。在项目型组织中,雇员多数属于某个项目团队,而项目团队通常是多种职能人员组合而成的。项目型组织的职能部门一般不行使对项目经理的直接领导,只是为各种项目提供支持或服务。

项目型组织的主要使命是开展各种业务项目。在这种组织中,绝大多数人员专门从事项目工作,只有少数人从事职能管理工作。这种组织中的项目经理是专职的,而且具有较大的权力和权威。项目型组织的结构如图3-2所示。

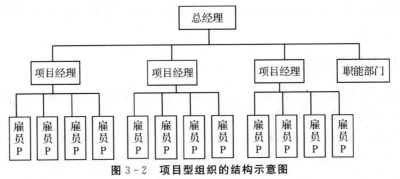

图3-2 项目型组织的结构示意图

三、矩阵型组织

矩阵型组织是直线职能型组织和项目型组织的混合物,这种组织结构既有适合于日常运营的直线职能型组织,又有适合于完成专门任务的项目型组织,因此它适合于既有日常运营业务又有项目工作的企业或组织。

矩阵型组织的主要特色是它的专业职能部门构成了矩阵型组织的"列",同时这种组织建立的项目团队构成了矩阵型组织的"行"。矩阵型组织从不同职能部门抽调各种专业人员组成一个个项目团队,这些项目团队的任务结束以后,项目团队的人员又可以回到原来的专业职能部门中,具有很大的灵活性。矩阵型组织有以下三种强弱不同的类型。

1. 弱矩阵型组织

这种矩阵型组织与直线职能型组织相似,但是这种组织有自己正式设立的项目团队,团队的大部分人是专门从事项目工作的。项目经理和项目管理人员多数是兼职的,权力和影响力较弱,所以获得各种资源的能力有限,被称为弱矩阵型组织。其结构如图3-3所示。

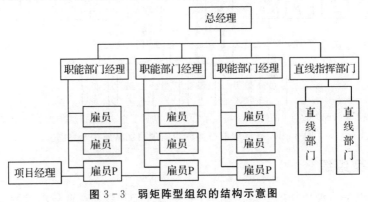

图3-3 弱矩阵型组织的结构示意图

2.均衡矩阵型组织

均衡矩阵型组织兼有直线职能型组织和项目型组织两方面的特性。这种组织不但有正式设立的项目团队,而且有较大一部分人员是专职从事项目工作的。项目经理可以是专职的,也可以是兼职的,权力比直线职能型组织中的项目经理大,但是比项目型组织中的项目经理小,所以获得资源的能力介于直线职能型和项目型组织的项目团队之间。均衡矩阵型组织的结构如图3-4所示。

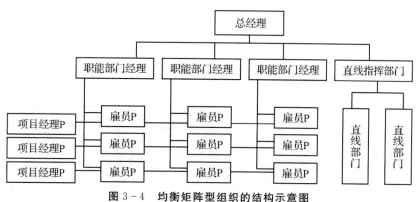

图3-4 均衡矩阵型组织的结构示意图

3.强矩阵型组织

强矩阵型组织与项目型组织非常相似,所以在许多方面与项目型组织相近。这种组织有正式设立的项目团队,绝大多数人员是专职从事项目工作的。这种组织会有很多项目,所以专职从事项目工作的人在一个项目团队解散以后会很快转到另一个项目团队。这种组织的项目经理和项目管理人员一般是专职的,他们的权力和他们获得资源的能力都较大。这种组织的主要资源被投入到了项目团队中。强矩阵组织的结构如图3-5所示。

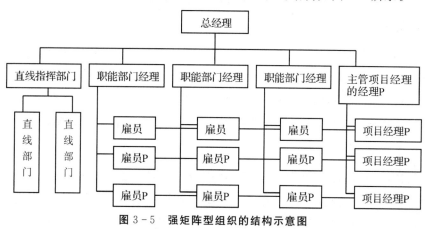

图3-5 强矩阵型组织的结构示意图

四、组合型组织

组合型组织是一种集成了直线职能型、矩阵型和项目型组织的全面组合。这种组织既有直线职能部门,又有为完成各类项目而设立的矩阵型组织和项目型组织。这种组织有自己专门的项目队伍,使用与本企业直线职能部门不同的规章制度。他们可以建立独立的报告和权力体系结构。同时,这类组织的直线职能部门和项目部门与项目队伍还可以为完成一些特定的项目而按照矩阵型组织的方法去组织项目团队,在项目完成后这种项目团队的人员可以回到原有的职能部门或项目部门,因此这种组织具有浓厚的矩阵型组织的色彩。组合型组织的结构如图3-6所示。

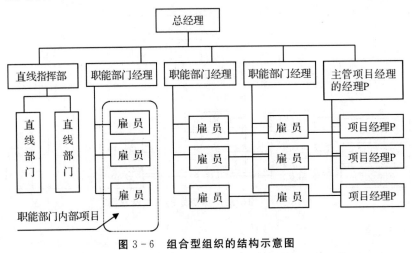

图3-6 组合型组织的结构示意图

第三节 项目团队

一、项目团队的定义与特性

1. 项目团队的定义

现代项目管理认为:项目团队是由一组个体成员,为实现一个具体项目的目标而组建的协同工作队伍。项目团队的根本使命是在项目经理的直接领导下,为实现具体项目的目标,完成具体项目所确定的各项任务,而协调一致、科学高效地工作。项目团队是一种临时性组织,一旦项目完成或者中止,项目团队的使命即告完成或终止,随之项目团队解散。

2. 项目团队的特性

(1) 项目团队的目的性。项目团队这种组织的使命就是完成某项特定的任务,实现某个特定项目的既定目标,因此这种组织具有很高的目的性。它只有与既定项目目标有关的使命或任务,而没有、也不应该有与既定项目目标无关的使命和任务。

(2) 项目团队的临时性。这种组织在完成特定项目的任务以后,其使命即已终结,项目团队即可解散。在出现项目中止的情况时,项目团队的使命也会中止,此时项目团队或是解散,或是暂停工作。如果中止的项目获得解冻或重新开始,项目团队也会重新开展工作。

(3)项目团队的团队性。项目团队是按照团队作业的模式开展项目工作的,团队性的作业是一种完全不同于一般运营组织中的部门、机构的特殊作业模式,这种作业模式强调团队精神与团队合作。这种团队精神与团队合作是项目成功的精神保障。

(4)项目团队成员的双重领导特性。一般而言,项目团队成员既受原职能部门负责人的领导,又受所在项目团队经理的领导,在直线职能型、弱矩阵型和均衡矩阵型组织中尤其是这样。

(5)项目团队具有渐进性和灵活性。项目团队的渐进性是指项目团队在初期一般是由较少成员构成的,随着项目的进展和任务的展开项目团队会不断地扩大。项目团队的灵活性是指项目团队人员的多少和具体人选也会随着项目的发展与变化而不断调整。这些特性也是与一般运营管理组织完全不同的。

二、项目团队的创建与发展

根据塔克曼提出的团队发展四阶段模型可知,任何团队的建设和发展都需要经历形成阶段、震荡阶段、规范阶段和辉煌阶段这样四个阶段。项目团队的创建与发展的四个阶段如图3-7所示。

图3-7 项目团队的创建与发展阶段示意图

1. 形成阶段

项目团队的形成阶段是团队的初创和组建阶段,这是一组个体成员转变为项目团队成员的阶段。在这一阶段中,项目团队的成员从不同的部门或组织抽调出来而构成一个统一的整体,全体团队成员从开始相互认识到相互熟悉,对于工作和人际关系都处于一种高度焦虑状态。团队成员的情绪特点是激动、希望、怀疑、焦急和犹豫,在心理上处于一种极不稳定的状态。项目经理需要为整个团队明确方向、目标和任务,为每个成员确定职责和角色,以创建一个良好的项目团队。

2. 震荡阶段

震荡阶段是项目团队发展的第二个阶段。在这一阶段,项目团队已经建成,团队成员按照分工开始了初步合作,各个团队成员开始执行分配给自己的任务并缓慢地推进工作,大家对项目目标逐步得以明确。这一阶段项目团队成员在工作和人际关系方面都处于一种剧烈动荡的状态,团队成员的情绪特点是紧张、挫折、不满、对立和抵制。项目经理必须要对项目团队每个成员的职责、团队成员相互间的关系与行为规范等进行明确的规定和分类,使每个成员明白无误地了解自己的职责、自己与他人的关系。

3. 规范阶段

在经受了震荡阶段的考验后,项目团队就进入正常发展的规范阶段。此时,项目团队成员之间、项目团队成员与项目管理人员和经理之间的关系已经理顺和确立,绝大部分的个人矛盾已得到了解决,项目团队的凝聚力开始形成,每个人觉得自己已经成为团队的一部分。项目团队成员的情绪特点是信任、合作、忠诚、友谊和满意。项目经理在这一阶段应该对项目团队成员所取得进步予以表扬,应积极支持项目团队成员的各种建议和参与,努力规范团队和团队成员的行为,从而使项目团队不断发展和进步,为实现项目的目标和完成项目团队的使命而努力工作。

4. 辉煌阶段

辉煌阶段是项目团队发展的第四个阶段,也就是项目团队不断取得成就的阶段。在这个阶段,项目团队成员积极工作,努力为实现项目目标而做出贡献。这一阶段团队成员间的关系更为融洽,团队的工作绩效更高,团队成员的集体感和荣誉感更强,而且信心十足。这一阶段团队成员的情绪特点是开放、坦诚、依赖、团队的集体感和荣誉感。项目经理需要集中精力管理好项目的预算、控制好项目的进度计划和项目的各种变更,指导项目团队成员改进作业方法,努力提高工作绩效和项目质量水平,带领项目团队为创造更大的辉煌而积极努力。

三、团队精神与团队绩效

1. 团队精神与团队绩效的关系

图 3-8 给出了项目团队在形成、震荡、规范和辉煌四个阶段的团队精神与团队绩效的关系。

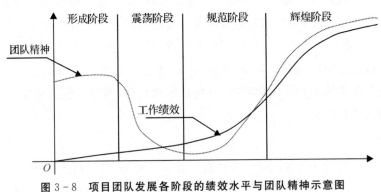

图 3-8 项目团队发展各阶段的绩效水平与团队精神示意图

2. 团队精神的内涵

(1)高度的相互信任。团队精神的一个重要体现是团队成员之间的高度信任。每个团队成员都相信团队的其他人所做的和所想的事情是为了整个集体的利益,是为实现项目的目标和完成团队的使命而做的努力。团队成员真心相信自己的伙伴,相互关心,相互忠诚。

(2)强烈的相信依赖。团队精神的另一个体现是成员之间强烈的相互依赖。一个项目团队的成员只有充分理解每个团队成员都是项目成功不可或缺的重要因素,他们才能更好地相处和合作,并且相互依赖。这种依赖会形成团队的凝聚力,这种凝聚力就是团队精神的最好体现。

(3)统一的共同目标。团队精神最根本的体现是全体团队成员具有统一的共同目标。在这种情况下,项目团队的每位成员会强烈地希望为实现项目目标而付出自己的努力。这种团队成员积极地为项目成功而付出时间和努力的意愿就是一种团队精神。

(4)全面的互助合作。团队精神还有一个重要的体现是全体成员的互助合作。当团队成员能够全面互助合作时,他们之间就能够进行开放、坦诚而及时的沟通,就不会羞于寻求其他成员的帮助,团队成员就能够成为彼此的力量源泉,大家会都希望看到其他团队成员的成功,都愿意在其他成员陷入困境时提供自己的帮助,并且能够互相接受批评、反馈和建议。

(5)关系平等与积极参与。团队精神还表现在团队成员的关系平等和积极参与上。一个具有团队精神的项目团队多数是一个民主和分权的团队,因为团队的民主和分权机制使团队成员能够以主人翁或当事人的身份去积极参与项目的各项工作,从而形成团队精神。

(6)自我激励和自我约束。团队精神更进一步还体现在全体成员的自我激励与自我约束上。项目团队成员的自我激励和自我约束使得项目团队能够协调一致,像一个整体一样去行动,从而表现出团队的精神和意志。团队成员能够相互尊重,重视彼此的知识和技能,每位成员都能够积极承担自己的责任,约束自己的行为,完成自己承担的任务,实现整个团队的目标。

四、影响团队绩效的因素

除了团队精神以外,还有一些影响团队绩效的因素。

1. 项目经理领导不力

项目经理不能充分运用职权和个人权力去影响团队成员的行为,带领和指挥项目团队为实现项目目标而奋斗。这是影响项目团队绩效的根本因素之一。项目经理领导不力不但会影响项目团队的绩效,而且会导致整个项目的失败。

2. 项目团队的目标不明

项目经理、项目管理人员和全体团队成员未能充分了解项目的各项目标,以及项目的工作范围、质量标准、预算和进度计划等方面的信息。这也是影响项目团队绩效的一个重要因素。项目经理和管理人员一定要努力使自己和项目团队成员清楚地知道项目的整体目标。

3. 项目团队成员的职责不清

项目团队成员的职责不清是指项目团队成员对自己的角色和责任的认识含糊不清,或者存在项目团队成员的职责重复、角色冲突的问题。这同样是影响项目团队绩效的一个重要因素。

4. 项目团队缺乏沟通

项目团队缺乏沟通是指项目团队成员对项目工作中发生的事情缺乏足够的了解,项目团队内部和团队与外部之间的信息交流严重不足。这不但会影响一个团队的绩效,而且会造成项目决策错误和项目的失败。一个项目的经理和管理人员必须采用各种信息沟通手段,使项目团队成员及时地了解项目的各种情况,使项目团队与外界的沟通保持畅通和有效。

5. 项目团队激励不足

项目团队激励不足是指项目经理和项目管理人员所采用的各种激励措施不当或力度不够,使得项目团队缺乏激励机制。要解决这一问题,项目经理和管理人员需要积极采取各种激励措施,包括目标激励、工作挑战性激励、薪酬激励、个人职业生涯激励等措施。项目经理和项目管理人员应该知道每个团队成员的激励因素,并创造出一个充分激励机制和环境。

6. 规章不全和约束无力

这是指项目团队没有合适的规章制度去规范和约束项目团队及其成员的行为和工作。这同样是造成项目绩效低下的因素之一。项目经理和管理人员要采用各种惩罚措施和负强化措施,努力做好约束工作,从而使项目团队的绩效不断提高。

第四节 项目经理

项目经理是一个项目团队的核心人物,他的能力、素质和工作绩效直接决定项目的成败。

一、项目经理的角色与职责

项目管理的主要责任由项目经理承担,项目经理的根本职责是确保项目的全部工作在项目预算的范围内,按时、优质地完成,从而使项目业主/客户满意。项目经理在整个项目管理中处于核心地位,在项目管理中承担着诸多不同的角色。

1. 项目团队的领导者和决策人

项目经理是项目团队的最高领导,是项目管理和工作的决策制定者。项目经理在带领项目团队完成任务和工作的过程中承担领导者的角色。在项目管理中,有很多情况需要项目经理身先士卒,带领项目团队去"冲杀",带领团队成员去"攻克堡垒"。项目经理的领导职责主要是充分运用自己的职权和个人权力去影响他人,为实现项目的目标而服务。

2. 项目的计划者和分析师

项目经理也是一个项目的主要计划者和分析师。虽然每个项目团队都有自己的计划管理人员,但是项目经理是项目计划的主要制定者,而项目计划管理人员只是项目计划决策的辅助者,因为一个项目的计划最后还是要由项目经理进行审查和批准,然后才能实施和执行,所以项目经理是一个项目的计划者。

3. 项目的组织者与合作者

项目经理同时又是一个项目的组织者与合作者。作为项目的组织者项目经理要组织项目团队,设计项目团队的组织结构,分配项目团队成员角色,安排项目管理人员的管理职责,自上而下地进行授权,配备项目团队人员,分派各种项目管理任务,组织和协调团队成员的工作等。这些都属于项目组织管理方面的工作,所以说项目经理还是一个项目团队的组织者。

4．项目的控制者和评价者

项目经理的角色还包括项目的控制者和评价者。项目经理需要根据项目的目标和项目业主/客户的要求与期望制定出项目各项工作的标准,组织项目管理人员去对照标准度量项目的实际绩效,对照标准分析和确定项目实际工作中所出现的各种偏差,并决定采取何种措施去纠正已出现的各种偏差。

5．项目利益的协调人和促进者

项目经理在项目相关利益者之间还扮演着项目利益协调人和促进者的角色。作为项目利益的协调人,项目经理处于全体项目相关利益者的中心位置(见图 3-9),因为项目经理不但要协调项目业主和项目客户的利益,还要协调项目业主/客户与项目团队的利益,以及项目团队、项目业主/客户和项目其他利益相关者之间的各种利益关系。

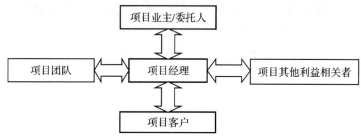

图 3-9　项目经理与项目相关利益者关系示意图

二、项目经理的技能要求

项目的成功在很大程度上取决于项目经理的工作,因此项目经理必须具备保证项目成功所需的各种技能。这些技能主要分为三个方面:一是概念性技能,二是人际关系技能,三是专业性技能。

1．项目经理的概念性技能

这是指项目经理在项目实现过程中遇到各种意外或特殊情况时,能够根据具体情况做出正确的判断,提出正确的解决方案,做出正确的决策和合理地安排与解决问题的技能。这项技能要求一个项目经理必须具备如下几个方面的能力:

(1)分析问题的能力。

(2)解决问题的能力。

(3)制定决策的能力。

(4)灵活应变的能力。

2．项目经理的人际关系技能

这是指项目经理在与各种人员,包括项目的相关利益者和项目团队的全体成员,打交道的过程中能够充分地与他人沟通,能够很好地进行激励,能够因人而异地采取领导和管理的方式,能够有效地影响他人的行为,以及处理好各方面关系的技能。这项技能要求一个项目经理必须具备如下几个方面的能力:

(1)沟通能力。
(2)激励能力。
(3)人际交往能力。
(4)处理矛盾和冲突的能力。

3. 项目经理的专业性技能

这是指项目经理在项目实现过程中所需的处理项目所属专业领域技术问题的能力。一个项目经理不但要有项目管理和一般运营管理方面的能力,还必须具有项目相关专业领域的知识和技能。

三、项目经理的素质要求

1. 勇于承担责任的精神

一个项目经理的管理责任是很重的,因为项目管理与一般运营管理不同,没有职能管理部门去分担各种管理责任,多数管理责任是由项目经理承担的,而且项目管理所处的环境又是不确定的,在项目管理的过程中,随时都需要项目经理做出各种决策和选择,因此项目经理必须具备勇于承担责任的素质。

2. 积极创新的精神

因为项目是一次性的和独特的,所以往往没有经验和常规办法可以借鉴。在项目的实现过程中,项目管理几乎处处需要创新和探索,所以项目经理必须具备积极创新的精神,任何保守的做法、教条的做法和墨守成规的做法都会给项目目标的实现带来问题和障碍,甚至根本就是行不通的。

3. 实事求是的作风

项目经理需要勇于承担责任和创新,而承担责任和创新的前提必须是实事求是、尊重客观规律,所以项目经理还必须具有实事求是的素质。项目经理必须具有坚持原则、尊重客观规律和坚持实事求是的作风。不管是项目业主/客户还是上级或政府提出的要求、做出的指示,凡是有问题的,项目经理一定要认真说明,据理力争,决不能唯唯诺诺、唯命是从,更不能贪污腐败,违背客观规律。

4. 任劳任怨积极肯干的作风

项目经理的主要工作是现场指挥和一线的管理,这要求项目经理需要具有吃苦耐劳、任劳任怨、身先士卒、积极肯干的作风。因为在项目管理中有许多需要解决的矛盾和冲突,对项目经理也会有各种各样的抱怨,如果项目经理没有任劳任怨的作风和积极肯干的敬业精神,那么就无法承担管理整个项目的重担。

5. 很强的自信心

项目经理的一个重要的素质是要有很强的自信心,因为项目团队多数时间是在项目经理的独立领导下开展工作的,很少有上级或职能管理人员可以依靠,他们在许多时间和问题上只能相信自己的判断、自己的决策和自己的指挥。在这种环境下,一个项目经理如果没有很强的自信心就会犹豫不决、贻误时机,就会耽误项目工作,所以项目经理还需要有很强的自信心。

▶ **考核知识点**

考核知识点	类 别	内　　容
项目相关利益主体	重点	项目相关利益主体
	难点	项目相关利益主体之间的关系
项目实施组织的典型结构	重点	直线职能型组织的特点
		项目型组织的特点
		矩阵型组织的特点
		组合型组织的特点
	难点	项目实施组织的结构类型
项目团队	重点	项目团队的定义
		项目团队的特性
	难点	项目团队的创建与发展
		团队精神
		团队绩效
		影响团队绩效的因素
项目经理	重点	项目经理的角色
		项目经理的职责
		项目经理的技能要求
		项目经理的素质要求

▶ **同步综合训练**

一、名词解释

1. 项目相关利益主体。
2. 直线职能型组织。
3. 项目型组织。
4. 矩阵型组织。
5. 组合型组织。

二、简答题

1. 简述直线职能型组织的特点。
2. 简述项目型组织的特点。
3. 简述矩阵型组织的特点。
4. 简述组合型组织的特点。

5. 简述项目团队的特性。
6. 简述影响团队绩效的因素。

三、论述题
详细论述项目团队的创建与发展。

▶ 参考答案

一、名词解释
1. 一个项目会涉及许多组织、群体或个人的利益,这些组织、群体或个人都是这一项目的相关利益主体或叫相关利益者,不管项目是直接涉及还是间接涉及这些人或组织的利益。
2. 直线职能型组织如图3-1所示。
3. 项目型组织如图3-2所示。
4. 矩阵型组织是一种直线职能型组织和项目型组织的混合物,这种组织结构中既有适合于日常运营的直线职能型组织结构,又有适合于完成专门任务的项目型组织结构,因此,它适合于既有日常运营业务又有项目工作的企业或组织。
5. 组合型组织如图3-6所示。

二、简答题
1. 简述直线职能型组织的特点。

答:直线职能型组织是一种层次型的,主要适用于运营性企业。在这种组织结构中,每个雇员都有一个直接的上级,雇员需要接受他的领导并向他汇报,以保证组织的直线指挥系统能够充分发挥作用。这种组织中的雇员基本上是按照专业化分工和划分部门的。在这种组织中除了直线指挥系统之外,还有一系列的职能管理部门,它们负责企业或组织各方面的职能管理工作。

2. 简述项目型组织的特点。

答:项目型组织是一种模块式的组织结构,它主要适合于开展各种业务项目的企业,是一种专门为开展一次性和独特性的项目任务而建立的组织结构。在项目型组织中,雇员多数属于某个项目团队,而项目团队通常是多种职能人员组合而成的。在这种组织中也会有一定数量的职能部门负责整个企业的职能管理业务。

3. 简述矩阵型组织的特点。

答:矩阵型组织是一种直线职能型组织和项目型组织的混合物,这种组织结构中既有适合于日常运营的直线职能型组织结构,又有适合于完成专门任务的项目型组织结构,因此它适合于既有日常运营业务,又有项目工作的企业或组织。这种组织结构根据直线职能制和矩阵制的混合程度不同,又可以分为强矩阵型组织、弱矩阵型组织和均衡矩阵型组织。强弱不同的矩阵型组织分别保留了不同程度的直线职能型组织的特点。例如,在弱矩阵型组织中,项目经理的角色主要是协调者或促进者的角色,项目经理的权威性较低,有的项目经理甚至还是兼职的。

4. 简述组合型组织的特点。

答:组合型组织是一种集成直线职能型、矩阵型和项目型组织的全面组合。这种组织既有直线职能部门,又有为完成各类项目而设立的矩阵型组织和项目型组织。从项目型组织的特性上说,这种组织有自己专门的项目队伍,这种项目队伍设立有自己的管理规章制度,他们使用与本企业直线职能部门不同的规章制度,他们可以建立独立的报告和权力体系结构。同时,这类组织的直线职能部门和项目部门与项目队伍还可以为完成一些特定的项目而按照矩阵型组织的方法去组织项目团队,在项目完成后这种项目团队的人员可以回到原有的职能部门或项目部门中去,因此这种组织具有浓厚的矩阵型组织的色彩。

5. 简述项目团队的特性。

答:一般认为,项目团队作为一种临时性组织,主要具有如下特性:

(1)项目团队的目的性。

(2)项目团队的临时性。

(3)项目团队的团队性。

(4)项目团队成员的双重领导特性。

(5)项目团队具有渐进性和灵活性。

6. 简述影响团队绩效的主要因素。

答:(1)项目经理领导不力。

(2)项目团队的目标不明。

(3)项目团队成员的职责不清。

(4)项目团队缺乏沟通。

(5)项目团队激励不足。

(6)规章不全和约束无力。

三、论述题

详细论述项目团队的创建与发展。

根据塔克曼提出的团队发展四阶段模型可知,任何团队的建设和发展都需要经历形成阶段、震荡阶段、规范阶段和辉煌阶段这样四个阶段。

1. 形成阶段

项目团队的形成阶段是团队的初创和组建阶段,这是一组个体成员转变为项目团队成员的阶段。项目团队的成员从不同的部门或组织抽调出来而构成一个统一的整体,全体团队人员从开始相互认识到相互熟悉。项目团队成员对于工作和人际关系都处于一种高度焦虑状态,团队成员的情绪特点包括激动、希望、怀疑、焦急和犹豫,在心理上处于一种极不稳定的阶段。项目经理需要为整个团队明确方向、目标和任务,为每个人确定职责和角色,以创建一个良好的项目团队。

2. 震荡阶段

震荡阶段是项目团队发展的第二个阶段。项目团队已经建成,团队成员按照分工开始了初步合作,成员开始执行分配给自己的任务并缓慢地推进工作,大家对项目目标逐步得到明确。项目团队成员在工作和人际关系方面都处于一种剧烈动荡的状态,团队成员的情绪特点是紧张、挫折、不满、对立和抵制。项目经理必须要对项目团队每个成员的职责、团队成员相互间的关系与行为规范等进行明确的规定和分类,使每个成员明白无误地了解自己的职责、自己与他人的关系。

3. 规范阶段

在经受了震荡阶段的考验后,项目团队就进入正常发展的规范阶段。项目团队成员之间、团队成员与项目管理人员和经理之间的关系已经理顺和确立,绝大部分的个人之间的矛盾已得到了解决,项目团队的凝聚力开始形成,每个人觉得自己已经成为团队的一部分。项目团队成员的情绪特点是信任、合作、忠诚、友谊和满意。项目经理在这一阶段应该对项目团队成员所取得进步予以表扬,应积极支持项目团队成员的各种建议和参与,努力地规范团队和团队成员的行为,从而使项目团队不断发展和进步,为实现项目的目标和完成项目团队的使命而努力工作。

4. 辉煌阶段

辉煌阶段是项目团队发展的第四个阶段,也就是项目团队不断取得成就的阶段。在这个阶段中,项目团队的成员积极工作,努力为实现项目目标而做出贡献。这一阶段团队成员间的关系更为融洽,团队的工作绩效更高,团队成员的集体感和荣誉感更强,而且信心十足。这一阶段团队成员的情绪特点是开放、坦诚、依赖、团队的集体感和荣誉感。项目经理需要集中精力管理好项目的预算、控制好项目的进度计划和项目的各种变更,指导项目团队成员改进作业方法,努力提高工作绩效和项目质量水平,带领项目团队为创造更大的辉煌而积极努力。

第四章 项目集成管理

▶ **本章知识要点概述**

要求学员在学习本章后,能够熟练掌握有关项目集成管理的基本概念、内容及主要特性,项目集成计划的内容、作用和编制方法等内容。

第一节 项目集成管理的基本概念

一、项目集成管理的概念

项目集成管理是指为确保项目各项工作能够有机地协调和配合所开展的综合性和全局性的项目管理工作。它包括为了达到甚至超过项目相关利益者要求和期望,协调各种相互冲突的项目目标,选用最佳或满意的项目备选行动方案,以及集成控制项目的变更和持续改善项目工作与方法等内容。项目集成管理的主要工作包括以下三项:

1. 项目集成计划的制定

这是一项综合考虑项目各种专项计划工作结果(如工期进度计划、质量计划、成本计划、采购计划等),通过综合平衡编制出能够协调和综合各个专项计划的项目集成计划(或叫综合计划)的管理工作。

2. 项目集成计划的实施

这是将项目集成计划付诸实施,开展并完成项目集成计划,实现项目整体目标,使项目集成计划转变成项目产出物的项目管理工作和过程。

3. 项目变更的总体控制

这是一项协调和控制整个项目实现过程中的各种项目变更,努力使项目实施既能保证项目集成计划的完成,又能够适应项目各种内部和外部情况变化的项目集成管理工作。

二、项目集成管理的特性

1. 综合性

项目集成管理的最大特性是它的综合性,即综合管理项目各个方面和各个要素。由于项目管理中存在一系列的专项管理,所以需要有一种管理工作来协调这些专项管理的目标、工作和过程,项目集成管理正是为此而开展的一项综合协调性的管理工作。

2. 全局性

项目集成管理的第二个特性是它的全局性,即从项目全局出发,协调和控制项目各个方面与各项局部的工作。

3. 内外结合性

项目集成管理的另一个特性是它的内外结合性,即全面控制和协调项目内部管理与外部关系的特性。在项目的实施过程中,对项目的管理和控制并不只是针对项目内部因素的管理与控制,还需要对许多来自项目外部的影响因素进行必要的管理。

三、项目集成管理的主要应用

项目集成管理可以应用在项目管理的全过程、项目管理的各个阶段和项目管理的许多方面。通常,项目集成管理主要有如下几个方面的应用。

1. 项目工期与项目成本的集成管理

项目工期和项目成本必须统一考虑,集成管理和控制。在项目管理中,工期和成本是一对紧密相关的重要因素,它们必须按照集成管理的方法进行综合管理。

2. 项目工期与质量的集成管理

项目工期和项目质量也必须统一考虑,集成管理和控制。通常,项目工期的缩短和延长都会对项目质量造成影响。同样,项目质量的变更也会影响项目的工期。

3. 项目成本与质量的集成管理

项目成本和项目质量也必须统一考虑,集成管理和控制。因为这两个要素的相互关系更为紧密。一般来讲,项目成本的降低可能会直接影响项目的质量,而如果项目质量出现问题也会直接影响到项目成本。

4. 项目工期、成本、质量与资源的集成管理

在集成管理项目工期、成本和质量的同时,还必须考虑项目资源与项目工期、成本和质量的集成管理和控制。因为这四项要素在许多情况下是相互关联的,任何一个要素的变动,都会引起其他要素的变动。

5. 项目产出物与项目工作的集成管理

项目产出物的质量、交付时间、数量和范围等方面的管理,也必须与项目工作质量、工作要求和任务范围的管理,进行集成的管理与控制。

6. 项目工作与项目目标的集成管理

对于任何项目而言,项目目标与项目工作都是最为直接关联和相互作用的两大要素,所以这两者也必须实行全面集成管理。

7. 项目各不同专业或部门的集成管理

项目的工作是由项目团队中不同工种或专业的人员来完成的,这些不同的工种或专业人员会按照一定的原则构成不同的部门或小组,并由他们去完成一项特定的项目任务。

8.项目工作与组织日常运营工作的集成管理

任何一个开展项目的组织都会同时存在日常运营的工作,而一个组织的项目工作必须与该组织正在进行的日常运营工作,按照集成管理的方法去管理和控制。

第二节 项目集成计划的制定

项目集成计划也称为项目主计划(main plan)或项目综合性计划,是一个项目的全面集成性计划,是项目集成管理的依据和指导性文件。

一、项目集成计划

1.项目集成计划的定义

项目集成计划是通过使用项目各个专项计划工作所生成的结果(即项目的各种专项计划及其支持细节),运用集成和综合平衡的方法所制定的,用于指导项目实施和管理控制的集成性、综合性、全局性的计划文件。通常,这种集成计划的编制需要通过多次反复的优化和修订才能完成。

2.项目集成计划的作用

(1)指导项目实施的依据。项目集成计划是项目组织为了达到项目的整体目标,建立和健全项目的综合管理与控制系统,完善和提高项目组织的实施与管理功能,及时地发现项目工作中的偏差,积极采取各种纠偏措施,从而保证项目有效实施的根本依据之一。在所有的项目实施依据文件中,项目集成计划是最主要的和第一位的管理依据性文件。

(2)激励项目团队士气的武器。一个项目的集成计划包括项目的目标、项目的任务、项目的工作范围、项目的进度安排和里程碑等内容。这不但对项目的实施与管理工作做了规定,而且对项目团队也有一定的激励和鼓舞士气的作用。

(3)度量项目绩效和进行项目控制的基准。项目集成计划中最主要的内容是项目的目标和计划要求,这些项目计划指标是人们制定项目绩效考核和项目管理控制标准的出发点和基准。通常,项目控制工作都需要根据项目集成计划去建立各种项目的控制和考核标准。这包括两个方面标准:一是考核项目工作的标准,二是考核项目产出物的标准。

(4)项目相关利益者之间沟通的基础。项目集成计划也是项目相关利益者之间进行有效沟通的基础。项目集成计划的一项很重要的功能就是规定和协调项目相关利益者之间的利益和信息沟通工作,并作为整个项目全体相关利益者沟通的基础。

(5)统一和协调项目工作的指导文件。项目集成计划还是对项目各个专项、项目各个部分或不同群体的工作进行协调、调配和统一的指导文件,是指导项目各个专项计划管理工作的纲领性文件。

3.项目集成计划编制的工作过程

项目集成计划的编制是一项复杂而艰巨的项目集成计划管理工作,这一项目计划管理工作包括如下几个步骤:

(1)项目集成计划的前期准备工作。这是一项收集有关信息,为项目集成计划的编制确定前提和假设条件的项目集成计划工作。在这一工作中,项目组织需要收集各种各样的信息,主要包括:各种项目专项计划的结果文件、这些专项计划的支持细节、各种有关的历史信息资料(类似项目的计划与实施结果信息等)、项目组织的各种有关政策与规定、项目所面临的各种限制条件和假设前提条件等方面的信息和数据。

(2)项目集成计划的综合编制工作。这是根据前期所收集的各种信息,运用项目集成计划的方法与工具,通过综合平衡和反复优化的过程,编制项目集成计划,生成项目集成计划文件。

(3)项目集成计划的输出与更新工作。项目集成计划的输出与更新包括两个方面的工作。一方面是将已经编制出的项目集成计划和相关的各种支持细节文件,通过一定的组织程序分发给项目组织、项目团队和项目相关利益者的工作。另一方面是项目集成计划文件的后续管理工作,在项目发生各种变更时,需要根据项目变更的程度,通过采用附加计划法或全面更新项目集成计划的方法反映出项目变更所造成的项目集成计划的变动。

二、项目集成计划的信息收集

项目集成计划的前期准备工作主要是收集各种相关的信息和数据,为项目集成计划的编制提供依据。通常,项目集成计划前期工作需要搜集如下几个方面的信息。

1. 项目各种专项计划的信息

项目各种专项计划编制工作所生成的专项计划文件和相应的支持细节文件是编制项目集成计划最为重要的信息,项目各种专项计划中所规定的目标、任务和各种数据都需要集成到项目集成计划之中。

2. 相关历史信息与数据资料

在项目集成计划的编制中还需要使用相关的历史信息与数据资料,这些通常在制定项目集成计划时作为基本的参照信息使用。这类信息通常包括:

(1)过去完成的类似项目历史信息与数据。

(2)项目前期所生成的各种资料与数据。

3. 项目组织的政策与规定

任何一个项目组织(包括业主/客户)的方针、政策和规定,在制定项目集成计划时必须予以充分考虑,并作为项目集成计划编制的依据之一。这方面的信息主要包括:

(1)项目组织有关质量管理的政策。

(2)项目组织有关员工管理与绩效评价的政策。

(3)项目组织有关财务管理和合同管理方面的政策。

4. 项目的限制因素与条件

项目的限制因素与条件是指限制项目管理者在制定项目集成计划时做出选择的各种因素和条件。这包括在项目集成计划编制过程中选择切实可行的项目集成计划方案时必须全面和充分考虑的那些因素和条件。

第四章 项目集成管理

5.项目的假设前提条件

从项目计划管理的角度来说,项目假设前提条件是指那些到项目计划编制时,计划者尚不清楚和尚未确定的各种条件。

6.其他信息

另外,在项目集成计划的制定过程中还需要收集一些具体项目所属专业领域的与专业相关的信息。

三、项目集成计划制定方法与技术

项目集成计划制定是一项需要反复优化和综合平衡项目各方面的因素,按照把握全局和系统思维模式开展的计划编制活动和过程。项目集成计划编制所使用的计划方法和技术主要包括下述几个方面。

1.项目集成计划方法

项目集成计划方法是指在项目集成计划的编制过程中,指导项目管理者编制项目集成计划的由一系列的程序、做法和具体规则等构成的一套特定的计划编制方法。这套方法具体如下:

(1)项目质量与项目成本的集成计划方法。项目各个要素的集成计划编制可以采用分步集成计划的方法,第一步先编制项目质量与项目成本的集成计划,然后编制项目工期与项目成本的计划和其他的集成计划。项目质量与项目成本的集成计划需要借助价值分析(或叫价值工程),通过对项目产出物质量(或叫功能)进行的价值分析,最终确定出能使项目业主/客户获得最大价值的项目质量与项目成本的集成计划。

(2)项目工期与项目成本的集成计划方法。在完成项目质量与项目成本的集成计划以后,项目质量基本上就计划确定了(而且这样计划安排的项目质量通常是项目的经济质量)。第二步需要进行项目工期与项目成本的集成计划。这一步要求在制定项目成本计划时必须充分考虑项目的工期因素,或者说在安排项目的工期进度计划的同时考虑并进一步优化项目成本。集成计划安排项目工期与成本通常会有三种基本的选择,这三种选择的原理如图4-1所示。

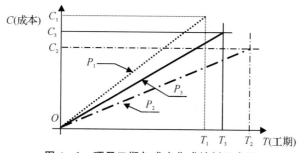

图 4-1 项目工期与成本集成计划示意图

图4-1中的三条线(实际上应该是一种"S"形曲线,这里进行了线性简化)分别代表三种不同的项目工期与项目成本的集成计划方案。其中,计划方案 1(P_1)的项目工期较短

(T_1),但是项目成本较高(C_1);计划方案 2(P_2)的项目工期较长(T_2),但是项目成本较低(C_2);计划方案 3(P_3)的项目工期与成本都是介于 P_1 和 P_2 之间。例如,如果项目急需,而且企业能够负担得起,就可以选择 P_1,反之则应该选择 P_2。这就是项目工期与成本的集成计划编制原理,通常在项目集成计划编制中,需要反复运用这一原理将项目工期与成本的集成计划进行优化安排。

(3)项目成本、工期和质量的集成计划方法。在完成上述两种双要素计划的集成以后,如果两种集成计划的项目成本指标不一致,甚至相差很大或存在冲突时,就需要综合平衡这两种独立集成的计划结果,即开展项目成本、工期和质量三要素的全面综合与集成。这种综合平衡的计划集成有两方面的工作:一方面是两个双要素计划结果的交叉检验与调整,这适合于两个集成计划的项目成本指标相差不大的情况,此时只需要微量调整项目工期、质量和成本的计划指标,然后交叉检验这一调整的影响,最终得出三要素的集成计划;另一方面是全面综合平衡,这适用于两个集成计划的成本指标相差较大的情况,此时需要根据项目成本、工期和质量三大要素的关系,运用全面综合平衡项目的工期、质量和成本计划指标的方法,编制出项目成本、工期和质量的三要素集成计划。这种方法一般采用先确定某一要素的计划指标值,然后通过逐步试算和优化的办法,最终找到一个最优或满意的项目成本、工期和质量三要素集成计划方案(在优化方法中这也被称为"瞎子爬山法")。

2.相关利益者的技能和知识

每个项目相关利益者在项目集成计划的制定中都需要开展相应的计划管理活动,所以他们在制定项目计划方面的技能和知识,也属于项目集成计划工作的技术范畴,也是非常有用的。

3.项目管理信息系统

在编制项目集成计划过程中,人们需要从事大量的信息收集、整理和加工处理工作,在这一活动中人们需要使用项目管理信息系统(Project Management Information System,PMIS),这一技术工具和其中的各种计划方法与模型在项目集成计划编制中是非常有用的。

四、项目集成计划的制定工作

项目集成计划编制的工作主要包括如下四个方面。

1.项目计划集成的综合分析

在制定项目集成计划时,首先需要进行集成计划的综合分析。这既需要分析为编制项目集成计划所收集的各种信息和它们之间的相互制约与相互关联,也要分析那些为编制项目集成计划所提供的依据和一般信息。在这些综合分析中,最为重要的是项目工期、质量和成本这三种专项计划的综合分析,有关这一分析的主要内容如下:

(1)项目工期与项目成本的综合分析。

(2)项目质量与项目成本的综合分析。

2.项目集成计划初步方案的编制

在编制项目集成计划初步方案时,多数情况是使用分步集成的方法(如前所述)完成项目工期、成本、质量、资源等要素的计划集成,从而生成一个综合的项目集成计划。

3. 项目集成计划的优化与综合平衡

在编制出项目集成计划初步方案之后,还需要通过综合平衡和全面优化的办法对项目的目标、任务、责任、进度、成本、质量、资源等各个要素,进行全面的集成、整合、协调和优化。此时,最重要的工作由项目的主要相关利益者参加,对照各自的目标要求和期望对项目集成计划初步方案进行评价、优化和调整。

4. 项目集成计划最终方案的编制与审批

在经过全面优化和综合平衡以后,就可以编制出项目集成计划的最终方案(正式项目集成计划)。这种最终确定的项目集成计划是项目组织开展项目业务和管理工作的依据,所以必须按照正规的计划文件格式给出,并最终经项目最高决策者的审查与批准。

五、项目集成计划工作的结果

1. 项目集成计划主文件

项目集成计划主文件是项目集成计划编制工作最主要的成果,它是一种正式的、获得批准的项目计划文件,是用来管理和控制整个项目实施全过程的综合性、全局性的计划文件。项目集成计划文件需要根据项目组织信息沟通管理规定的范围向下发放,而且需要按照这种计划使用者的不同需要,发放不同详细程度的项目集成计划。

一个项目的集成计划通常包括如下几方面的内容:
(1)项目的批准与特许情况的说明。
(2)项目集成管理方法与策略的说明。
(3)项目范围的综述。
(4)项目工作分解结构的描述和说明。
(5)项目成本、进度和责任的描述和说明。
(6)工作时间、成本、绩效度量的描述和说明。
(7)项目重要里程碑与目标日期的描述和说明。
(8)项目团队关键成员及人力的描述和说明。
(9)项目风险、限制、前提与预期的描述和说明。
(10)项目专项计划方面的描述和说明。
(11)项目存在的问题和尚需决策的说明。

2. 项目集成计划的支持细节

项目集成计划工作的另一项结果是有关项目集成计划的支持细节信息和文件。一般情况下,项目集成计划支持细节的主要内容有如下几个文件:
(1)项目各种专项计划文件。
(2)各种新获得的信息和文件。
(3)项目的各种技术文件。
(4)项目的相关标准文件。

第三节　项目集成计划的实施

项目集成计划的实施过程是完成整个项目集成计划文件所规定任务的过程。通常一个项目的各项任务都需要在这一过程中完成,项目的各种目标都需要在这一过程中实现,项目的各项专项计划也都需要在这一过程中实施和落实,项目的产出物也将在这一过程中逐步形成。

一、项目集成计划实施中所需的信息

项目集成计划实施所需的信息除了项目集成计划文件、专项计划文件和相应的支持细节以外,还有以下两个方面的内容。

1. 项目组织的政策与规定

项目组织的政策与规定是项目集成计划实施所需的一项非常重要的信息。参与项目的任何一个组织都会有各种各样的正式的、非正式的政策和规定,这些政策和规定都会影响项目集成计划的实施工作。

2. 项目纠偏措施与行动信息

项目纠偏措施与行动信息是随着项目集成计划的实施而获得的各种项目实际情况与计划的偏差信息,以及采取纠正偏差措施和行动方面的信息。通常,这些项目纠偏措施与行动的信息会指导项目组织调整项目的实施工作,改进项目实施的绩效,以便保证项目各项目标的实现。

二、项目集成计划实施工作

1. 项目集成计划实施的管理工作

项目集成计划实施的管理工作包括如下四个方面的具体内容:

(1) 编制项目作业计划和项目任务书。项目作业计划和项目任务书是根据项目集成计划与项目专项计划以及项目前期实施情况等信息编制的项目具体工作的指令性文件。项目任务书是将作业计划下达到项目团队最下一级组织的具体任务书,是将项目作业计划的执行与项目的技术管理、质量管理、成本核算、资源管理等融合为一体的项目作业的详细文件,是确保项目能够按项目集成计划实施的具体任务说明书。

(2) 记录与报告项目实施的实际情况。在项目集成计划实施中,项目管理工作的第二项任务是记录和报告项目实施的实际情况。"记录"就是如实记载在项目集成计划执行过程中每个项目阶段和每个项目活动的开始日期、工作进度和完工日期以及整个过程中的各种重要事件。"报告"是指在项目实施过程中,定期或不定期给出有关项目实施情况的汇总性报告或报表。这项工作要求及时地、真实地、全面地记录和报告项目实施活动的各种进度情况和重要事件,以便比较分析和发现项目集成计划实施中的问题和偏差。

(3) 做好调度、控制和纠偏工作。项目集成计划实施中的调度工作是指挥和协调项目实施活动的重要手段,是项目组织对项目实施的各个环节、各个专业、各个工种、各个项目团队或群体进行协调的一项重要工作。它的主要任务是掌握计划实施情况,协调各项工作之间

的协作与配合,采取措施解决施工中出现的各种矛盾,调配资源以克服实施工作的薄弱环节,努力实现项目实施工作的动态平衡,从而保证项目集成计划目标的实现。

(4)做好计划管理和计划修订与更新工作。在项目各种内外部条件与计划预期和建设前提条件一致时,只要项目集成计划实施工作调度与控制得当,就能够保证项目集成计划目标的实现。

2.项目集成计划实施中的管理原则

在项目集成计划实施过程中,需要贯彻执行的管理原则主要包括如下几项:

(1)系统化管理的原则。所谓系统化管理的原则是指项目实施中的各项管理工作都应该从整体目标出发,按照集成计划的要求和系统管理的原则,使项目团队的各个群体和各项工作能够相互衔接、协调合作,从而构成一个有机的系统,通过系统性的工作去保证项目实施的成功。

(2)透明化管理的原则。在项目集成计划实施之前,项目组织要进行技术、组织、管理等各方面的"交底",使项目组织的全体成员获得足够的信息,以提高项目实施与管理的透明度。

(3)标准化管理的原则。项目集成计划的实施一定要有一套规范或标准的管理规章与制度,这包括标准的项目实施工作与管理的规章制度,标准的项目实施工作管理规程与方法等。

(4)统一指挥与适度授权的原则。项目组织在项目集成计划的实施中,必须按照一个整体去开展工作和管理,所以在对项目团队的指挥、命令、协调与控制中必须贯彻政令统一,而不能令出多头。

3.项目集成计划实施的管理方法和工具

(1)一般管理的方法和工具主要包括在一般运营管理中使用的计划、组织、领导、控制、沟通、激励等常规的管理方法和工具。

(2)相关专业领域的技术和方法。项目集成计划实施中所必需的相关专业领域的技术、知识和方法应该在项目集成计划中给以明确的说明,并且通过选聘那些拥有这些方面技术、知识和方法的团队成员获得这方面的技术和知识。

4.工作授权系统

工作授权系统是项目集成计划实施中的一种项目工作与决策权限批准的组织程序,这种程序是为了保障项目的实施能够按照正确的顺序和工期由合适的人选去完成而设立的。

5.项目进度情况评审会议

在项目集成计划实施过程中,需要定期或不定期地举行项目进度情况评审会议,以交换项目实施进度情况和管理问题与意见。大多数项目进度情况评审会议可以按不同的频率(间隔时间)和不同的管理层次召开。

6.项目管理信息系统

项目管理信息系统是项目集成计划实施管理的一种重要方法和工具。项目管理信息系统是对项目信息进行收集、加工、存储、传递的系统,是项目实施管理中使用的一种手段和方法。

三、项目集成计划实施的结果

项目集成计划实施的结果包括两个方面：一是通过项目实施所生成的具体成果，二是有关项目变更的要求。

1. 项目实施所生成的成果

项目实施的最终结果是通过实施所生成的项目产出物，包括项目产出物的中间形态和最终形态，这是项目集成计划实施最主要的结果。项目集成计划实施的结果还包括说明项目实施工作过程和工作结果的各种文件资料，比如关于究竟哪些任务已经完成、哪些还没有完成，项目实施工作达到了什么样的计划完成程度，以及达到了多高的质量标准，已经发生了哪些项目成本等。

2. 项目的变更要求

项目的变更要求是指对一个正在实施项目的生成物或者是对一个项目的集成计划和工作所提出的各种改动的要求。

第四节 项目变更的总体控制

一、项目变更总体控制的要求

项目变更总体控制是针对项目变更的单项控制而言的，在项目实施中目标、范围、计划、进度、成本和质量等每个方面都会发生变更，所以需要对这些各方面的变更进行总体的控制。图4-2给出了项目变更总体控制所涉及的相应内容，以及它与各个专项变更控制之间的关系。

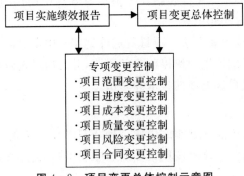

图4-2 项目变更总体控制示意图

项目变更总体控制通常要求做到以下三点。

1. 保持原有绩效度量基准的完整性

保持原有绩效度量基准的完整性是指当项目的目标或计划等要素发生变更时，项目的绩效度量标准要尽可能地保持不变，以保证原有项目绩效度量基准的完整性。

2. 保证项目产出物变更与项目计划任务变更的一致性

保证项目产出物变更与项目计划任务变更的一致性是指当项目产出物需要变更时，在这种变更获得确认的同时必须将这种变更反映到项目的集成计划和专项计划的变更之中，必须在项目集成计划和专项计划中说明和体现项目变更所带来的工作和计划的变化。

3. 统一协调各个方面的变更要求

统一协调各个方面的变更要求是指对各方面的变更要全面地协调和控制其实施。

二、项目变更总体控制所需信息

项目变更总体控制所需信息包括如下几个方面。

1. 项目的各种计划

项目的各种专项计划、项目的集成计划等都是项目变更总体控制的基线，所以它们都是项目变更总体控制所需的主要信息。

2. 项目的绩效报告

项目的绩效报告提供了项目实施实际情况的数据和资料，揭示了项目实施中的问题和可能出现的变更问题，所以也是项目变更的总体控制所需要的主要信息。

3. 项目变更的要求

项目变更的要求可以由项目业主/客户提出，也可以由项目组织提出。不管是谁提出的项目变更要求，都是项目变更总体控制所需要的重要信息。

三、项目变更总体控制的方法与工具

项目变更总体控制需要一系列的方法与工具，主要有如下几项。

1. 项目变更控制系统

项目变更控制系统是指改变、修订或变更项目内容与文件的正式程序和办法所构成的一种管理控制系统。这包括项目变更的书面审批程序、跟踪控制体制、审批变更的权限层级规定等。

2. 项目配置管理

项目配置管理是由一些文档化的正式程序构成的，这些程序是运用技术和管理手段对各种变更进行指导和监督的程序。它们所监督和指导的内容包括：识别一个项目某些方面或者整个项目的功能和物理特征，控制这些特征的任何变更，记录和报告这些特征的变更和变更的执行情况，审查对项目某个方面或整个项目提出的变更要求的一致性，确保对于项目产出物描述的正确性和完整性，以及将所有涉及的信息进行文档化等方面的工作。

3. 项目的绩效度量

项目的绩效度量能够全面评估项目集成计划的实施情况、项目实际实施情况与项目集成计划之间的差距，以及需要采取的纠偏措施与行动，所以项目的绩效度量也是一种项目变更总体控制的方法与工具。

4. 项目计划的修订与更新

极少有项目是完全按照最初制定的集成计划实施完成的。因此在项目集成计划的实施过程中,应该根据实际和预计的项目变更需要,修订或更新项目的成本计划、项目工作顺序的安排、项目风险应对计划,以及修改和调整其他相关的一些项目专项计划。这些计划的修订和更新都属于项目变更总体控制方法与工具的范畴。

四、项目变更总体控制的结果

项目变更总体控制给出的结果主要包括如下三个方面。

1. 更新的项目计划

项目变更总体控制的结果之一是更新后的项目计划。这是指对原有项目集成计划、专项计划及其相应的支持细节等所做的修改和更新的结果。在更新了项目计划以后还必须要通知这一更新所涉及的各个项目相关利益者。

2. 项目变更的行动方案

项目变更总体控制的结果之二是项目变更的行动方案。这是项目变更总体控制过程中的一个重要结果,它给出了下一步在项目变更总体控制所要采取的行动方案。这一结果应该尽快传递给变更行动的执行者,并充分监视这些变更行动方案的实施及其结果。

3. 项目应吸取的教训

项目变更总体控制的第三项结果是项目实施中所发现的问题和应该吸取的经验与教训。这包括项目变更原因的说明,对所选用变更行动方案的说明,以及变更所带来的经验和教训。这些都需要用文件的形式记录下来,并作为项目变更总体控制结果保存起来,以作为历史资料供今后的项目参考和借鉴。

▶ 考核知识点

考核知识点	类别	内　　容
项目集成管理的基本概念	重点	项目集成管理的概念
		项目集成管理的特性
项目集成计划的制定	重点	项目集成计划
		项目集成计划的信息收集
	难点	项目集成计划的制定过程
		项目集成计划的制定方法与技术
项目集成计划的实施	重点	项目集成计划实施所需的信息
		项目集成计划实施的管理工作
		项目集成计划实施的管理原则
项目变更的总体控制	重点	项目变更总体控制的要求
	难点	项目变更总体控制方法

▶ 同步综合训练

一、名词解释

1. 项目集成管理。

2.项目集成计划。

二、简答题

1.简述项目集成管理的特性。
2.简述项目集成计划实施的管理原则。
3.简述项目变更控制的要求。

▶ 参考答案

一、名词解释

1.项目的集成管理是指为确保项目各项工作能够有机地协调和配合所开展的综合性和全局性的项目管理工作。它包括为达到甚至超过项目相关利益者要求和期望,去协调各种相互冲突的项目目标,去选用最佳或满意的项目备选行动方案,以及集成控制项目的变更和持续改善项目工作与方法等方面的内容。

2.项目集成计划也被称为项目主计划或叫项目综合性计划,它是一个项目的全面集成性计划。它是项目集成管理的依据和指导性文件。

二、简答题

1.简述项目集成管理的特性。

(1)综合管理的特性。项目集成管理的最大特性是它的综合性,即综合管理项目各个方面和各个要素的特性。由于项目管理中存在有一系列的专项管理,所以需要有一种管理工作来协调和综合这些专项管理的目标、工作和过程,项目集成管理正是为此而开展的一项综合协调性的管理工作。

(2)全局管理的特性。项目集成管理第二个特性是它的全局性,即从项目全局出发,协调和控制项目各个方面与各项局部的工作。

(3)内外结合的管理。项目集成管理另一个特性是它的内外结合特性,即全面控制和协调项目内部管理与外部关系的特性。在项目的实施过程中,对项目的管理和控制并不只是对项目内部因素的管理与控制,还需要对许多来自项目外部的影响和因素进行必要的管理。

2.简述项目集成计划实施的管理原则。

答:(1)系统化管理的原则。所谓系统管理的原则是指项目实施中的各项管理工作都应该从整体目标出发,按照集成计划的要求和系统管理的原则,使项目团队的各个群体和各项工作能够相互衔接、协调合作、构成一个有机的系统,通过系统性的工作去保证项目实施的成功。

(2)透明化管理的原则。在项目集成计划付诸实施之前,项目组织要进行技术、组织、管理等各方面的"交底",使项目组织的全体成员获得足够的信息,以提高项目实施与管理的透明度。

(3)标准化管理的原则。项目集成计划的实施管理一定要有一套规范或标准的管理规章与制度,这包括标准的项目实施工作与管理的规章制度和标准的项目实施工作与管理规程与方法等。

(4)统一指挥与适度授权的原则。项目组织在项目集成计划的实施中,必须按照一个整体去开展工作和管理,所以在对项目团队的指挥、命令、协调与控制中必须贯彻政令统一,统一指挥的管理原则,而不能令出多头。

3.简述项目变更总体控制的要求。

答:项目变更的总体控制通常要求做到:

(1)保持原有绩效度量基准的完整性。保持原有绩效度量基准的完整性是指当项目的目标或计划等要素发生变更时,项目的绩效度量标准要尽可能地保持不变,以保全原有项目绩效度量基准的完整性。

(2)保证项目产出物的变更与项目计划任务变更的一致。保证项目产出物变更与项目计划任务变更的一致性是指当项目产出物需要变更时,在这种变更获得确认的同时必须将这种变更反映到项目的集成计划和专项计划的变更之中,必须在项目集成计划和专项计划中说明和体现项目变更所带来的工作和计划的变化。

(3)统一协调各个方面的变更要求。统一协调各个方面的变更要求是指对于各方面的变更要全面地协调和控制其实施。

第五章 项目范围管理

▶ 本章知识要点概述

要求学员在学习本章后,能够熟练掌握有关项目范围管理的概念和特性,了解项目范围管理的基本原理与方法。

第一节 项目范围管理概述

项目范围管理就是对一个项目从立项到完结的全过程中所涉及的项目工作的范围所进行的管理和控制活动。这里的"项目范围"包括而且只包括完成该项目、实现项目目标、获得项目产出物所"必需"的全部工作。

一、项目范围管理的概念

项目范围是指项目的产品范围(即项目业主/客户所要的项目产出物)和项目的工作范围(即项目组织为提交项目最终产品所必须完成的各项工作)的总和。

项目范围管理是指对项目产品范围和工作范围的全面管理,其中最为主要的是对项目工作范围的管理。

一个项目的"产品范围"既包括项目产品或服务的主体部分,也包括项目产品或服务的辅助部分。

二、项目范围管理的主要工作

按照美国项目管理协会的说法,项目范围管理的主要内容包括以下五方面。

1. 项目起始工作

项目起始工作是指项目的业主/客户向某个内部或外部组织授权,委托其开始一个新项目的筹备工作,或者委托其分析与决策是否可以开始一个项目阶段的工作。项目范围管理中的项目起始工作的主要内容包括拟定项目(或项目阶段)说明书,分析和决策项目(或项目阶段)是否继续开展,选派合格的项目经理等工作。

2. 界定项目范围

界定项目范围是指根据项目产出物的要求与描述及项目的目标,全面界定一个项目的工作和任务的项目范围管理工作。

3. 确认项目范围

确认项目范围是指由项目的业主/客户或者其他项目决策者,确认并接受通过界定项目范围工作而给出的项目范围和任务,以及将这种对项目范围的确认编制成正式文件的项目范围管理工作。

4. 编制项目范围计划

编制项目范围计划是指由项目组织编写和制定一个书面项目范围描述文件的工作。一个项目的范围计划文件规定了项目的产品范围和工作范围,以及项目范围所规定任务的计划和安排,是未来项目各阶段起始工作的决策基础和依据。

5. 项目范围变更控制

项目范围变更控制是指对那些由项目业主/客户、项目组织或团队等项目相关利益者提出的项目范围变更所进行的控制与管理工作。

三、项目范围管理的作用

项目范围管理的作用主要体现在以下两方面。

1. 为项目实施提供任务范围框架

通过开展项目范围管理可以在项目实施之前明确定义出一个项目所应开展的工作,并明确规定一个项目的全部工作中不应该包含哪些工作(那些与实现项目目标无关的工作)。通过项目范围管理可以为项目实施提供一个项目的边界和项目任务范围框架。

2. 对项目实施工作进行有效控制

通过开展项目范围管理可以使项目组织按照项目范围管理计划去开展项目实施工作,并且能够使项目组织不断地在项目实施过程中监测和度量项目实际工作内容、实际与既定项目范围计划之间的偏差,然后根据这种偏差以及造成偏差的原因,决定中止或放弃项目,还是对项目的任务范围进行调整,或采取相应的纠偏行动和措施。

第二节 项目起始工作

一、项目起始的原因

项目的起始通常发生在项目业主/客户遇到某种"使项目得以开始的刺激"的时候。这些"刺激"也叫作"问题"或"机遇"。一个组织的管理部门必须对这种刺激做出回应或提出对策,从而形成一个项目。这些问题或机遇通常包括下列情况。

1. 市场需求

这类"刺激"多数是市场变化引起的。例如,为了回应市场上长时期的汽油供给短缺,一家石油公司会决定开始一个新项目,即新建一个炼油厂。

2. 商业机遇

这类"刺激"多数与市场竞争有关。例如,当一个管理咨询公司为了提高其市场竞争力和增加其年收入,发现并决定投入一项新开发的管理咨询业务。

3. 消费变化

这类"刺激"多数是由于出现新的消费需求或时尚。例如,当人们在衣着方面更追求独特性时,定制化的服装生产项目就会出现。

4. 科技进步

这类"刺激"多数是技术的变化引起的。例如,在DVD技术成熟之后,人们就会很快放弃VCD技术而进行新产品的开发和推销项目。

5. 法律要求

这类"刺激"多数是一个国家或地区的法律发生变化引起的。例如,政府颁布了新的环境保护法,汽车制造商们就要为解决汽车排气问题而开展研究和推广项目。

二、选择和定义项目范围的依据

项目业主/客户通常依据如下信息选择和定义一个项目的范围。

1. 项目产出物描述

项目产出物描述是一份描述一个项目的产品或服务的文件。项目产出物描述具体说明了一个项目所生成的产品或服务的特性、项目所要达到的目标和目的、开展项目的原因和理由,以及项目产出物与其他同类产品或服务的不同等。

2. 组织的战略计划

一个组织(项目业主/客户)所开展的任何项目都应支持组织的战略目标和战略计划。一个组织的战略规定了一个组织基本的活动方向、活动内容和活动方法。一个组织制定出战略之后,它的一切活动都需要为组织战略服务。

3. 项目方案的选择标准

项目业主/客户在决定以开发某种项目去解决所面临的问题或利用出现的机遇时,往往会提出一系列的项目备选方案。因此需要建立一套项目方案评价和选择的标准,并使用它们对各备选方案进行评价和选择。

4. 相关历史信息

相关历史信息是指在以前的项目决策和选择中所生成和使用过的各种信息,以及以前项目实际实施情况的有关文件和资料。在一个新项目的起始阶段,有必要将这些历史信息作为参考和对照。

三、选择和定义项目的方法

选择和定义项目所使用的方法主要有两类,一类是成本/效益分析法,一类是专家判断法。成本/效益分析法主要是指像项目财务评价方法、国民经济评价方法和决策树之类的常规决策分析方法。专家判断法主要是指根据项目管理专家的判断做出项目的分析、评价和选择的方法,这包括专家打分法和层次分析法。

1. 成本/效益分析法

成本/效益分析法是选择和定义项目中所使用的最主要的方法,主要适用于那些可量化的项目决策分析。这类方法是以现行国家财务、税务等法规为依据,在分析确定出项目成本与收益后,通过比较项目各备选方案的成本与收益做出项目的选择决策。在这类方法中,决策树和决策表最具有代表性。

2. 专家判断法

专家判断法在选择和定义项目中使用得更为广泛,因为这种方法还适用于那些定性的决策分析。专家判断法强调由那些具备特定知识或受过专项训练的个人或群体提供"专家判断",然后人们使用一些定性分析和转化办法做出项目选择与定义的最终判断与决策。在这类方法中,层次分析法是最具有代表性的方法。

四、选择和定义项目工作的结果

1. 项目说明书

项目说明书是经项目业主/客户等项目相关利益者正式确认的项目范围说明文件。这一文件的主要内容包括项目产出物的说明、项目所能满足的商业需要以及项目的总体描述等。

2. 项目经理的识别与指派

项目经理一般需要在项目开始实施之前指派,最好是在各项目专项计划制定出来之前指派,因为这些计划都需要由项目经理参与和指导制定。项目经理可以来自项目业主/客户组织,也可能来自职业项目经理市场,还可能来自项目承包商或项目团队,以及由承包商或项目团队推荐的其他人选。

3. 项目限制条件

项目限制条件的说明也是项目选择和定义的工作结果之一。一般项目选择与定义中给出的项目限制条件主要有三个方面:一是项目的工期与日程(包括项目的起始与结束日期或项目主要阶段的起始与结束日期等),二是项目的资源(最主要的是资金和项目的总预算等),三是项目的范围(包括哪些项目工作自行完成,哪些项目工作承包给他人等)。通常,项目某个方面的限制条件变动会影响到其他方面限制条件的变动。

4. 项目的假设前提条件

假设前提条件是指那些为选择和定义项目而主观认定的项目条件,是一些实际上并不是实在和确定性的假设前提条件。在一个复杂的项目中,考虑和回答项目涉及的下列问题和相关的假设前提条件是项目选择和定义的重要内容。

(1)项目与其他方面的关联问题。任何项目都会与其他组织、部门或人员的工作发生关联,这就必须分析其他方面能否按照规定或承诺的日期交付为项目提供的产品或劳务,以及推迟或提前交付的可能性大小等,并对此做出合理的预期和假设。

(2)项目可用资源和配备状况。项目可用资源和配备状况也需要做出分析和假设,特别是如果某些参与项目的人员和设备不属于自己的管辖范围更需如此。这些资源归谁管辖、主管是否同意项目使用这些资源、在多大程度上会出现资源的争夺等,这些同样都需要做出合理的预期和假设。

(3)项目的工期估算。项目的工期也需要做出合理预期和假设。因为项目工期估算是建立在不完备信息基础上的,这种估算有些是基于历史信息的,有些是根据主观判断做出的,所以它们具有不确定性,需要做一定程度的假设和预期。

(4)项目的成本预算。项目的成本预算也有许多不确定的因素,也需要做出一些假设和预期。例如,构成项目成本的资源价格和资源消耗数量都有许多不确定因素。所以在选择和定义项目中也需要对此做出合理的预期和假设,否则就无法确定项目的成本预算。

(5)项目的产出物。项目的产出物实际上也有一定的不确定性,所以在选择和定义项目的过程中也需要对它的可能变动进行合理的假设和预期。项目产出物的质量和数量会发生哪些变动,项目业主/客户和其他相关利益者会提出那些变更等都需要做出假设。

第三节 制定项目范围计划

一、制定项目范围计划的概念

制定项目范围计划就是编写一个书面的项目范围综述文件。这个项目范围综述文件将作为未来项目阶段性决策的基础和依据。项目范围计划应该包括有用来度量项目或项目阶段是否成功的标准和要求。对一个项目和子项目而言,一份书面的项目范围计划是必需的。

二、编制项目范围计划的依据

在选择和定义项目的过程中,所有给定的项目产出物描述和项目说明书及其相关信息都是编制项目范围计划的依据。编制项目范围计划的依据还包括有关项目和项目产出物描述的各种支持细节文件,以及在项目起始阶段所明确和定义出的各种项目限制条件和项目的假设前提条件等方面的信息与资料。

三、制定项目范围计划的方法和工具

1. 项目产出物分析方法

项目产出物分析,可以使项目业主/客户与项目组织形成对项目产出物的准确和共同的

理解，从而指导人们编制项目范围计划。项目产出物分析方法包括系统分析方法、价值工程方法、价值分析方法、功能分析方法和质量功能配置技术等一系列的方法和技术。

2. 收益/成本分析方法

收益/成本分析方法是指对不同的项目备选方案进行各种成本和收益的识别与确认，和对项目方案的成本（费用）与收益（回报）的全面评估的方法。其中最主要的是从项目业主/客户的角度出发的项目财务评价方法，它使用项目投资回报率、项目回收期等财务评估指标去确定备选项目方案的经济性。

3. 提出项目备选方案的方法

在项目范围计划的编制中，首先需要提出各种各样的项目备选方案。有许多管理技术和方法可以用于提出不同的项目备选方案，其中最常用的管理方法和技术是头脑风暴法和横向思维法。

(1) 头脑风暴法。头脑风暴法是一种有利于创造性思维的集体思辨和讨论的会议方法。在典型的头脑风暴法讨论会中，一般是6～12人围坐在桌旁，一个主持人用简单明了的方式把问题提出，让每个人都了解了问题之后，在给定的时间内，通过大家自由发言，尽可能多地想出各种解决问题的方案。在这种会议中，任何人都不得对发言者加以评价，无论是受到别人启发而提出的观点，或者是自己提出的稀奇古怪的观点，任何人都不允许进行批评。所有提出的方案都需要记录在案，直到最后，大家再一起分析和评价这些建议和方案，从而找出可行的项目备选方案。

(2) 横向思维法。纵向思维方法是高度理性化的，是一个逐步深化的思维过程，每一步与前一步都是不可分割的关联环节。在这一过程中，每一步都必须正确有序。横向思维法则没有这种限制，它不要求人们按照一种模式或程序去思维，而要求人们打破原有的条条框框，重构一种思维模式。它要求在处理问题时人们也可以不从初始状态入手（即从分析问题入手），而是从解决问题的办法入手。

4. 专家判断法

在制定项目范围计划的过程中，常常需要使用专家判断法。因为有许多项目范围界定问题涉及项目所属专业领域的专家知识，不管是对项目产出物的描述还是对项目目标的确定。

四、制定项目范围计划的工作结果

项目范围计划工作的结果主要是三个界定项目范围的文件：一是项目范围综述（项目范围计划的主体部分），其内容包括项目理由、项目内容、项目产出物、项目目标等；二是项目范围综述的支持细节，其内容包括已识别项目的假设前提和限制条件，可能出现的项目变更等；三是项目范围管理计划，其内容包括项目范围变更的可能性、频率和变更大小的估计，范围变更的识别及分类说明，项目范围变更的管理安排等。这三个文件是项目后续阶段管理的重要指导文件。

1. 项目范围综述

项目范围综述是未来项目决策的主要依据。项目范围综述在一定程度上能够保证本项目所有的相关利益者对于项目的范围有一个共同的理解。项目范围综述应该包括以下内容：

(1)项目的理由。这是对项目成立的理由所做的全面描述，即对于项目能够满足各种需求的综合说明。在项目后期阶段对项目活动进行界定和取舍时，项目理由是评价项目活动合理性的根本依据。

(2)项目产出物。这是有关项目产出物的简要描述，是一份简要罗列项目产出物构成的清单和说明。从项目范围计划的角度出发，如果提供的项目产出物符合这类描述，就标志着项目已经完成。

(3)项目的目标。项目目标是指完成项目所必须达到的标准和指标。具体而言，一个项目的目标主要包括项目产出物的各种属性指标、项目的工期指标与项目阶段性里程碑、项目产出物的质量标准和项目的成本（造价）控制目标等。

2. 相关的支持细节

这是指有关项目范围综述的各种支持细节文件。这些支持细节也包括所有已识别项目的假设前提条件和限制条件。项目范围综述的支持细节应以能够支持项目范围管理和有利于项目管理的其他过程使用和参考为原则来组织和编写。

3. 项目范围管理计划

项目范围管理计划主要描述如何控制项目的范围以及如何将项目范围变更进行集成管理。项目范围管理计划还应包括对项目范围变更的期望和确定性评估。

第四节 项目范围定义

项目范围定义指的是把项目产出物进一步分解为更小的、更便于管理的许多组成部分。项目范围定义的目的在于提高对项目成本估算、项目工期和项目资源需求估算的准确性，为项目的绩效度量和控制确定一个基准，便于明确和分配项目任务与责任。

一、项目范围定义的依据

项目范围定义的依据主要是项目的范围综述、项目的限制条件与假设前提，以及其他相关的信息。其中，项目范围综述以及限制条件和假设前提条件是最为重要的。

二、项目范围定义的方法和技术

1. 工作分解结构模板

历史项目的工作分解结构常被用作一个新项目工作结构分解的模板。使用这种模板，可根据新项目的各种情况和条件,通过增删项目的工作对新项目的范围进行定义。

在很多专业应用领域中均有标准或半标准的项目工作分解结构可用作新项目的工作分解结构模板。例如,美国国防部曾为国防装备项目制定了标准的工作分解结构。图5-1就是这些模板中的一个范例。

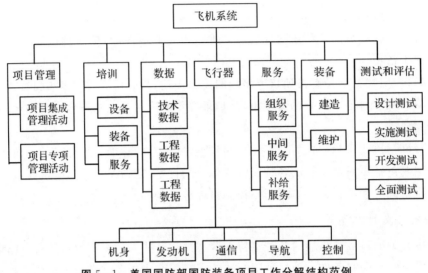

图5-1 美国国防部国防装备项目工作分解结构范例

2.分解技术

分解技术是指将项目产出物(或者说是项目目标)逐层细分为更小、更易管理的子项目或项目要素,直到将项目产出物分解成非常详尽,并能够支持下一步的项目活动分析和定义工作为止。

项目分解技术的主要步骤如下:

(1)识别主要的项目要素。图5-2给出了一个软件开发项目按照分解技术得到的项目工作分解结构示意图。图5-3给出的就是另一种项目的工作分解结构,这是按照子项目划分去分解一个项目全部工作的实例。

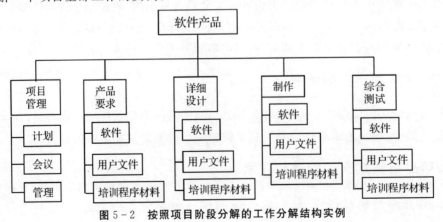

图5-2 按照项目阶段分解的工作分解结构实例

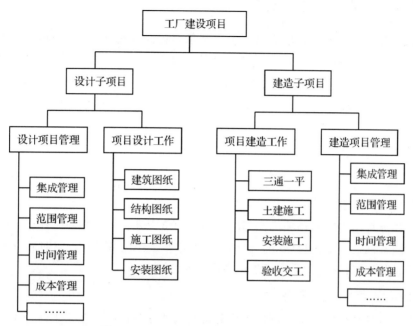

图 5-3　工厂建设项目工作分解结构实例

(2)项目构成要素的分解。项目构成要素是使用有形的、可检验的成果来描述的项目要素。与识别和定义项目主要要素的方法一样,项目构成要素的分解和定义工作也应该按照"实际上项目的工作将如何完成"的形式来进行。分解出的项目构成要素要有有形和可检验的成果相对应,这既可以是一种有形的产品,也可以是一项具体的服务,或者是一项具体的管理工作。

(3)构成要素分解结果的正确性检验。在检验构成要素分解结果的正确性时,需要回答四个问题:为完成整个项目工作,分解给出的各层次子项目或工作是必要和充分的吗?如果不是,则这些项目构成要素就必须被修改、增删或重新定义。分解得到的每项工作界定得清楚完整吗?如果不是,则必须修改、增删或重新识别、分解和界定这些工作。分解得到每项工作是否都能列入项目工期计划和预算计划?是否每项工作都有具体的责任单位?如果不是,就必须重新修订项目的工作分解结构。

需要注意的是,任何项目不是只有唯一正确的工作分解结构。例如,两个不同的项目团队可能对同一项目做出两种不同的工作分解结构。决定一个项目的工作分解详细程度和层次的因素包括为完成项目工作任务而分配给每个小组或个人的责任和这些责任者的能力,在项目实施期间管理和控制项目预算、监控和收集成本数据的要求水平。

通常,项目责任者的能力越强,项目的工作结构分解就可以粗略一些,层次少一些;反之,就需要详细一些,层次多一些;而项目成本和预算的管理控制要求水平越高,项目的工作结构分解就可以粗略一些,层次少一些;反之,就需要详细一些,层次多一些。因为项目工作分解结构越详细,项目就会越容易管理,要求的项目工作管理能力就会相对低一些。

三、项目范围定义的工作结果

项目范围定义的最终结果是给出一份关于项目的工作分解结构。项目工作分解结构(Work Breakdown Structure,WBS)是由那些构成并界定项目总体范围的项目要素,按照一定的原则分类编组构成的一种层次型结构体系。它是有关项目任务的详细描述,这些细化了的项目工作的详细描述构成了一个项目的工作范围。通常,项目范围定义的结果包括下述内容。

1. 项目工作分解结构

一个正式的项目工作分解结构经常以图表的形式给出。图5-1、图5-2以及图5-3都是工作分解结构的实例。

项目工作分解结构中的每项工作都应有唯一的负责人。处于项目工作分解结构最低层次上的工作通常被称作工作包(work package)。这些工作包可以在项目时间管理中进一步被分解,从而获得项目实施中需要开展的各种项目活动。

2. 项目工作分解结构字典

项目工作分解结构字典是对项目工作分解结构的逐条说明。项目工作分解结构字典通常是按照项目工作包划分词条和进行描述的。通常一个项目工作分解结构中的所有工作包都应该被收集在工作分解结构字典里。典型的项目工作分解结构字典的内容包括对项目工作包的描述和其他一些计划安排信息,如项目的工期、成本预算、人员安排,等。

常用到的一些其他分解结构如下:

(1) 项目合同工作分解结构。项目合同工作分解结构(Contract Work Breakdown Structure,CWBS),它是用来定义项目承包商或分包商向项目业主/客户提供产品和劳务的说明报告。项目合同工作分解结构与项目工作分解结构相比,比较粗略,因为它主要是对项目产出物的初步分解和描述,而项目工作分解结构是用于开展项目范围管理的,所以要详细得多。

(2) 项目组织分解结构。项目组织分解结构(Organization Breakdown Structure,OBS)是用于表明哪些项目工作要素被分配给了哪些项目组织的部门或个人的一种说明文件。这种分解结构侧重于对项目责任和任务的组织落实情况的描述。

(3) 项目资源分解结构。项目资源分解结构(Resource Breakdown Structure,RBS)是组织分解结构的变形,当项目的工作要素被分配给项目组织的某个群体或个人时,常需要使用资源分解结构去说明这些工作责任有权得到的资源,以及项目资源的整体分配情况。

(4) 项目物料清单。项目物料清单(Bill of Materials,BOM)是在一些专业应用领域的项目中给出的一种项目所需资源或工作的清单。例如,在工程建设项目中有"工料清单",它是建设项目所需材料、人工、设备和作业的清单。

(5) 项目活动清单。项目活动清单(Bill of Activities,BOA)是在对项目工作分解结构进一步细化和分解的基础上生成的,这是对于项目各项具体活动的一种详细说明文件。它与项目工作分解结构的关系最为紧密,因为项目活动是通过对项目工作包的进一步分解之后得到的项目具体工作(活动)。

第五节 项目范围确认

一、项目范围确认的概念

项目范围确认是指项目相关利益者(项目业主/客户、项目发起人、项目委托人、项目组织等)对项目范围的正式认可和接受的工作和过程。在项目范围确认工作中要审核项目范围定义工作的结果,以确保所有必需的项目工作均已正确且令人满意地包括在项目范围之中,而与实现项目目标无关的工作均未包括在项目范围之中。

二、项目范围确认的对象和依据

项目范围确认的对象是项目范围定义中生成的主要文件,这包括在项目定义、选择和项目范围定义给出的项目说明书、项目范围综述、项目工作分解结构和项目分解结构字典等等。项目范围确认的依据包括项目定义和项目范围定义的各种依据、项目实施工作的结果,以及有关项目产出物的文件等。

1. 项目实施工作结果

项目实施工作结果是指在项目各项计划实施中所生成的产出物情况,它反映了项目按照计划实施的动态情况。项目实施工作结果主要是在某个项目阶段的范围确认中使用,因为在对整个项目范围的确认中,由于尚未开展项目实施工作,所以还没有项目实施工作结果。

2. 项目产出物说明文件

项目产出物说明文件是指有关项目和项目阶段产出物的全面描述。在进行项目范围的确认和审核时,必须依据各种描述项目产出物的文件进行。项目产出物说明文件有助于项目双方(项目组织与项目业主/客户)对于一个项目的目标、项目产出物和项目范围有一个共同的理解。

三、项目范围确认的方法和技术

项目范围确认就是对项目范围进行审查和确认的工作。通过对项目范围的审查来确认项目范围是否包括了实现项目目标所需的全部工作,有没有不属于项目范围的工作包括在定义的项目范围之中,项目范围定义生成的结果是否与项目的要求相符等。项目范围审查的对象包括整个项目的范围定义,项目范围管理计划和项目工作分解结构等项目定义阶段给出的文件,以及它们的合理性和可行性。项目范围确认的方法和技术主要是使用核检表确认的技术。

1.项目范围的核检表

项目范围核检的主要内容如下：

(1)项目目标是否完善和准确。

(2)项目目标的指标是否可靠和有效(即所需信息是否可以获得)。

(3)项目的约束和限制条件是否真实和符合实际情况。

(4)项目最重要的假设前提是否合理(即不确定性较小)。

(5)项目的风险是否可以接受。

(6)项目成功的把握是否足够。

(7)项目范围定义是否能够保证项目目标的实现。

(8)项目范围定义所能够给出的项目效益是否高于项目成本。

(9)项目范围定义是否需要进行深入研究。

2.项目工作分解结构的核检表

项目工作分解结构的核检包括如下主要内容：

(1)项目目标的描述是否清楚。

(2)项目生成物(成果)的描述是否清楚。

(3)项目生成物(成果)是否都是为实现项目目标服务的。

(4)项目各项成果是否可以作为项目工作分解的基础。

(5)项目工作分解结构中的各个工作包是否都是为形成项目成果服务的。

(6)项目的目标层次描述是否都清楚。

(7)项目工作分解结构的层次划分是否与项目目标层次的划分和描述统一。

(8)项目工作、项目成果与项目目标之间的关系是否一致和统一。

(9)项目工作、项目成果、项目目标和项目总目标之间的逻辑是否正确、合理。

(10)项目目标的指标值是否可度量。

(11)项目工作分解结构中的工作包是否有合理的数量、质量和时间度量指标。

(12)项目目标的指标值与项目工作绩效的度量标准是否匹配。

(13)项目工作分解结构的层次结构是否合理。

(14)项目工作分解结构中各工作包的工作内容是否合理。

(15)项目工作分解结构各工作包之间的相互关系是否合理。

(16)项目工作分解结构各工作包所需资源是否明确与合理。

(17)项目工作分解结构中的各项工作考核指标是否合理。

(18)项目工作分解结构的总体协调是否合理。

四、项目范围确认的结果

项目范围确认工作是全面审核项目范围定义所给出的结果,以确保项目范围管理中的选择与定义正确,项目范围计划编制和项目范围定义内容的正确、合理、可行,并最终做出确认的一项工作。项目范围确认的结果是对项目范围定义工作的正式接受。这种接受一般需要有正式文件予以确认。

第六节 项目范围变更控制

一、项目范围变更控制概述

在项目开始之后,项目各种条件和环境的变化会使项目范围发生变更。项目范围的变更可能导致项目工期、成本或质量的改变,因此,必须要对项目范围的变更进行严格的管理和控制,必须要根据项目的实际情况、项目的变更要求和项目范围管理计划,运用项目范围变化控制系统和各种变更的应急计划等方法,按照集成管理的要求去控制和管理好项目范围的变更。

在项目范围变更控制中,主要应该考虑的问题包括:
(1)分析和确定影响项目范围变更的因素和环境条件。
(2)管理和控制那些能够引起项目范围变更的因素和条件。
(3)分析和确认各方面提出的项目变更要求的合理性和可行性。
(4)分析和确认项目范围变更是否已实际发生,及其风险和内容。
(5)当项目范围变更发生时,对其进行管理和控制,设法使变更朝有益的方向发展,或努力消除项目变更的不利影响。

二、项目范围变更控制的依据

项目范围变更控制的依据主要包括下列文件或信息。

1. 项目工作分解结构

项目工作分解结构定义了项目范围的内容和底线。当实际项目实施工作超出或达不到项目工作分解结构的范围要求时,就表明发生了项目范围的变更。项目范围变更发生后必须要对项目工作分解结构进行调整和更新。

2. 项目实施情况报告

项目实施情况报告一般包括两类信息或资料:一类是项目的实际进程资料,包括项目工作的实际开始/完成时间以及实际发生的费用等情况;另一类是有关项目范围、工期计划和成本预算的变更信息。

3. 项目范围变更请求

项目范围变更请求可能以多种形式出现,可以是口头或书面的,可以是直接或间接的,可以是内部提出的,也可以是外部要求的,甚至是法律强制的。项目范围变更可能是要求扩大项目的范围,也可能是要求缩小项目的范围。绝大多数项目范围变更是以下原因引起的:
(1)某个外部事件。例如,政府有关法规的变更。

(2)在定义项目范围时的某个错误或疏漏。例如,在设计一个电信系统时忽略了一个必备的特殊构件。

(3)增加项目价值的变更。例如,在一个环保项目中发现通过采用某种新技术可以降低项目成本,但在最初定义项目范围时新技术尚未出现,所以需要变更项目范围。

4.项目范围管理计划

项目范围管理计划是有关项目范围总体管理与控制的计划文件。

三、项目范围变更控制的方法和技术

项目范围变更控制的方法和技术主要包括如下几种。

1.项目范围变更控制系统

项目范围变更控制系统是开展项目范围控制的主要方法。这一系统给出了项目范围变更控制的基本控制程序、控制方法和控制责任。这一系统包括文档化工作系统,变更跟踪监督系统,以及项目变更请求的审批授权系统。

2.项目实施情况的度量技术

项目实施情况的度量技术也是项目范围变更控制的一种有效的技术和方法。这一方法有助于评估已经发生项目范围变更的偏差大小。项目范围变更控制的一个重要内容就是识别已发生变更的原因,以及决定是否要对这种变更或差异采取纠偏行动,而这些都需要依赖项目实施情况度量技术。

3.追加计划法

几乎没有项目能够完全按照项目计划实施和完成,项目范围的变更可能要求对项目工作分解结构进行修改和更新,甚至会要求重新分析和制定替代的项目实施方案。项目范围的变更会引起项目计划的变更,即项目范围的变更会要求项目组织针对变更后的情况,制订新的项目计划,并将这部分计划追加到原来的项目计划中去。

4.项目三角形法

项目三角形法是一种项目集成控制的技术方法,这种方法可以用于对项目范围进行有效的控制。所谓项目三角形是指由项目时间、项目预算和项目范围构成的三角形(见图5-4)。项目时间、项目预算和项目范围被称为项目成功的三大要素。如果调整了这三个要素中的任何一个,另外两个就会受到影响。

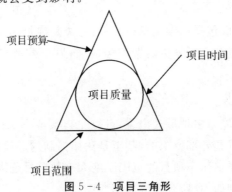

图5-4 项目三角形

在使用项目三角形法控制项目的范围变更时,首先应明确项目时间、项目预算和项目范围中的哪一个对项目最为重要。这决定了哪个要素是首先确保的目标,哪个次之,以及应该如何去优化项目范围变更方案和行动。具体项目三角形法的主要做法如下:

(1)调整项目三角形的时间边。当发现项目实际工期突破了项目工期预计时限时,人们有多种方法可以调整项目工期的长短。调整方法的选择主要取决于项目的限制条件(诸如预算、资源、范围和任务的灵活性限制等)。最有效的缩短工期的方法是调整项目关键路径上的任务。这方面的措施有缩短一些工作的作业工期,安排一些工作同步进行,增加资源以加快进度,缩小项目的范围,等等。当调整项目工期时,项目成本可能会增加,资源利用可能会不经济,项目范围也可能发生变更。因此,在变更项目工期以后还要完成下述工作。

(2)调整项目三角形的预算边。当发现项目的实际成本超出了项目预算时,就需要重新调整项目的预算和成本。项目成本主要受项目资源配置的影响。为了降低成本,首先可以缩小项目的范围,这样任务数量减少,占用的资源就会下降,成本就会降低。同时,还可以通过验证项目资源配置的优化情况,发现和消除存在的浪费,从而降低项目成本。另外,也可以采用价值工程的方法去分析是否存在替代资源,也许还会找到比较便宜的资源去替代昂贵的资源,这样也可以降低项目成本。在调整项目成本以保证项目不超出预算时,项目工期可能会延长或项目范围可能会缩小。

(3)调整项目三角形的范围边。改变项目范围一般包括改变项目任务的数量或工期。项目范围和项目质量是密切相关的,在缩小范围的同时也会降低项目的质量,相反,在扩大项目范围的同时,也可能会带来项目质量的提高。例如,如果取消一系列可选择的项目任务,那么用于这些任务的资源就可以腾出来用于其他方面,而且它们也将不包括在这个项目的预算范围内。如果增加一些可选择的任务就要投入更多资源和时间,就会扩大项目范围。另外,改变项目范围会影响项目关键路径的工期,使项目工期后延。通常的做法是,当发现必须按照项目工期完成项目,同时又必须将项目成本控制在预算之内时,可以通过缩小项目范围去实现上述两项目标。当然,如果发现还有多余的时间或预算,就可以扩大项目范围,从而提高项目质量。

(4)资源在项目三角形中的作用。在保持项目目标合理平衡的情况下,一般需要优化项目范围和计划以确保资源的有效利用。按照项目三角形,资源被看作项目成本。在调整项目资源时,项目成本将以资源的成本费率为基础相应上升或降低。但是,在调整资源时,项目工期也许会发生变更。例如,如果有资源不足而需要进行调配时,项目工期可能出现延迟;反之,在有资源剩余时,就可以扩大项目的范围,以便在资源的可利用时间内,更好地利用全部资源。

(5)质量与项目三角形的关系。质量是项目三角形中的第四个要素,而且是处于中心位置的关键要素。项目三角形的三条边中任何一条边的改变都会影响项目质量。项目质量虽然不是三角形的"边",但是却直接受三条边变化的影响。任何项目时间、成本和范围的变更,都会直接影响到项目质量。

四、项目范围变更控制的结果

项目范围变更管理与控制的结果有两个:一个是促进了项目工作绩效的提高,一个是生成了一系列项目范围变更控制文件。这些文件包括更新调整后的项目的工期、项目成本、项目质量、项目资源和项目范围文件,以及各种项目变更行动方案和计划文件。

1. 项目范围变更控制文件

项目范围变更控制文件是在项目范围的全面修订和更新中生成的各种文件总称。项目范围通常是由项目业主/客户与项目组织双方认可的,所以项目范围的变更同样需要双方认可,并要有正式文件予以记录。项目范围变更通常还要求对项目成本、工期、质量以及其他一些项目目标进行全面的调整和更新。项目范围变更还需要在项目计划中得到及时反映,而且相关的项目技术文件也需要进行相应的更新。另外,应该将项目范围变更的信息及时告知项目的相关利益者。所有这些更新后的文件都属于项目范围变更控制文件的范畴。

2. 项目变更控制中的行动

项目变更控制中的行动包括根据批准后的项目变更要求而采取的行动,根据项目实际情况的变化所采取的纠偏行动。这两种行动都属于项目变更控制的范畴,因为它们的结果都是使实际的项目范围与计划的项目范围保持一致,或者是与更新后的项目范围相一致。

3. 从项目变更中学到的经验与教训

不管是何种原因,项目的变更都属于项目计划管理中的问题。所以在项目范围变更控制中人们可以发现问题,学到经验与教训。这些经验与教训均应该和需要形成文件,以使这部分信息成为项目历史数据的一部分。这既可用作本项目后续工作的指导,也可用于项目组织今后开展的其他项目。这相当于项目的一种跟踪评估和后评估的工作,一般在项目或项目阶段结束以后都需要召开经验总结或项目后评估会议。这种项目经验总结或评估会议应在项目团队内部以及与项目业主/客户之间分别召开。其目的都是评估项目绩效,确认项目收益是否已经达到,以及总结本项目的经验和教训。

▶ **考核知识点**

考核知识点	类 别	内　　容
项目范围管理概述	重点	项目范围管理的概念
		项目范围管理的主要工作
项目起始工作	重点	项目起始的原因
制定项目范围计划	重点	制定项目范围计划的概念
		制定项目范围计划的方法
项目范围的定义	重点	项目范围定义
		项目合同工作分解结构
		项目组织分解结构
	难点	项目工作分解结构
项目范围的确认	重点	项目范围确认的概念
项目范围变更控制	重点	项目范围变更控制的依据
	难点	项目范围变更控制的方法

第五章 项目范围管理

▶ 同步综合训练

一、名词解释

1. 项目范围管理。
2. 项目范围定义。
3. 项目工作分解结构。

二、简答题

1. 简述项目范围管理的主要工作。
2. 简述项目起始的原因。
3. 简述飞机项目的工作分解结构模板。
4. 简述项目范围变更控制的依据。

▶ 参考答案

一、名词解释

1. 项目范围管理就是对一个项目从立项到完结的全过程中所涉及的项目工作的范围所进行的管理和控制活动。这里的"项目范围"包括，而且只包括完成该项目、实现项目目标、获得项目产出物所"必需"的全部工作。

2. 项目范围定义指的是把项目产出物进一步分解为更小的，更便于管理的许多组成部分。项目范围定义的目的在于提高对项目成本估算，项目工期和项目资源需求估算的准确性，为项目的绩效度量和控制确定一个基准，便于明确和分配项目任务与责任。

3. 项目工作分解结构是由那些构成并界定项目总体范围的项目要素，按照一定的原则分类编组构成的一种层次型结构体系。

二、简答题

1. 简述项目范围管理的主要工作。

答：按照美国项目管理协会的说法，项目范围管理的主要内容包括：项目起始工作、界定项目范围、确认项目范围、编制项目范围计划和项目范围变更控制。

2. 简述项目起始的原因。

答：项目的起始通常发生在项目业主/客户遇到某种"使项目得以开始的刺激"的时候。这些"刺激"也叫作"问题"或"机遇"。一个组织的管理部门必须针对这种刺激做出回应或提出对策，从而形成一个项目。这些问题或机遇通常包括以下情况：

(1) 市场需求。
(2) 商业机遇。
(3) 消费变化。
(4) 科技进步。
(5) 法律要求。

3.简述飞机项目的工作分解结构模板。

答:

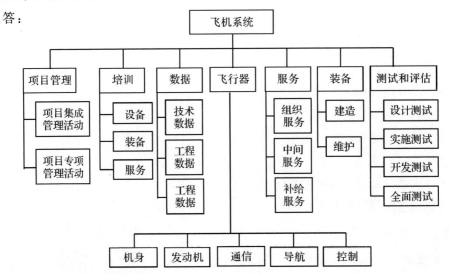

4.简述项目范围变更控制的依据。

答:项目范围变更控制的依据主要包括下列文件或信息:

(1)项目工作分解结构。

(2)项目的实施情况报告。

(3)项目范围变更的请求。

(4)项目范围管理计划。

第六章　项目时间管理

▶**本章知识要点概述**

要求学员在学习本章后,能够熟练掌握有关项目时间管理的内容、方法和理论,具体包括项目活动的分解与界定,项目活动的排序,项目活动工期估算,项目工期计划编制程序、编制技术与方法等。

第一节　项目活动的界定

项目时间管理,又叫项目工期管理或项目进度管理。项目时间管理是为了确保项目按时完工所开展的一系列管理活动与过程。这包括项目活动的界定和确认(即分析确定为达到项目目标所必须进行的各种作业活动),项目活动内容的排序(即分析确定工作之间的相互关联关系并形成项目活动排序的文件),估算项目活动工期(即对项目各项活动所需时间做出估算),估算整个项目的工期,制定项目工期计划,对作业顺序、活动工期和所需资源进行分析,制定项目工期进度计划,管理与控制项目工期进度等。

一、项目活动界定的概念及所需信息

项目活动的界定是指识别实现项目目标所必须开展的项目活动,定义为生成项目产出物及其组成部分所必须完成的任务,这样一项特定的项目时间管理工作。在项目时间管理中,项目活动界定的主要依据是项目的目标、范围和项目工作分解结构。正确界定一个项目的全部活动必须依据下述信息和资料。

1. 项目工作分解结构

项目工作分解结构是界定项目活动所依据的最基本和最主要的信息。项目工作分解结构是一个关于项目所需工作的一种层次性、树状的分解结构及其描述。它给出了一个项目所需完成工作的整体表述。项目工作分解结构是界定项目所需活动的一项最重要的依据。图 6-1 给出了一个软件开发项目的工作分解结构。

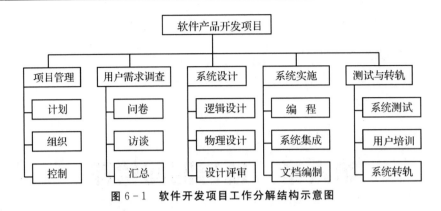

图 6-1 软件开发项目工作分解结构示意图

2. 已确认的项目范围

项目活动界定的另一个依据是既定的项目目标和项目范围,以及这方面的信息和资料。

3. 历史信息

在项目活动界定中,还需要使用各种相关的项目历史信息。这既包括项目前期工作所收集和积累的各种信息,也包括项目组织或其他组织过去开展类似项目获得的各种历史信息。

4. 项目的约束条件

项目的约束条件是指项目所面临的各种限制条件和限制因素。任何一个项目都会有各种各样的限制条件和限制因素,任何一个项目活动也都会有一定的限制因素和限制条件。

5. 项目的假设前提条件

这是指在开展项目活动界定的过程中,对于那些不确定性的项目前提条件所给出的假设。这些假设的前提条件对于界定一个项目的活动来说是必需的,否则就会因为缺少条件而无法开展项目活动的界定。

二、项目活动界定的方法

1. 项目活动分解法

项目活动分解法是指为了使项目便于管理而根据项目工作分解结构,通过进一步分解和细化项目工作任务,从而得到全部项目具体活动的一种结构化的、层次化的项目活动分解方法。这种方法将项目任务按照一定的层次结构,逐层分解成详细、具体和容易管理控制的一系列具体项目活动,从而更好地进行项目的时间管理。

2. 项目活动界定的平台法

项目活动界定的平台法也叫原型法,它使用一个已完成项目的活动清单(或该活动清单中的一部分)作为新项目活动界定的一个平台,根据新项目的各种具体要求、限制条件和假设前提条件,通过在选定平台上增减项目活动的方法,定义出新项目的全部活动,得到新项目的活动清单。这种方法的优点是简单、快捷,但是可供使用的平台或原型(已完成项目的活动清单)的缺陷会对新的项目活动界定结果带来一定的影响,而且会因为既有平台的局限性而漏掉或额外增加一些不必要的项目活动。

三、项目活动界定的结果

1. 项目活动清单

项目活动界定工作给出的最主要信息和文件是项目活动清单。项目活动清单列出了一个项目所需开展和完成的全部活动。项目活动清单是对项目工作分解结构的进一步细化和扩展,项目活动清单列出的活动与项目工作分解结构给出的工作包相比,更为详细、具体和具有可操作性。对于一份项目活动清单的具体要求有两条:一是要包括一个项目的全部活动内容,二是不能包含任何不属于本项目的活动内容,即与实现项目目标无关的任何活动。

2. 相关的支持细节

这是指用于支持和说明项目活动清单的各种具体细节文件与信息。这既包括给定的项目假设条件和各种项目限制因素的说明和细节描述,也包括对于项目活动清单的各种解释和说明的细节信息和文件等。这些相关的支持细节信息都必须整理成文件或文档材料,以便在项目时间管理中能够很方便地使用它们。它们通常需要与项目活动清单一起共同使用。

3. 更新后的工作分解结构

在使用项目活动分解方法界定一个项目的活动过程中,项目管理人员会发现原有的项目工作分解结构中的一些遗漏、错误和不妥的地方,这就需要对原有项目工作分解结构进行必要的增删、更正和修订,从而获得一份更新后的项目工作分解结构,这也是项目活动界定工作的结果之一。

第二节　项目活动的排序

一、项目活动排序的概念

项目活动排序是通过识别项目活动清单中各项活动的相互关联与依赖关系,并据此对项目各项活动的先后顺序进行合理安排与确定的项目时间管理工作。为制定项目时间(工期)计划就必须科学合理地安排一个项目各项活动的顺序关系。

二、项目活动排序的依据

1. 项目活动清单及其支持细节文件

项目活动清单列出了项目所需开展的全部活动,支持细节文件说明和描述了项目活动清单的相关细节、依据与假设前提条件。它们都是项目活动排序工作非常重要的依据。

2. 项目产出物的说明与描述

项目产出物是开展项目活动的最终结果,或叫项目的产品。对项目产出物的特性分析可以帮助人们确定出项目活动的顺序;对照项目产出物的描述,人们可以审查项目活动排序的正确性。所以项目产出物描述也是项目活动排序的重要依据之一。

3. 项目活动之间的必然依存关系

项目活动之间的必然依存关系是指项目活动之间客观需要和不可缺少的关联。这种关系一般是物质与环境条件和客观规律方面的限制造成的。项目活动之间的必然依存关系也被称为项目活动的"硬逻辑关系",这是一种不可违背的逻辑关系。

4. 项目活动之间的人为依存关系

项目活动之间的人为依存关系是由项目管理人员规定的项目活动之间的关系。这种关系是人为的、主观确定的,所以它们也被称为"软逻辑关系",这是一种可以由人们根据主观意志去调整和安排的项目活动之间的关系。这种关系同样会限制项目活动顺序的安排,所以项目的管理者必须科学合理地确定这种人为依存关系。

5. 项目活动的外部依存关系

项目活动的外部依存关系是指项目活动与其他组织的活动,以及项目活动与组织所开展的其他活动之间的相互关系。

6. 项目的约束条件与假设前提条件

项目的约束条件是指项目所面临的各种资源与环境限制条件和因素,它们会对项目活动的排序造成影响和限制。项目的假设前提条件是对项目活动所涉及的一些不确定条件的假设性认定,项目的假设前提条件同样也会直接影响项目活动的排序。

三、项目活动排序的方法

1. 顺序图法

顺序图法(Precedence Diagramming Method,PDM)也叫节点网络图法(Activity-on-Node,AON)。这是一种通过编制项目网络图给出项目活动顺序安排的方法,它用节点表示一项活动,用节点之间的箭线表示项目活动之间的相互关系。图6-2是一张使用顺序图法给出的一个简单项目活动排序结果的节点网络图。

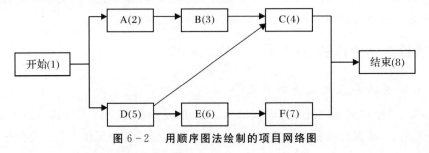

图6-2 用顺序图法绘制的项目网络图

在这种网络图中有四种项目活动的顺序关系:一是"结束—开始"的关系,即前面的甲活动必须结束以后,后面的乙活动才能开始;二是"结束—结束"的关系,即只有甲活动结束以后,乙活动才能够结束;三是"开始—开始"的关系,即甲活动必须在乙活动开始之前就已经开始了;四是"开始—结束"的关系,即甲活动必须在乙活动结束之前就要开始。在节点网络图中,最常用的逻辑关系是前后依存活动之间具有的"结束—开始"的相互关系,而"开始—结束"的关系很少用。在现有的项目管理软件中,多数使用的也是"结束—开始"的关系,甚至有些软件,只有这种"结束—开始"活动关系的描述方法。

在用节点表示活动的网络图中,每项活动由一个方框或圆框表示,对活动的描述(命名)一般直接写在框内。每项活动只能用一个框表示,如果采用项目活动编号则每个框只能指定一个唯一的活动号。项目活动之间的顺序关系则可以使用连接活动框的箭线表示。例如,对于"结束—开始"的关系,箭线箭头指向的活动是后序活动(后续开展的活动),箭头离开的活动是前序活动(前期开展的活动)。一项后序活动只有在与其联系的全部前序活动完成以后才能开始,这可以使用箭线连接前后两项活动方法表示(见图6-3)。

图6-3 用节点和箭线表示的项目活动顺序示意图

另外,有些项目活动可以同时进行,虽然它们不一定同时结束,但是只有它们全部结束以后下一项活动才能够开始。这些项目活动之间的关系如图6-4所示。

图6-4 信息系统分析与设计项目活动顺序关系示意图

2.箭线图法

箭线图法(Arrow Diagramming Method,ADM)也是一种描述项目活动顺序的网络图方法。这一方法用箭线代表活动,而用节点代表活动之间的联系和相互依赖关系。图6-5是用箭线图法绘制的一个简单项目的网络图。在箭线图中,通常只描述项目活动间的"结束—开始"的关系。当需要给出项目活动的其他逻辑关系时,就需要借用"虚活动"(dummy activity)来描述。

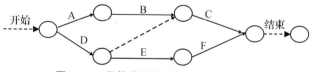

图6-5 用箭线图法绘制的项目网络图

在箭线图中,一项活动由一条箭线表示,有关这一活动描述(命名)可以写在箭线上方。描述一项活动的箭线只能有一个箭头,箭线的箭尾代表活动的开始,箭线的箭头代表活动的结束。箭线的长度和斜度与项目活动的持续时间或重要性没有任何关系。在箭线图法中,代表项目活动的箭线通过圆圈而连接起来,这些连接用的圆圈表示具体的事件。箭线图中的圆圈既可以代表项目的开始事件也可以代表项目的结束事件。当箭线指向圆圈时,圆圈代表该活动的结束事件,当箭线离开圆圈时,圆圈代表活动的开始事件。在箭线图法中,需要给每个事件确定唯一的代号。例如,图6-6给出的项目活动网络图中,"用户信息需求调查"和"信息系统分析"之间就存在一种顺序关系,二者由"事件2"联系起来。"事件2"代表"用户信息需求调查"活动结束和"信息系统分析"活动开始这样一个事件。

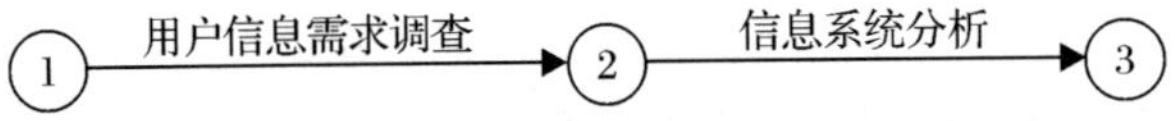

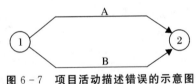

图6-6　箭线图法中的"活动"与"事件"示意图

项目活动的开始事件(箭尾圆圈)也叫作该项活动的"紧前事件",项目活动的结束事件(箭头圆圈)也叫作该活动的"紧随事件"。例如,对于图6-6中的项目活动"用户信息需求调查"而言,它的紧前事件是圆圈1,而它的紧随事件是圆圈2,但是对于项目活动"信息系统分析"而言,它的紧前事件是圆圈2,它的紧随事件是圆圈3。在箭线图法中,有两个基本规则用来描述项目活动之间的关系:

图中的每一个事件(圆圈)必须有唯一的事件号,图中不能出现重复的事件号。

图中的每项活动必须由唯一的紧前事件和唯一的紧随事件组合来予以描述。

图6-7中的项目活动A和B具有相同的紧前事件(圆圈1)和紧随事件(圆圈2),这在箭线图法中是绝对不允许的,因为这种方法要求每项活动必须用唯一的紧前事件和紧随事件的组合来表示。

图6-7　项目活动描述错误的示意图

为了解决图6-7中出现的问题,在箭线图法中规定有一种特殊的活动,被称为"虚活动"。这种活动并不消耗时间,所以它在网络图中用一个虚线构成的箭线来表示。这种"虚活动"用来描述项目活动之间的一种特殊的先后关系,以满足每项活动必须用唯一的紧前事件和紧随事件的组合来确定的要求。例如,图6-7中给出的活动A和活动B,合理地描述它们就需要插入一项虚活动(见图6-8),这样就可以使活动A和B由唯一的紧前事件和紧随事件组合来描述了。在图6-8中有两种描述方法,其一是活动A由事件1和事件3的组合来描述,活动B由事件1和事件2的组合来表示[图(a)]。其二是活动A由事件1和事件2的组合来表示,而活动B用事件1和事件3的组合来表示[图(b)]。这两种方法都是可行的方法。

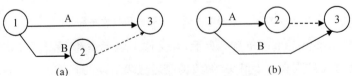

图6-8　加入"虚活动"后的箭线图

根据项目活动清单等信息和上述网络图方法的原理就可以安排项目活动的顺序,绘制项目活动的网络图了。这一项目时间管理工作的具体步骤如下:首先选择是使用顺序图法还是使用箭线图法去描述项目活动的顺序安排,然后按项目活动的客观逻辑顺序和人为确定的优先次序安排项目活动的顺序,最后使用网络图法绘制出项目活动顺序的网络图。在决定以何种顺序安排项目活动时,需要对每一个项目活动明确回答以下三个方面的问题:

(1)在该活动可以开始之前,哪些活动必须已经完成?
(2)哪些活动可以与该活动同时开始?
(3)哪些活动只有在该活动完成后才能开始?

通过明确每项活动的这三个问题,就可以安排项目的活动顺序并绘制出项目网络图,从而全面描述项目所需各项活动之间的相互关系和顺序。

另外,在决定一个项目网络图的详细程度时,还应考虑下列准则:

(1)准则一:项目不但需要有工作分解结构,而且必须有明确的项目活动界定。
(2)准则二:先根据项目工作分解结构绘制一份概括性的网络图,然后再根据项目活动界定结果把它扩展成为详细的网络图。有些项目只要概括性的网络图就可以满足项目管理的要求了。
(3)准则三:项目网络图的详细程度可以根据项目实施的分工或项目产出物的性质决定。例如:如果一个小组负责装配,另一个小组负责包装,那么就应该将这些任务划分成两项独立的项目活动。如果一项项目活动的结果是一个有形的、可交付的产出物,那么该活动就必须被界定为项目的一项活动。

3. 网络模板法

在某些情况下,一个项目组织可能给不同的客户做相似的项目,此时新项目的许多活动可能包含与历史项目活动具有相同的逻辑关系安排。因此,人们有可能用过去完成项目的网络图作为新项目网络图的模板,并通过增删项目活动修订该模板,从而获得新项目的活动网络图。

四、项目活动排序工作的结果

项目活动排序工作的结果是一系列有关项目活动排序的文件,主要有以下两项。

1. 项目网络图

项目网络图是有关项目各项活动和它们之间逻辑关系说明的示意图。项目网络图既可人工绘制,也可用计算机绘制。它可以包括项目的所有具体活动,也可以只包括项目的主要活动。

2. 更新后的项目活动清单

在项目活动界定和项目活动排序的工作过程中,通常会发现项目工作分解结构存在的问题,而在项目网络图的编制过程中,通常也会发现项目活动排序存在的问题。为了正确反映项目活动间的逻辑关系,就必须对前期确定的项目活动进行重新分解、界定和排序,以改正存在的问题。当出现这种情况时,就需要更新原有的项目活动清单,从而获得更新后的项目活动清单,有时还需要进一步更新原有的项目工作分解结构等文件。

第三节 项目活动工期估算

一、项目活动工期估算的概念

项目活动工期估算是对项目已确定的各种活动所做的工期(或时间)可能长度的估算工作,这包括对每一项完全独立的项目活动时间的估算和对整个项目的工期估算。这项工作通常应由项目团队中对项目各种活动的特点熟悉的人来完成,也可以先由计算机进行模拟和估算,再由专家审查确认该估算。

二、项目活动工期估算的依据

项目活动工期估算的主要依据有如下几个方面。

1. 项目活动清单

项目活动清单是在项目活动界定阶段得到的一份计划工作文件。项目活动清单列出了项目所需开展的全部活动,它是对项目工作分解结构的细化的项目计划文件。

2. 项目的约束和假设条件

这是指项目在工期估算方面的各种约束条件和假设前提条件。其中,约束条件是项目工期计划面临的各种限制因素,假设前提条件是为项目工期估算假定的各种可能发生的情况。

3. 项目资源的数量要求

绝大多数项目活动工期受项目所能得到的资源数量的影响。比如,两个人工作一天可以完成的项目活动,如果只有一个人作业就需要两天时间。

4. 项目资源的质量要求

绝大多数项目活动工期还受项目资源质量的影响。例如,一项活动需要两个五级技工工作两天,但是如果只有三级技工可能就需要 4 个人工作两天了。

5. 历史信息

在估算和确定项目活动工期中,还需要参考有关项目活动工期的历史信息,这类信息包括:相似项目的实际项目活动工期文件,商业性项目工期估算数据库(一些商业管理咨询公司收集的同类项目历史信息),项目团队有关项目工期的知识和经验等。

三、项目活动工期估算的方法

项目活动工期估算的主要方法有下述几种。

1. 专家评估法

专家评估法是由项目时间管理专家运用他们的经验和专业特长对项目活动工期做出估

计和评价的方法。由于项目活动工期受许多因素的影响,所以使用其他方法计算和推理的方法是很困难的,但专家评估法却十分有效。

2. 类比法

类比法是以过去相似项目活动的实际活动工期为基础,通过类比的办法估算新项目活动工期的一种方法。当项目活动工期方面的信息有限时,可以使用这种方法来估算项目的工期,但是这种方法的结果比较粗略,一般用于最初的项目活动工期估算。

3. 模拟法

模拟法是以一定的假设条件为前提来进行项目活动工期估算的一种方法。常见的这类方法有蒙特卡罗模拟法、三角模拟法等。这种方法既可以用来确定每项项目活动工期的统计分布,也可以用来确定整个项目工期的统计分布。其中,三角模拟法相对比较简单,这种方法的具体做法如下:

(1)单项活动的工期估算。对于活动持续时间存在高度不确定的项目活动,需要给出活动的三个估计时间:乐观时间 t_o(这是在非常顺利的情况下完成某项活动所需的时间)、最可能时间 t_m(这是在正常情况下完成某活动最经常出现的时间)、悲观时间 t_p(这是在最不利情况下完成某项的活动时间),以及这些时间所对应的发生概率。通常对于设定的这三个时间还需要假定它们都服从正态分布。这种项目活动工期期望值的计算公式如下:

$$t_e = \frac{t_o + 4(t_m) + t_p}{6}$$

(2)总工期期望值的计算方法。在项目的实施过程中,一些项目活动花费的时间会比它们的期望工期少,另一些会比它们的期望工期多。对整个项目而言,这些多于期望工期和少于期望工期的项目活动耗费的时间有很大一部分是可以相互抵消的。因此所有期望工期与实际工期之间的净总差额值同样符合正态分布规律。这意味着,项目活动排序给出的项目网络图中关键路径(工期最长的活动路径)上的所有活动的总概率分布也是一种正态分布,其均值等于各项活动期望工期之和,方差等于各项活动的方差之和。

(3)项目工期估算实例。现有一个项目的活动排序及其工期估计数据如图 6-9 所示。假定项目的开始时间为 0 并且必须在第 40 天之前完成。

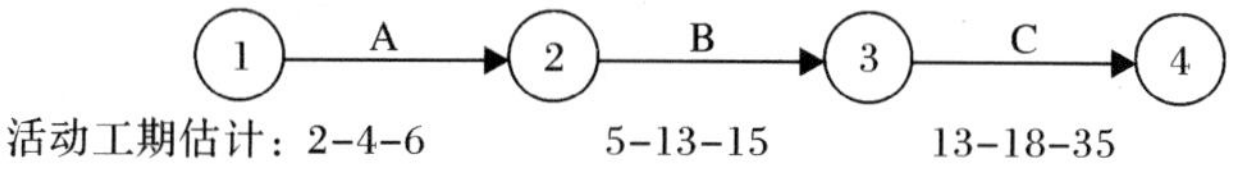

①——A——②——B——③——C——④
活动工期估计: 2-4-6   5-13-15   13-18-35

图 6-9 项目工期估计示意图

图 6-9 中每个活动工期的期望值计算如下:

A 活动: $t_e = \dfrac{2 + 4 \times 4 + 6}{6} = 4$(天)

B 活动: $t_e = \dfrac{5 + 4 \times 13 + 15}{6} = 12$(天)

C 活动: $t_e = \dfrac{13 + 4 \times 18 + 35}{6} = 20$(天)

把这三个项目活动估算工期的期望值加总,可以得到一个总平均值,即项目整体的期望工期。具体做法见表6-1。

表6-1 项目活动工期估算汇总表

单位:天

活动	乐观时间 t_o	最可能时间 t_m	悲观时间 t_p	期望工期 t_e
A	5	4	6	4
B	5	13	15	12
C	13	18	35	20
项目总工期	20	35	56	36

由表6-1可以看出,三项活动的乐观时间为20天,最可能时间为35天,而悲观时间为56天,据此计算出的项目整体期望工期与根据三项活动的期望值之和(4+12+20=36)的结果是相同的。这表明对整个项目而言,那些多于期望工期和少于期望工期的项目活动所耗时间是可以相互抵消的,因此项目整体工期估算的时间分布等于三项活动消耗时间平均值或期望值之和。另外,这一工期估算中的方差有如下关系:

活动 A:$\sigma^2 = \left(\dfrac{6-2}{6}\right)^2 = 0.444$

活动 B:$\sigma^2 = \left(\dfrac{15-5}{6}\right)^2 = 2.778$

活动 C:$\sigma^2 = \left(\dfrac{35-13}{6}\right)^2 = 13.444$

由于总分布是一个正态分布,所以它的方差是三项活动的方差之和,即16.666。总分布的标准差 σ 为

$$\sigma = \sqrt{\sigma^2} = \sqrt{16.666} = 4.08(\text{天})$$

图6-10给出了项目的总概率曲线与其标准差的图示。

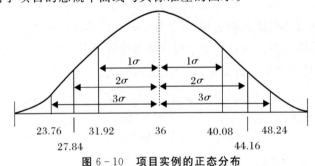

图6-10 项目实例的正态分布

四、项目活动工期估算的工作结果

项目活动工期估算工作的结果包括如下三个方面的内容。

1.估算出的项目活动工期

估算出的项目活动工期应包括对项目活动工期可能变化范围的评估。例如:"项目活动

需要 2 周±2 天的时间",这表示项目活动的时间至少需要 8 天,而且不会超过 12 天,最可能的是 10 天(每周 5 天工作日)。

2.项目工期估算的支持细节

这是有关项目工期估算的依据与支持细节的说明文件。其中,项目工期估算的依据给出了项目工期估算中所使用的各种约束条件和假设前提条件、各种参照的项目历史信息,以及项目活动清单、资源需求数量和质量等方面的依据资料和文件。项目工期估算的支持细节包括所有与项目工期估算结果有关的文件与说明。

3.更新后的项目活动清单和项目工作分解结构

在项目活动估算的过程中可能会发现项目工作分解结构和项目活动清单中存在的各种问题,因此需要对它们进行修订和更新。如果有这种情况发生就需要更新原有的项目活动清单,从而获得更新后的项目活动清单和工作分解结构,并且要将其作为项目工期估算的工作文件与其他项目工期估算正式文件一起作为项目工期估算的工作结果输出。

第四节 项目工期计划制定

一、项目工期计划制定的概念

项目工期计划制定是根据项目活动界定、项目活动顺序安排、各项活动工期估算和所需资源进行的分析和项目计划的编制与安排。

二、项目工期计划编制的依据

1.项目网络图

这是在活动排序阶段所得到的项目各项活动以及它们之间逻辑关系的示意图。

2.项目活动工期的估算文件

这也是项目时间管理前期工作得到的文件,是对已确定项目活动的可能工期估算文件。

3.项目的资源要求和共享说明

这包括关于项目资源质量和数量的具体要求以及各项目活动以何种形式与项目其他活动共享何种资源的说明。

4.项目作业制度安排

项目作业制度安排也会影响到项目工期计划的编制。例如,一些项目的作业制度规定可以是只能在白班作业一个班次,也可以是三班倒进行项目作业。

5.项目作业的各种约束条件

在制定项目工期计划时,有两类主要的项目作业约束条件必须考虑:强制的时间(项目业主/用户或其他外部因素要求的特定日期)、关键时间或主要的里程碑(项目业主/用户或其他投资人要求的项目关键时间或项目工期计划中的里程碑)。

6. 项目活动的提前和滞后要求

任何一项独立的项目活动都应该有关于其工期提前或滞后的详细说明,以便准确地制定项目的工期计划。

三、制定项目工期计划的方法

项目工期计划是项目专项计划中最为重要的计划之一,这种计划的编制需要反复地试算和综合平衡,因为它涉及的影响因素很多,而且它的计划安排会直接影响到项目集成计划和其他专项计划。制定项目工期计划的主要方法有如下几种。

1. 系统分析法

系统分析方法是通过计算所有项目活动的最早开始和结束时间、最晚开始和结束时间,然后统一安排项目活动,获得项目工期计划的方法。这些时间的计算要反映出项目工期计划对于资源限制和其他约束条件的考虑,以及对于各种不确定因素的综合考虑。

(1) 项目的开始和结束时间。为建立一个项目所有活动的工期计划安排的基准,就必须为整个项目选择一个预计的开始时间(estimated start time)和一个要求的完工时间(required completion time)。这两个时间的间隔规定了项目完成所需的时间周期(或叫项目的时间限制)。整个项目的预计开始时间和结束时间通常是项目的目标之一,需要在项目合同或项目说明书中明确规定。

(2) 项目活动的最早开始和结束时间、最迟开始和结束时间。一项活动的最早开始时间是根据整个项目的预计开始时间和所有紧前活动的工期估计得来的,一项活动的最早结束时间是用该活动的最早开始时间加上该活动的工期估计得来的。项目活动的最迟完工时间是用项目的要求完工时间减去该项目活动所有紧随活动的工期估计计算出来的,而项目活动的最迟开始时间是用该活动最迟结束时间加上活动的工期估计计算出来的。

(3) 分析项目的关键路径。在项目的工期计划编制中,目前广为使用的系统分析法主要有项目计划评审技术(Program Evaluation and Review Technique,PERT)和关键路径法(Critical Path Method,CPM)两种方法。其中,最重要的是关键路径法。关键路径法是一种运用特定的、有顺序的网络逻辑和估算出的项目活动工期,确定项目每项活动的最早与最晚开始和结束时间,并做出项目工期网络计划的方法。关键路径法关注的核心是项目活动网络中关键路径的确定和关键路径总工期的计算,其目的是使项目工期能够达到最短。一个项目最长的活动路径被称为"关键路径"(critical path)。

项目的最早、最迟完工时间是根据三项项目具体活动的工期估算求出的,它们的发生概率符合图6-11给出的正态分布。

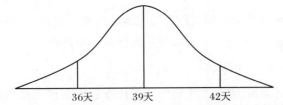

图6-11 案例项目完工时间发生概率的正态分布示意图

2. 模拟法

模拟法是根据一定的假设条件和这些条件发生的概率,运用像蒙特卡罗模拟、三角模拟等方法,确定每个项目活动可能工期的统计分布和整个项目可能工期的统计分布,然后使用这些统计数据去编制项目工期计划的一种方法。

3. 资源水平法

使用系统分析法制定项目工期计划的前提是项目的资源充足,但是在实际中多数项目都存在资源限制,因此有时需要使用资源水平法去编制项目的工期计划。这种方法的基本指导思想是将稀缺资源优先分配给关键路线上的项目活动。

4. 甘特图法

这是由美国学者甘特发明的一种使用条形图编制项目工期计划的方法,是一种比较简便的工期计划和进度安排方法。甘特图把项目工期和实施进度安排两种职能组合在一起。项目活动纵向排列在图的左侧,横轴则表示活动与工期时间。每项活动预计的时间用线段或横棒的长短表示。另外,在图中也可以加入一些表明每项活动由谁负责等方面的信息。简单项目的甘特图如图 6-12 所示。

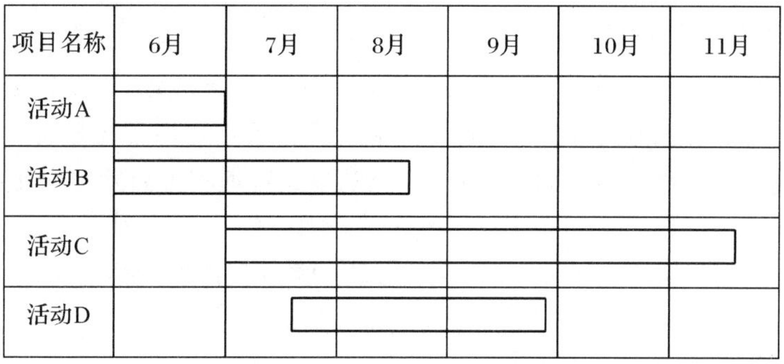

项目名称	6月	7月	8月	9月	10月	11月
活动A	■					
活动B		■■				
活动C			■■■■			
活动D				■■		

图 6-12　甘特图法的示意图

5. 项目管理软件法

项目管理软件法是广泛应用于项目工期计划编制的一种辅助方法。使用特定的项目管理软件就能够运用系统分析的计算方法和对于资源水平的考虑,快速编制出多个可供选择的项目工期计划方案,最终决策和选定一个满意的方案。这对于优化项目工期计划是非常有用的。当然,尽管使用项目管理软件,最终决策还是需要由人来做出。

四、项目工期计划制定工作的结果

项目工期计划编制工作的结果是给出的一系列项目工期计划文件。

1. 项目工期计划书

通过项目工期计划编制给出的项目工期计划书,至少应包括每项活动的计划开始日期和计划结束日期等信息。项目工期计划文件可以使用摘要的文字描述形式,也可使用图表的形式。例如,表 6-2 就是用一种里程碑表的形式给出的一份项目工期计划书。

表 6-2　项目工期计划历程表示文件

事件(里程碑)	1月	2月	3月	4月	5月	6月	7月	8月
分包合同签订			△▼					
规格书完成			△	▽				
设计审核					△			
子系统测试						△		
第一单元提交							△	
全部项目完成								△

2. 项目工期计划书的支持细节

这是关于项目工期计划书各个支持细节的说明文件。这包括所有已识别的假设前提和约束条件的说明、具体计划实施措施的说明等。

3. 项目进度管理的计划安排

项目进度管理的计划安排是有关如何应对项目工期计划变更和有关项目实施的作业计划管理安排。

4. 更新后的项目资源需求

在项目工期计划编制中会出现对于项目资源需求的各种改动,因此需要对所有的项目资源需求改动进行必要的整理,并编制成一份更新后的项目资源需求文件。这一文件将替代旧的项目资源需求文件并在项目工期计划管理、集成管理和资源管理中使用。

第五节　项目工期计划的控制

一、项目工期计划控制的概念

项目工期计划控制是对项目工期计划的实施与项目工期计划的变更所进行的管理控制工作。项目工期计划控制的主要内容包括:对项目工期计划影响因素的控制(事前控制),对项目工期计划完成情况的绩效度量,对项目实施中出现的偏差采取纠偏措施,以及对项目工期计划变更的管理控制等。

二、项目工期计划控制的依据

项目工期计划控制的依据主要包括如下几个方面。

1. 项目工期计划文件

项目工期计划文件是项目工期计划控制最根本的依据。项目工期计划文件提供了度量项目实施绩效和报告项目工期计划执行情况的基准和依据。

2. 项目工期计划实施情况报告

这一报告提供了项目工期计划实施的实际情况及相关的信息。例如,哪些项目活动按期完成了,哪些未按期完成,项目工期计划的总体完成情况等。

3. 项目变更请求

项目变更请求是对项目计划任务所提出的改动要求。它可以由业主/客户提出,也可以由项目实施组织提出,或者是法律要求的。项目变更可能要求延长或缩短项目的工期,也可能要求增加或减少项目的工作内容。

4. 项目进度管理的计划安排

项目进度管理的计划安排给出了应对项目工期计划变动的措施和管理安排。这包括项目资源方面的安排、应急措施方面的安排等。这些项目进度管理(或叫项目作业管理)的计划安排也是项目工期计划控制的重要依据。

三、项目工期计划控制的方法

项目工期计划控制的方法多种多样,但是最常用的有以下四种。

1. 项目工期计划变更的控制方法

项目工期计划变更的控制方法是针对项目工期计划变更的各种请求,按照一定的程序对项目工期计划变更进行全面控制的方法。这包括项目工期变更的申请程序、项目工期变更的批准程序和项目工期变更的实施程序等一系列的控制程序及相应的方法。

2. 项目工期计划实施情况的度量方法

项目工期计划实施情况的度量方法是一种测定和评估项目实施情况,确定项目工期计划完成程度和实际情况与计划要求的差距大小与幅度的管理控制方法,它是项目工期计划控制中使用的重要方法之一。这一方法的主要内容包括:定期收集项目实施情况的数据,将实际情况与项目计划要求进行比较,报告项目工期计划实施情况存在的偏差,以及是否需要采用纠偏措施。

3. 追加计划法

在整个项目的实施过程中,很少有项目能完全依照工期计划实施。实际项目工期计划实施情况无论快还是慢都会对项目的最终完工时间产生影响。因此,项目工期计划控制方法中还有一种追加计划法(或叫附加计划法),这种方法可以根据可能出现的工期计划变化,去修订项目活动的工期估算、修订项目的活动排序和修订整个项目的工期计划。追加计划法包括4个步骤:①分析项目实施进度并找出存在的问题;②确定应采取哪些具体的纠偏措施;③修改项目工期计划并将纠偏措施列入计划中;④重新计划安排项目工期,估算和评价采取纠偏措施的效果并编制出项目工期的追加计划。这种方法需要重点分析两种活动:一是近期需要开展的项目活动,二是所需时间较长的项目活动。

4. 项目管理软件法

对项目工期计划的管理控制而言,运用项目管理软件也是很有用的方法之一。这种方法可以用来追踪和对比项目实际实施情况与工期计划要求的差距,预测项目工期计划的变化及其影响,调整、更新与追加项目工期计划。

四、项目工期计划控制工作的结果

项目工期计划控制工作的结果主要包括如下几个方面。

1. 更新后的项目工期计划

这是根据项目工期计划实施中的各种变化和纠偏措施,对项目工期计划进行修订以后形成的新的项目工期计划。它是对原有项目工期计划进行全面修订后的结果。

2. 项目工期计划中要采取的纠偏措施

这里的纠偏措施是指为纠正项目工期计划实施情况与计划要求之间的偏差所采取的具体行动方案。在项目工期管理中需要采取各种纠偏措施去保证项目的工期进度和项目按时完工,所以项目工期计划中要采取的纠偏措施也是项目工期控制的重要工作结果之一。

3. 可供吸取的经验教训

在项目实施过程中,有关项目工期计划控制方面的各种可供吸取的经验教训也是项目工期计划控制工作的结果之一。这方面的内容包括有关项目工期计划变动的原因、采取纠偏措施的理由,以及项目工期计划失控的经验和教训等。

4. 项目工期计划实施结果的改善

这是项目工期计划控制工作最主要的结果,正是项目工期计划控制工作的开展才使得项目工期计划的实施结果得以提高和改善,才使得项目实施工作能够按照计划(包括最初的和更新后的计划)完成。

▶ **考核知识点**

考核知识点	类别	内容
项目活动的界定	重点	项目活动界定的概念
		项目活动界定的方法
	难点	项目工作分解结构
项目活动的排序	重点	项目活动排序的概念
		项目活动排序的依据
		顺序图法
		箭线图法
		网络模板法
项目活动工期估算	重点	项目活动工期估算的概念
		项目活动工期估算的依据
		项目活动工期估算的方法
项目工期计划制定	重点	项目工期计划制定的概念
		项目工期计划编制的依据
	难点	项目工期计划的制定方法
项目工期计划的控制	重点	项目工期计划控制的概念
		项目工期计划控制的依据
		项目工期计划控制的方法

▶ **同步综合训练**

一、名词解释

1. 项目时间管理。
2. 项目工作分解结构。
3. 顺序图法。
4. 箭线图法。
5. 项目活动工期估算。

二、简答题

1. 简述项目活动分解法。
2. 简述项目活动排序的依据。
3. 项目网络图绘制应把握哪些准则？
4. 简述项目活动工期估算的依据。
5. 项目活动工期估算的方法有哪些？

三、论述题

如何制定项目工期计划？

▶ **参考答案**

一、名词解释

1. 项目时间管理又叫项目工期管理或项目进度管理，是为确保项目按时完工所开展的一系列管理活动与过程。这包括：项目活动的界定和确认（即分析确定为达到项目目标所必须进行的各种作业活动），项目活动内容的排序（即分析确定工作之间的相互关联关系并形成项目活动排序的文件），估算项目活动工期（即对项目各项活动所需时间做出估算），估算整个项目的工期，制定项目工期计划，对作业顺序、活动工期和所需资源进行分析，制定项目工期进度计划，管理与控制项目工期进度等。

2. 项目工作分解结构是一个关于项目所需工作的一种层次性、树状的分解结构及其描述。它给出了一个项目所需完成工作的整体表述。项目工作分解结构是界定项目所需活动的一项最重要的依据。

3. 顺序图法也叫节点网络图法。这是一种通过编制项目网络图给出项目活动顺序安排的方法，它用节点表示一项活动，用节点之间的箭线表示项目活动之间的相互关系。

4. 箭线图法是一种描述项目活动顺序的网络图方法。这一方法用箭线代表活动，而用节点代表活动之间的联系和相互依赖关系。

5. 项目活动工期估算是对项目已确定的各种活动所做的工期（或时间）可能长度的估算工作，这包括对每一项完全独立的项目活动时间的估算和对于整个项目的工期估算。这项工作通常应由项目团队中对项目各种活动的特点熟悉的人来完成，也可以先由计算机进行模拟和估算，再由专家审查确认这种估算。

二、简答题

1. 简述项目活动分解法。

答:项目活动分解法是指为了使项目便于管理而根据项目工作分解结构,通过进一步分解和细化项目工作任务,得到全部项目具体活动的一种结构化的、层次化的项目活动分解方法。这种方法将项目任务按照一定的层次结构,逐层分解成详细、具体和容易管理控制的一系列具体项目活动,从而更好地进行项目的时间管理。这种项目活动分解法有助于完整地找出一个项目的所有活动。

2. 简述项目活动排序的依据。

答:(1)项目活动清单及其支持细节文件。

(2)项目产出物的说明与描述。

(3)项目活动之间的必然依存关系。

(4)项目活动之间的人为依存关系。

(5)项目活动的外部依存关系。

(6)项目的约束条件与假设前提条件。

3. 项目网络图绘制应把握哪些准则?

答:(1)准则一:项目不但需要有工作分解结构,而且必须有明确的项目活动界定。

(2)准则二:先根据项目工作分解结构绘制一份概括性的网络图,然后再根据项目活动界定结果把它扩展成为详细的网络图。有些项目只要概括性的网络图就可以满足项目管理的要求了。

(3)准则三:项目网络图的详细程度可以根据项目实施的分工或项目产出物的性质决定。

4. 简述项目活动工期估算的依据。

答:(1)项目活动清单。

(2)项目的约束和假设条件。

(3)项目资源的数量要求。

(4)项目资源的质量要求。

(5)历史信息。

5. 项目活动工期估算的方法有哪些?

答:(1)专家评估法。

(2)类比法。

(3)模拟法。

三、论述题

如何制定项目工期计划?

答:项目工期计划是项目专项计划中最为重要的计划之一,这种计划的编制需要反复地

试算和综合平衡,它的计划安排会直接影响到项目集成计划和其他专项计划。使用的主要方法有:

(1)系统分析法。系统分析方法是通过计算所有项目活动的最早开始和结束时间、最晚开始和结束时间,然后统一安排项目活动,获得项目工期计划。

关键路径法是一种运用特定的、有顺序的网络逻辑和估算出的项目活动工期,确定项目每项活动的最早与最晚开始和结束时间,并做出项目工期网络计划的方法。关键路径法关注的核心是项目活动网络中关键路径的确定和关键路径总工期的计算,其目的是使项目工期能够达到最短。关键路径法通过反复调整项目活动的计划安排和资源配置方案使项目活动网络中的关键路径逐步优化,最终确定出合理的项目工期计划。因为只有时间最长的项目活动路径完成之后,项目才能够完成,所以一个项目最长的活动路径被称为"关键路径"。

(2)模拟法。模拟法是根据一定的假设条件和这些条件发生的概率,运用像蒙特卡罗模拟、三角模拟等方法,确定每个项目活动可能工期的统计分布和整个项目可能工期的统计分布,然后使用这些统计数据去编制项目工期计划的一种方法。同样,由于三角模拟法相对比较简单,一般都使用这种方法去模拟估算项目单项活动的工期,然后再根据各个项目可能工期的统计分布做出整个项目的工期估算,最终编制出项目的工期计划。

(3)资源水平法。使用系统分析法制定项目工期计划的前提是项目的资源充足,但是在实际中多数项目都存在有资源限制,因此有时需要使用资源水平法去编制项目的工期计划。这种方法的基本指导思想是将稀缺资源优先分配给关键路线上的项目活动。这种方法制定出的项目工期计划常常比使用系统分析法编制的项目工期计划的工期要长,但是更经济和实用。这种方法有时又叫基于资源的项目工期计划方法。

(4)甘特图法。由美国学者甘特发明的一种使用条形图编制项目工期计划的方法,是一种比较简便的工期计划和进度安排方法。项目活动纵向排列在图的左侧,横轴则表示活动与工期时间。每项活动预计的时间用线段或横棒的长短表示。另外,在图中也可以加入一些表明每项活动由谁负责等方面的信息。

(5)项目管理软件法。项目管理软件是广泛应用于项目工期计划编制的一种辅助方法。使用特定的项目管理软件就能够运用系统分析法的计算方法和对于资源水平的考虑,快速地编制出多个可供选择的项目工期计划方案,最终决策和选定一个满意的方案。这对于优化项目工期计划是非常有用的。当然,尽管使用项目管理软件,最终决策还是需要由人来做出。

第七章　项目成本管理

▶ **本章知识要点概述**

要求学员在学习本章后,能够熟练掌握有关项目成本管理的原理和方法,掌握如何制定项目资源计划、开展项目成本以及完成项目成本。

第一节　项目成本管理的内容和方法

项目成本管理是为保障项目实际发生的成本不超过项目预算而开展的项目成本估算、项目预算编制和项目预算控制等方面的管理活动。项目成本管理也是为了确保项目在既定预算内按时、按质,经济、高效地实现项目目标所开展的一种项目管理过程。

一、项目成本管理的内容

现代项目成本管理首先考虑的是以最低的成本完成项目的全部活动,但同时也必须考虑项目成本对项目成果和质量的影响,这是现代项目成本管理与传统项目成本管理的重要区别。

现代项目成本管理的主要内容包括以下几方面。

1. 项目资源计划

项目资源计划是指通过分析、识别和确定项目所需资源的种类(人力、设备、材料、资金等)、多少和投入时间的一种项目管理活动。在项目资源计划工作中,最为重要的是确定出能够充分保证项目实施所需各种资源的清单和资源投入的计划安排。

2. 项目成本估算

项目成本估算是指根据项目资源需求和计划,以及各种资源的市场价格或预期价格等信息,估算和确定出项目各种活动的成本和整个项目全部成本的项目成本管理工作。项目成本估算最主要的任务是确定用于项目所需人、机、料、费等成本和费用的概算。

3. 项目成本预算

项目成本预算是一项制订项目成本控制基线或项目总成本控制基线的项目成本管理工作。这主要是根据项目成本估算为项目各项具体活动或工作分配和确定其费用预算,以及确定整个项目总预算这样两项工作。项目成本预算的关键是合理、科学地确定出项目的成本控制基准(项目总预算)。

4. 项目成本控制

项目成本控制是指在项目的实施过程中,努力将项目的实际成本控制在项目成本预算范围之内的一项成本管理工作。这包括依据项目成本的实施发生情况,不断分析项目实际成本与项目预算之间的差异,通过采用各种纠偏措施和修订原有项目预算的方法,使整个项目的实际成本能够控制在一个合理的水平。

5. 项目成本预测

项目成本预测是指在项目的实施过程中,依据项目成本的实施发生情况和各种影响因素的发展与变化,不断地预测项目成本的发展和变化趋势与最终可能出现的结果,从而为项目成本控制提供决策依据的工作。

二、项目成本管理的方法

在现代项目成本管理中,比较科学和客观地反映项目成本管理规律的理论和方法有三种:一是全过程项目成本管理的理论与方法,二是全生命周期项目成本管理的理论与方法,三是全面项目成本管理的理论与方法。

1. 全过程项目成本管理的理论与方法

全过程项目成本管理理论与方法是 20 世纪 80 年代中期,由我国项目成本管理领域的理论工作者和实际工作者提出的。进入 90 年代以后,我国学者进一步对全过程项目成本管理的思想与方法做了完善和验证。这使得我国的项目成本管理理论和实践从简单的造价定额管理逐步走上全过程项目成本管理的道路。

2. 全生命周期项目成本管理的理论与方法

全生命周期项目成本管理理论(Life Cycle Costing,LCC)主要是英美的一些学者和实际工作者于 20 世纪 70 年代末和 80 年代初提出的。进入 80 年代,以英国成本管理界的学者与实际工作者为主的一批人,在全生命周期项目成本理论方面做了大量的研究并取得了突破。全生命周期项目成本管理方法既是一种项目投资决策工具,又是一种分析和评价项目备选方案的方法,还是项目成本控制的一种指导思想和技术方法。全生命周期项目成本管理要求对一个项目的建设期和运营期的所有成本进行全面的分析和管理,以实现项目全生命周期(包括项目前期、建设期和使用期)总成本最小化的目标。

3. 全面项目成本管理的理论与方法

全面项目成本管理的思想,由国际全面成本管理促进会(原美国造价工程师协会)前主席 R. E. Westney 先生在 1991 年 5 月发表的论文《90 年代项目管理的发展趋势》中提出的。这套方法借用"全面质量管理"的思想,提出了一套"全面成本管理"的理论和方法,以实现对所有的尚未发生的成本进行全面管理的目标。根据 R. E. Westney 的定义,"全面成本管理就是通过有效地使用专业知识和专门技术去计划和控制项目资源、成本、盈利和风险"。虽然全面项目成本管理在理论和具体技术方法上仍然还有一些地方需要进一步研究和开发,但是它仍是项目成本管理的新技术和方法。

第二节 项目资源计划

一、项目资源计划的概念

项目资源计划是指通过分析和识别项目的资源需求,确定出项目所需投入资源的种类(如人力、设备、材料、资金等)、资源的数量和资源投入的时间,制定出项目资源计划的项目成本管理活动。

二、项目资源计划编制的依据

项目资源计划编制的依据涉及项目的范围、时间、质量等各个方面的计划和要求的文件和相关各种支持细节与信息资料。这主要包括以下几方面。

1. 项目工作分解结构

项目工作分解结构是既定项目工作的结构图和项目工作包细目,是项目团队在项目实施过程中要完成的全部任务和工作。

2. 项目工作分解结构的支持细节

(1) 项目历史信息。这是指已完成同类项目在项目所需资源、项目资源计划和项目实际实施消耗资源等方面的历史信息。此类信息可以作为新项目资源计划的参考资料,人们可以借鉴以前同类项目中的经验和教训。

(2) 项目范围计划。任何一个项目都有一个特定的范围,项目范围计划从某种角度说,确定了项目的目标、边界及其衡量标准。项目范围计划文件也是项目资源需求计划制定中的一个重要参考依据,在制定项目资源计划时必须全面评审项目资源需求计划是否能够满足项目范围的需要。

(3) 项目资源描述。要制定项目资源计划就必须对一个项目所需资源的种类、数量、特性和质量予以说明和描述。其内容包括项目需要哪些种类的资源,这些资源的特性要求是什么,这些资源的价格多少,何时需要这些资源,等等。

3. 项目组织的管理政策

项目组织的管理政策包括项目组织的企业文化、项目组织的组织结构、项目组织获得资源的方式和手段方面的方针策略,以及项目组织在项目资源管理方面的有关方针政策。

4. 各类资源的定额、标准和计算规则

这是指项目资源计划编制中需要参考的项目工作量和资源消耗量的国家、地方或民间组织发布的各种定额、标准和计算规则。在项目资源计划编制中,有些项目的资源需求是按照国家、行业、地区的官方或民间组织的统一定额或统一工程量计算规则确定的。

三、项目资源计划编制的方法

项目资源计划的编制同样有许多种方法,其中最主要使用的是以下五种。

1. 专家判断法

这是指由项目成本管理专家根据经验和判断来确定和编制项目资源计划的方法。这种方法通常又有两种具体的形式：

(1) 专家小组法。这是指一组相关专家在调查研究的基础上,通过召开专家小组座谈会的方式,通过共同探讨,提出项目资源计划方案,然后制定出项目资源计划的方法。

(2) 德尔菲法。这是由一名协调者通过组织专家进行资源需求估算,然后汇集专家意见,整理并编制项目资源计划的方法。

专家判断法的优点是：主要依靠专家判断,基本不需要历史信息资料,适合全新的项目。它的缺点是：如果专家的水平不一,对于项目的理解不统一,就会造成项目资源计划出现问题。

2. 统一定额法

统一标准定额是指由权威部门制定的,在一定的技术装备和组织条件下为完成一定量的工作,所需消耗和占用的资源质量和数量限定标准或额度。

3. 资料统计法

这是指使用历史项目的统计数据资料,计算和确定项目资源计划的方法。这种方法中使用的历史统计资料必须有足够的样本量,而且有具体的数量指标以反映项目资源的规模、质量、消耗速度等。

第三节 项目成本估算

项目成本估算是项目成本管理的一项核心工作,其实质是通过分析去估计和确定项目成本的工作。这项工作是确定项目成本预算和开展项目成本控制的基础和依据。

一、项目成本估算的概念

项目成本估算是指根据项目的资源需求和计划、各种资源的价格信息,估算和确定项目各种活动的成本和整个项目总成本的项目管理工作。

根据估算精度的不同,项目成本估算可分为初步项目成本估算、技术设计后的成本估算和详细设计后的项目成本估算等。大型项目的成本都是分阶段做出不同精度的成本估算,再逐步细化和精确。

二、项目成本构成与其影响因素

项目成本的构成是指项目总成本的构成成分,项目成本影响因素是指能够对项目成本的变化造成影响的因素。

1. 项目成本的构成

项目成本是指项目形成全过程所耗用的各种费用的总和。项目成本是由一系列的项目成本细目构成的。主要的项目成本细目包括以下几项。

(1) 项目定义与决策成本。项目定义与决策是每个项目都必须要经历的第一个阶段,项目定义与决策的好坏对项目实施和项目建成后的经济效益与社会效益会产生重要影响。要完成这些工作需要耗用许多人力、物力资源,花费许多的资金,这些资金构成了项目成本中的项目定义与决策成本。

(2) 项目设计成本。任何一个项目都要开展项目设计工作,不管是工程建设项目(初步设计、技术设计和施工图设计),还是新产品开发项目(关于新产品的设计),还是科学研究项目(对整个项目的技术路线和试验方案等方面的设计)。这些设计工作同样要发生费用,是项目成本的一个重要组成部分,这一部分通常被称为项目设计成本。

(3) 项目采购成本。所谓项目采购成本是指为获得项目所需的各种资源(包括物料、设备和劳务等),项目组织就必须开展一系列的询价、选择供应商、广告、承发包、招投标等工作。对于项目所需商品购买的询价、供应商选择、合同谈判与合同履约的管理需要发生费用,对于项目所需劳务的承发包,从发标、广告、开标、评标、定标、谈判到签约和履约同样也需要发生费用。这些就是项目为采购各种外部资源所需要花费的成本,即项目的采购成本。

(4) 项目实施成本。在项目实施过程中,为生成项目产出物所耗用的各项资源构成的费用被统一称为项目实施成本。这既包括在项目实施过程中所耗费物质资料的成本(这些成本以转移价值的形式转到了项目产出物中),也包括项目实施中所消耗活劳动的成本(这些以工资、奖金和津贴的形式分配给了项目团队成员)。项目实施成本的具体科目包括:

1) 项目人工成本:包括项目施工、监督管理和其他方面人员(但不包括项目业主/客户)的工资、津贴、奖金等全部发生在活劳动上的成本。

2) 项目物料成本:项目组织或项目团队为项目实施需要所购买的各种原料、材料的成本。

3) 项目顾问费用:当项目组织或团队因缺少某项专门技术或完成某个项目任务的人力资源时,他们可以雇用分包商或专业顾问去完成这些任务,为此就要付出相应的顾问费用。

4) 项目设备费用:项目组织为实施项目会使用到某种专用仪器、工具,不管是购买这些仪器或设备,还是租用这些仪器和设备,所发生的成本都属于项目设备费用的范畴。

5) 项目其他费用:不属于上述科目的其他费用。例如,项目期间有关人员出差所需的差旅费、住宿费、必要的出差补贴、各种项目所需的临时设施费等。

6) 项目不可预见费:项目组织还必须准备一定数量的不可预见费(意外开支的准备金或储备),以便在项目发生意外事件或风险时使用。例如,项目成本估算遗漏的费用,出现质量问题需要返工的费用,发生意外事故需要的赔偿金,因需要赶工加班而增加的成本,等等。

2. 影响项目成本的因素

影响项目成本的因素有许多,对于不同应用领域的项目,其影响项目成本的因素也会不同。最为重要的项目成本影响因素包括如下几个:

(1) 耗用资源的数量和价格。项目成本自身(或叫狭义的项目成本)受两个因素的影响,其一是项目各项活动所消耗和占用的资源数量,其二是项目各项活动所消耗与占用资源的价格。这表明项目成本管理必须要管理好项目消耗和占用资源的数量和价格这两个要素。通过降低项目消耗和占用资源的数量和价格来直接降低项目的成本。

(2)项目工期。项目工期是整个项目或项目某个阶段或某项具体活动所需要或实际花费的工作时间周期。在项目实现过程中,各项活动消耗或占用的资源都是在一定的时点或时期中发生的,所以项目的成本与工期是直接相关并随着工期的变化而变化的。

(3)项目质量。项目质量是指项目能够满足业主或客户需求的特性与效用。一个项目的实现过程就是项目质量的形成过程,在这一过程中为达到质量要求需要开展两个方面的工作,一是质量的检验与保障工作,二是质量失败的补救工作。这两项工作都要消耗资源,所以都会产生项目的质量成本。

(4)项目范围。任何一个项目的成本最根本取决于项目的范围,即项目究竟需要做些什么事情和做到什么程度。从广度上说,项目范围越大,项目的成本就会越高,项目范围越小,项目的成本就会越低;从深度上说,如果项目所需完成的任务越复杂,项目的成本就会越高,项目的任务越简单,项目的成本就会越低。因此,项目范围更是直接影响一个项目成本的因素。

三、项目成本估算的方法

项目成本估算的方法有类比估算法、参数估计法、工料清单法和软件工具法等。

1. 类比估算法

这种方法也叫作自上而下法,是一种通过比照已完成的类似项目实际成本,估算出新项目成本的方法。类比估算法通常比其他方法简便易行、费用低,但它的精度也低。有两种情况可以使用这种方法,一是以前完成的项目与新项目非常相似,二是项目成本估算专家或小组具有必需的专业技能。

2. 参数估计法

这也叫参数模型法,是利用项目特性参数建立数学模型来估算项目成本的方法。参数估计法使用一组项目费用的估算关系式,通过这些关系式对整个项目或其中大部分的费用进行一定精度的估算。参数估计法重点集中在成本动因(即影响成本最重要因素)的确定上,这种方法并不考虑众多的项目成本细节,因为是项目成本动因决定了项目成本总量的主要变化。参数估计法是许多国家规定采用的一种项目成本的估算和分析方法,它的优点是快速并易于使用,只需要一小部分信息,并且其准确性在经过模型校验后能够达到较高精度。这种方法的缺点是如果不经校验,参数估计模型可能不精确,估算出的项目成本差距会较大。

3. 工料清单法

工料清单法也叫作自下而上法,这种方法首先要给出项目所需的工料清单,然后对工料清单中各项物料和作业的成本进行估算,最后向上滚动加总得到项目总成本。这种方法通常十分详细而且耗时,但是估算精度较高。它可对每个工作包进行详细分析并估算其成本,然后统计得出整个项目的成本。这种方法的优点是对使用工料清单为项目成本估计提供了相对详细的信息,所以它比其他方式的成本估算更为精确。这种基于项目详细工料资源需求清单的项目成本估算方法能够给出一个项目最接近实际成本的成本估算。这种方法的缺点是要求有详细的工料消耗和占用量信息,这种信息本身就需要大量的时间和经费的支持。

4. 软件工具法

这是一种运用现有的计算机成本估算软件来确定项目成本的方法。经过近20年的发展,目前项目成本管理软件根据功能和价格水平被分为两个档次:一种是高档项目成本管理软件,这是供专业项目成本管理人士使用的软件,这类软件功能强大、价格高,能够较好地估算项目的成本。另一类是低档次的项目成本管理软件,这类软件功能不是很齐全,但价格较便宜,可用于完成一些中小型项目的成本估算。大部分项目成本管理软件都有项目成本估算的功能,但是这种功能很大程度上还要依靠人的辅助来完成,而且人的作用仍然占据主导地位,这是该方法的关键缺陷。

四、现有项目成本估算方法存在的问题

现有项目成本估算方法是基于资源消耗和基于部门的成本确定方法建立的,存在下列几个方面的问题。

1. 基于资源消耗的成本估算问题

现有项目成本估算方法是基于资源原理建立的,这种方法对项目成本的估算是从一个项目所需消耗和占用资源的多少入手,根据项目所需资源的消耗和占用量做出项目成本的估算。这种项目成本估算方法不是从消耗资源的具体活动和过程的分析入手,不是从确定项目要开展哪些活动和采用什么样方式方法去开展这些活动,以及采用哪些具体的项目组织管理技术和项目实施技术等事务的根源入手,而是使用基于项目资源消耗定额或项目消耗统计数据等办法,通过套用标准定额或比照历史统计数据来确定出项目成本。这种方法不考虑项目所需活动、所用技术和方法、项目具体的时间和地点,千篇一律地套用标准定额或统计数据,所以具有很大的不科学性。

2. 基于部门的成本估算问题

现有项目成本估算方法同时还是一种基于部门的成本估算方法。这种项目成本估算方法将那些不直接形成项目实体的活动费用,按照以部门津贴发放和分摊的方式去估算和确定。这种基于部门的成本估算方法存在两个方面的问题,一是这种基于部门的估算项目间接费的办法不是依据项目真实需要开展的管理和其他辅助活动去估算和确定它们的费用,二是这种办法根据一个规定的比率估算和确定项目的间接费和其他费用很难保证规定取费比率是科学和准确的。

3. 成本估算依据方面的问题

现行项目成本的估算和确定,主要依据国家或地区统一制定的项目成本标准定额,现在我国和世界上其他一些国家仍在采用统一标准定额作为确定项目成本的依据。这些标准定

额或历史统计数据作为估算和确定项目成本依据存在一个问题,即估算和确定项目成本的依据在一定时间内相对固定不变。对于一个具体项目而言,不管是标准定额还是历史统计数据,这种"相对固定不变"的成本估算依据存在一定的局限性和时滞性。

五、项目成本估算的结果

1. 项目成本估算文件

项目成本估算文件是对完成项目所需费用的估计和计划安排,是项目管理文件中的一个重要组成部分,包括对于项目所需人工、物料、设备和其他科目成本估算的全面描述和说明。另外,这一文件还要全面说明和描述项目的不可预见费等内容。项目成本估算文件中的主要指标是价值量指标,为了便于在项目实施期间或项目实施后进行对照。项目成本估算文件也需要使用其他一些数量指标对项目成本进行描述。

2. 相关支持细节文件

这是对于项目成本估算文件的依据和考虑细节的说明文件。这类文件的主要内容包括:

(1)项目范围的描述。因为项目范围是直接影响项目成本的关键因素,所以这一文件通常与项目工作分解结构和项目成本估算文件一起提供。

(2)项目成本估算的基础和依据文件包括制定项目成本估算的各种依据性文件、各种成本计算或估算的方法说明,以及各种参照的国家规定等。

(3)项目成本估算各种假定条件的说明文件包括在项目成本估算中所假定的各种项目实施的效率、项目所需资源的价格水平、项目资源消耗的定额估计等假设条件的说明。

(4)项目成本估算可能出现的变动范围的说明。这主要是关于在各种项目成本估算假设条件和成本估算基础与依据发生变化后,项目成本可能会发生什么样的变化、多大的变化的说明。

3. 项目成本管理计划

这是关于如何管理和控制项目成本变动的说明文件,是项目管理文件的一个重要组成部分。项目成本管理计划文件可繁可简,具体取决于项目规模和项目管理主体的需要。

第四节 项目成本预算

一、项目成本预算概念

项目成本预算是一项制订项目成本控制标准的管理工作,它涉及根据项目成本估算为项目各项具体工作分配和确定预算和定额,以及确定整个项目总预算的一系列管理工作。项目成本预算工作内容包括根据项目成本估算,项目各项具体工作与活动的分配预算定额和确定项目成本控制的基线(项目总预算),制订项目成本控制标准和规定项目不可预见费的划分与使用规则等。

二、项目成本预算的依据

1. 项目成本估算文件

这是上一节讨论的项目成本估算所形成的结果文件。在项目成本预算工作中,项目各项工作与活动的预算定额确定主要是依据这一文件制定的。

2. 项目工作结构分解

这是在前面讨论的项目范围界定和确认中生成的项目工作分解结构文件。在项目成本预算工作中要依据这一文件,分析和确定项目各项工作与活动成本估算的合理性和项目预算定额。

3. 项目工期进度计划

这是一种有关项目各项工作起始与终结时间的文件。依据这一文件可以安排项目的资源与成本预算方面投入时间。项目工期进度计划通常是项目业主/客户与项目组织共同商定的,它规定了项目范围必须完成的时间和每项任务所需时间和资源,所以也是项目预算编制的依据之一。

三、项目成本预算计划的编制

项目成本预算计划是按照时间分阶段给出的项目成本预算的计划安排,是项目成本控制的基线。一般这种分阶段的成本预算基线是呈 S 形的,具体如图 7-1 所示。项目的成本预算包括两个因素,一个是项目成本预算的高低,另一个是项目成本的投入时间。图 7-1 中的 Tc_1、Tc_2、Tc_3 给出了三种不同的项目成本预算方案。项目成本预算编制主要是三件事:确定项目总的预算、确定项目各项活动的预算和确定项目各项活动预算的投入时间。

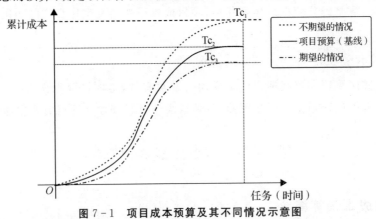

图 7-1 项目成本预算及其不同情况示意图

四、项目成本预算计划的方法及选择

1. 项目预算计划的方法

项目预算计划的方法包括各种常规的预算确定方法、预算分配和安排的方法以及用于项目成本估算的一些方法。这里只介绍甘特图(见图7-2)。甘特图也叫横道图,它是以横线来表示每项活动起止时间的一种项目工期进度计划方法,但是也可以用来分配一个项目的预算。甘特图的优点是简单明了、直观和易于编制。

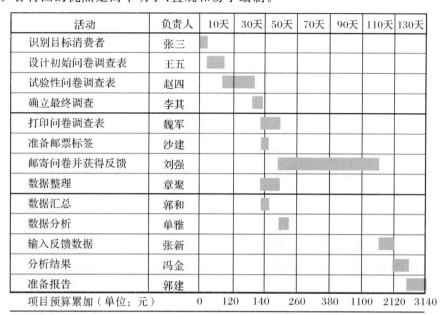

图7-2 消费者市场研究项目预算的甘特图

2. 影响项目成本预算计划方法选择的因素

究竟应该采用哪一种项目成本预算计划方法,主要应考虑下列因素:

(1)项目规模大小。显然,小项目应采用简单的成本预算方法,大项目需考虑选用较复杂的成本预算方法。

(2)项目复杂程度。项目规模并不一定总是与项目复杂程度成正比。例如,修一条高速公路的项目规模虽然不小,但并不复杂,所以仍然可以用较简单的成本预算方法。

(3)项目紧急程度。在项目急需进行时,为了尽早开始工作,此时需要采用一种简易快速的项目成本预算方法。

(4)项目细节的掌握程度。项目细节的掌握程度不同,要求采用的项目成本预算方法就会不同。如果掌握的细节越多,就可以采用越精确的项目成本预算方法。

(5)有无相应的技术设备和人员。例如,需要借助于计算机的成本预算方法没有计算机就无法采用,没有掌握项目成本预算具体方法的合格管理人员,也无法采用有些项目成本预算方法。

五、项目成本预算计划的编制步骤

项目成本预算计划编制一般包括三个步骤:第一是分摊项目的总成本预算,即将项目成本预算分配到项目工作分解结构中的各个工作包上;第二是把每个工作包分配到的预算成本分配到工作包中的各项活动上;第三是制定项目成本预算时间安排。

1. 项目总预算的分配

项目成本总预算的分配是指根据项目成本估算,在确定出项目的总预算以后,将项目总预算分配到项目工作分解结构中的各个工作包上,并为每一个工作包建立自己的总预算成本这样一项管理工作。这是一种自上而下分配项目预算的方法,它将项目总预算按照项目工作分解结构和每个工作包的实际需要进行合理的分配。

2. 工作包预算的分配

工作包预算的分配是指根据项目工作包的预算确定出一个项目工作包的各项活动具体预算定额的工作。这是一种将工作包预算按照构成工作包的各项活动内容和资源需求进行成本预算分配的工作。这可以采用自上而下的预算分配方法,也可以采取自下而上的预算分配方法。

3. 制定项目成本预算的时间安排

项目预算编制的第三步就是从时间上分配和安排整个项目的预算,即制定项目成本预算的时间安排,最终形成项目总预算的累计时间分布(S曲线)。通常将项目各工作包的成本预算分配到项目工期的各个时段以后就能确定项目在何时需要多少成本预算和项目从起点开始累计的预算成本了,这是项目资金投入与筹措以及项目成本控制的重要依据。

第五节 项目成本控制

一、项目成本控制的概念

项目成本控制涉及对那些可能引起项目成本变化的影响因素的控制(事前控制)、项目实施过程中的成本控制(事中控制)和项目实际成本发生以后的控制(事后控制)这三个方面的工作。要实现对于项目成本的全面控制,最根本的任务是要控制项目各方面的变动和变更,以及项目成本的事前、事中和事后控制。

项目成本控制的具体工作包括:监视项目的成本变动,发现项目成本控制中的偏差,采取各种纠偏措施防止项目成本超过预算,确保实际发生的项目成本和项目变更都能够有据可查,防止不正当或未授权的项目变更所发生的费用被列入项目成本预算,以及采取相应的成本变动管理措施等。

二、项目成本控制的依据

1. 项目成本实效报告

这是指项目成本管理与控制的实际绩效评价报告,它反映了项目预算的实际执行情况,其中包括哪个阶段或哪项工作的成本超出了预算,哪些未超出预算,究竟问题出在什么地方等。这种项目成本实效报告是项目成本控制的主要依据之一。

2.项目变更请求

项目变更请求既可以是项目业主/客户提出的,也可以是项目实施者或其他方面提出的。任何项目的变更都会造成项目成本的变动,所以在项目实施过程中提出的任何变更都必须经过业主/客户同意。

3.项目成本管理计划

这是关于如何管理项目成本的计划文件,是项目成本控制工作的一份十分重要的依据文件。特别值得注意的是,这一文件给出的内容很多是项目成本事前控制的计划和安排,这对于项目成本控制工作是很有指导意义的。

三、项目成本控制的方法

项目成本控制的方法包括两类,一类是分析和预测项目各要素变动与项目成本发展变化趋势的方法,另一类是如何控制各种要素的变动从而实现项目成本管理目标的方法。这套方法的主要技术和工具有以下几种。

1.项目变更控制体系

这是一种通过建立项目变更控制体系,对项目成本进行控制的方法。这包括从项目变更的请求到变更请求批准,一直到最终变更项目成本预算的项目变更全过程控制体系。项目变更是影响项目成败的重要因素。一般可以通过两方面的工作去解决这个问题。

(1)规避。在项目定义和设计阶段通过确保项目业主/客户和全体项目相关利益者的充分参与,真正了解项目的需求;在项目定义和设计结束后通过组织评审,倾听各方面的意见;同时保持项目业主/客户沟通渠道的畅通,及时反馈,避免项目后期发生大的变更或返工,从而规避项目成本的变动。

(2)控制。建立严格的项目变更控制系统和流程,对项目变更请求不要简单地拒绝或同意,而是先通过一系列评估确定该变更会带来的成本和时间代价,再由项目业主/客户判断是否接受这个代价。简单说就是,项目可以变更的前提是项目业主/客户必须接受项目成本会发生变更的代价。

2.项目成本实效度量方法

这是指项目实际成本完成情况的度量方法。在项目成本管理中"挣值"的度量方法是非常有价值的一种项目控制方法。其基本思想就是通过引进一个中间变量即"挣值"(earned value),以帮助项目成本管理者分析项目的成本和工期变化并给出相应的信息,从而使人们对项目成本的发展趋势做出科学的预测与判断。

3.附加计划法

很少有项目是按照原定计划完成的,可以采用附加计划法,通过新增或修订原有计划对项目成本进行有效的控制,项目成本控制也需要使用附加计划法。附加计划法是未雨绸缪、防患于未然的项目成本控制方法之一。

4.计算机软件工具

这是一种使用项目成本控制软件来控制项目成本的方法。

四、项目不确定性成本的控制

项目不确定性成本的不确定性主要表现在三个方面,一是项目具体活动本身的不确定性,二是项目具体活动的规模及其消耗和占用资源数量的不确定性,三是项目消耗和占用资源价格的不确定性。

1.项目具体活动本身的不确定性

这是指在项目实现过程中有一些项目具体活动可能发生,也可能不发生。这种项目具体活动的不确定性会直接转化成项目成本的不确定性,这是造成项目成本不确定性的根本原因之一。

2.项目具体活动规模的不确定性

这是指在项目实现过程中有一些具体活动的规模本身的不确定性和这种活动规模变动所造成的消耗与占用资源的数量的不确定性,以及由此造成的项目成本的不确定性。这种项目具体活动规模及其消耗和占用资源数量的不确定性也会直接转化为项目成本的不确定性,也是造成项目成本不确定性的原因之一。

3.项目具体活动耗资和占用资源价格的不确定性

这是指在项目实现过程中有一些项目活动消耗和占用资源的价格会发生异常波动和变化(价格有规律性的变化不属于这一范畴)。这种项目具体活动消耗与占用资源价格的不确定性同样会直接形成项目成本的波动与变化,所以这种不确定性同样是项目成本不确定性的原因之一。

五、项目成本控制的结果

开展项目成本控制的直接结果是带来了项目成本的节约和项目经济效益的提高,间接结果是生成了一系列项目成本控制文件。这些文件主要有以下几种。

1.项目成本估算的更新文件

这是对项目原有成本估算的修订和更新的结果文件。这一文件中的信息一方面可以用于下一步的项目成本控制,另一方面可以作为项目历史数据和信息使用。

2.项目预算的更新文件

这是对项目原有成本预算的修订和更新的结果文件,是项目后续阶段成本控制的主要依据。这一文件同样有作为项目成本控制使用和作为历史数据和信息使用方面的作用。

3. 项目活动方法改进文件

这是有关项目具体活动的方法改进与完善方面的文件,它也包括两个方面的信息:一是项目活动方法与程序的改进方面的信息,二是项目活动方法改进所带来的项目成本降低方面的信息。

4. 经验与教训

这是有关项目成本控制中的失误或错误以及各种经验与教训的汇总文件。这种经验与教训汇总文件的目的是总结经验和接受教训,以便改善下一步的项目成本控制工作。项目经理应及时组织项目成本控制的评估会议,并就项目成本控制工作做出相应的书面报告。

第六节 挣值分析方法

一、挣值的定义

挣值的定义有多种不同的表述。一般的表述为,挣值是一个表示"已完成作业量的计划价值"的变量,是一个使用"计划价格"或"预算成本"表示在给定时间内已完成实际作业量的一个变量。这一变量的计算公式为

$$EV = 实际完成的作业量 \times 已完成作业的预算成本(计划价格)$$

二、挣值分析方法的内涵

关于挣值分析方法,需要掌握其中的三个关键中间变量、三个绝对差异分析变量和三个相对差异分析变量。

1. 项目计划作业的预算成本

项目计划作业的预算成本(Budgeted Cost of Work Scheduled,BCWS)是按照"项目预算成本"(计划价格)乘以"项目计划工作量"而得到的项目成本中间变量。

2. 挣值

挣值是项目已完成作业的预算成本(Budgeted Cost of Work Performed,BCWP),它是按照"项目预算成本"乘以"项目实际完成工作量"而得到的一个项目成本的中间变量。

3. 项目实际完成作业的实际成本

项目实际完成作业的实际成本(Actual Cost of Work Performed,ACWP)是按照"项目实际成本"乘以"项目实际完成工作量"而得到的另一个项目成本的中间变量。

4. 项目成本进度差异

项目成本进度差异(Cost Schedule Variance,CSV)的计算公式为

$$CSV = BCWS - ACWP$$

这一指标反映了项目"计划作业"的"预算成本"与项目"实际完成作业"的"实际成本"之间的绝对差异,它给出了项目实际发生的成本与项目预算成本之间的差异。

5. 项目成本差异

项目成本差异(Cost Variance,CV)的计算公式为

$$CV = BCWP - ACWP$$

这一指标反映了项目"实际完成作业"的"预算成本"与项目"实际完成作业"的"实际成本"之间的绝对差异。

6. 项目进度差异

项目进度差异(Schedule Variance,SV)的计算公式为

$$SV = BCWP - BCWS$$

这一指标反映了项目"计划作业"的"预算成本"与"挣值"(项目"实际完成作业"的"预算成本")之间的绝对差异。

7. 成本绩效指数

成本绩效指数(Cost Performance Index,CPI)的计算公式为

$$CPI = \frac{ACWP}{BCWP}$$

该指标的含义是项目"实际完成作业"的"实际成本"与项目"实际完成作业"的"预算成本"的相对数。

8. 计划完工指数

计划完工指数(Schedule Completion Index,SCI)的计算公式为

$$SCI = \frac{BCWP}{BCWS}$$

该指标的含义是项目"挣值"("实际完成作业"的"预算成本")与项目"计划作业"的"预算成本"的相对数。

三、挣值分析的图解说明

图 7-3 给出了某项目在实施前通过的项目预算与项目计划安排,整个项目计划工期 4 年,总预算是 400 万元。在项目实施过程中,通过对项目成本的核算和有关项目成本与进度的记录得知,在开工后第二年年末的实际情况是:项目工期已经过半(两年),而实际项目成本发生额是 100 万元。与项目预算相比较可知:当工期过半时,项目的计划成本发生额应该是 200 万元,而实际项目成本发生额只是 100 万元,比预算成本少 100 万元。看起来,似乎项目取得很好的业绩,但是这只是事情的一个侧面。那么,这里"减少"的 100 万元成本究竟是不是减少,是什么原因造成的呢?从图中给出的信息可知:

(1)项目进行到两年时:计划作业量的预算成本(BCWS)是 200 万元,实际完成作业量

的实际成本（ACWP）是100万元，挣值（实际完成作业量的预算成本BCWP）仅仅是50万元。

（2）项目成本差异（CV＝BCWP－ACWP）为－50万元（在图中由2号线段来表示），意味着项目实际成本比"挣值"多出－50万元的绝对差异（多发生了50万元）。这是在项目实施过程中实际消耗和占用资源的价格变动造成的，这是一种与项目成本控制有关的成本差异。

（3）项目进度差异（SV＝BCWP－BCWS）为－150万元（由图中2号和3号两条线段之和来表示），即项目成本预算与项目"挣值"之间由高达－150万元的绝对差异（多发生了150万元），这是一种与项目进度控制有关的成本差异。

（4）项目成本绩效指数（CPI＝ACWP/BCWP）为2或200％，这意味着在项目完成作业量的过程中，实际花费的成本是预算成本的2倍。

（5）项目计划完工指数（SCI＝BCWP/BCWS）为0.25或25％，这意味着剔除项目成本变化的影响，项目价值进度计划只完成了25％。

由图7-3可以看出，在项目进行到两年时，相对应的实际工期进度仅为0.5年，与计划工期相比有1.5年的拖期（在图中由标注有"1"的线段表示），这1.5年的拖期是项目时间（工期）管理的问题。

从上述分析可知，这一项目成本减少的100万元从根本上说是项目工期拖后造成的，是由于没有完成项目工期计划，而不是由于节约。实际上项目不但没有节约成本，而且在"减少"的100万元中，还有各种原因造成的50万元的额外开支。

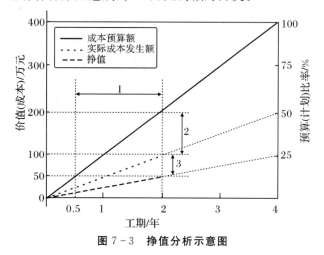

图7-3 挣值分析示意图

四、运用挣值分析进行项目成本预测

按照图7-3给出的线性变化规律（实际项目成本分布情况是非线性的S形），根据现有项目成本和工期管理的结果就可以预测项目成本发展变化趋势和结果。例如，图7-3的实例表明在项目进行到第4年的时候，项目"挣值"仅能达到100万元，仅能完成项目计划价值

的25%，即按现有的项目实施速度，当项目时间到期末（4年末）的时将会出现高达75%项目工期拖期，而其相应的项目成本发生额会达到200万元，相对于25%的作业量来说，这会出现高达100万元的超预算成本支出。

▶ **考核知识点**

考核知识点	类别	内　　容
项目成本管理的概念	重点	项目成本
		项目成本管理的概念
		项目成本管理的内容
		项目成本管理的方法
项目资源计划	重点	项目资源计划的概念
		项目资源计划的编制方法
项目成本估算	重点	项目成本估算的概念
		项目成本构成
		项目成本估算方法
项目成本预算	重点	项目成本预算的概念
		项目成本预算计划的编制
项目成本控制	重点	项目成本控制的概念
		项目成本控制的方法
挣值分析方法	重点	BCWS
		ACWP
		项目成本差异
		项目进度差异
	难点	挣值的概念

▶ **同步综合训练**

一、名词解释

1.项目成本。

2.项目资源计划。

3.项目成本估算。

二、简答题

1.简述项目资源计划的编制方法。

2.简述项目成本管理的内容。

3.简述项目成本的构成及影响因素。

4.简述项目成本估算方法。

5.简述项目成本控制及其工作内容。

第七章 项目成本管理

三、案例分析题

某项目计划,软件开发计划从2月1日到3月1日,预算10 000元;硬件开发从2月15日到3月1日,预算8 000元。3月1日团队报告,硬件开发完成,软件开发工作完成了80%。财务报告,截止到3月1日,该项目支出了17 000元。

试分析该项目的绩效与偏差。

▶参考答案

一、名词解释

1.项目成本是指为实现项目目标而开展的各种活动中所消耗资源而形成各种费用的总和。

2.项目资源计划是指通过分析和识别项目的资源需求,确定出项目所需投入资源的种类(如人力、设备、材料、资金等)、资源的数量和资源投入的时间,制定出项目资源计划的项目成本管理活动。

3.项目成本估算是指根据项目的资源需求和计划,以及各种资源的价格信息,估算和确定项目各种活动的成本和整个项目总成本的项目成本管理工作。

二、简答题

1.简述项目资源计划的编制方法。

答:(1)专家判断法。

(2)统一定额法。

(3)资料统计法。

2.简述项目成本管理的内容。

答:(1)项目资源计划。

(2)项目成本估算。

(3)项目成本预算。

(4)项目成本控制。

(5)项目成本预测。

3.简述项目成本的构成及影响因素。

答:项目成本是指项目形成全过程所耗用的各种费用的总和。项目成本是由一系列的项目成本细目构成的。主要的项目成本细目包括项目定义与决策成本、项目设计成本、项目采购成本和项目实施成本。

影响项目成本的因素有许多,最为重要的项目成本影响因素包括耗用资源的数量和价格、项目工期、项目质量和项目范围。

4.简述项目成本估算方法。

答:项目成本估算的方法有类比估算法、参数估计法、工料清单法和软件工具法等。

5. 简述项目成本控制及其工作内容。

答：项目成本控制工作是在项目实施过程中，通过开展项目成本管理努力将项目的实际成本控制在项目预算范围内的一项管理工作。

项目成本控制的具体工作包括监视项目的成本变动，发现项目成本控制中的偏差，采取各种纠偏措施防止项目成本超过预算，确保实际发生的项目成本和项目变更都能够有据可查，防止不正当或未授权的项目变更所发生的费用被列入项目成本预算，以及采取相应的成本变动管理措施，等等。

三、案例分析题

答：BCWS＝18 000　　ACWP＝17 000　　BCWP＝16 000

CV＝BCWP－ACWP＝16 000－17 000＝－1 000

SV＝BCWP－BCWS＝16 000－18 000＝－2 000

$$CPI = \frac{BCWP}{ACWP} = \frac{16\ 000}{17\ 000} = 0.941$$

$$SPI = \frac{BCWP}{BCWS} = \frac{16\ 000}{18\ 000} = 0.889$$

项目状况：进度延迟，成本超支，需要改进。

预计：按照此情况，项目可能延期完成，费用超支，需要严格控制。

第八章 项目质量管理

▶ **本章知识要点概述**

要求学员在学习本章后,能够熟练掌握有关项目质量的概念、项目质量管理的概念,以及项目质量计划的编制、项目质量保障和项目质量控制的技术与方法等。

第一节 项目质量管理概述

项目质量管理是指为了确保项目质量目标要求而开展的管理活动,其根本目的是保障最终交付的项目产出物能够符合质量要求。项目质量管理包括两个方面的内容,一是项目工作质量的管理,二是项目产出物的质量管理,因为任何项目产出物的质量都是靠项目的工作质量保证的。

一、质量的基本概念

1. 质量的定义

美国著名质量管理专家朱兰对于质量的定义和国际标准化组织(International Standard Organization,ISO)对于质量的定义最具权威性。这两种定义的具体描述如下:

(1)朱兰关于质量的定义。美国质量管理专家朱兰博士认为:质量就是产品的适用性,即产品在使用时能够满足用户需要的程度。

(2)国际标准化组织关于质量的定义。国际标准化组织在《质量管理与质量保障术语》(以下简称《术语》)中对于质量的定义:质量是反映实体(产品、过程或活动等)满足明确和隐含的需要能力和特性总和。

2. 质量特性的概念

质量特性是指产品或服务满足人们明确或隐含需求的能力、属性和特征的总和。产品或服务的质量特性又分为内在的特性、外在的特性、经济方面的特性、商业方面的特性和环保方面的特性等多种特性。

(1)内在质量特性。这主要是指产品的性能、特性、强度、精度等方面的质量特性。这些质量特性主要是在产品或服务的持续使用中体现出来的特性。

(2)外在质量特性。这主要是指产品外形、包装、装潢、色泽、味道等方面的特性。这些质量特性都是产品或服务外在表现方面的属性和特性。

(3)经济质量特性。这主要是指产品的寿命、成本、价格、运营维护费用等方面的特性。这些特性是与产品或服务购买和使用成本有关的特性。

(4)商业质量特性。这主要是指产品的保质期、保修期、售后服务水平等方面的特性。这些特性是与产品生产或服务提供企业承担的商业责任有关的特性。

(5)环保质量特性。这主要是指产品或服务对环境保护的贡献或对环境造成的污染等方面的特性。这些特性是与产品或服务对环境的影响有关的特性。

二、质量管理的基本概念

1. 质量管理的定义

日本质量管理学家谷津进对于质量管理的定义和国际标准化组织对于质量管理的定义,从不同的角度给出了质量管理的诠释。

(1)谷津进的定义。谷津进认为,质量管理就是向消费者或顾客提供高质量产品与服务的一项活动。这种产品和服务必须保证满足需求、价格便宜和供应及时。

这一定义给出了质量管理的目的、目标和作用,明确了质量管理的根本目的是向顾客和消费者提供高质量的产品与服务,明确了质量管理的目标和作用就是使产品和服务达到三项要求,一是"满足需求",二是"价格便宜",三是"供应及时"。

(2)国际标准化组织的定义。国际标准化组织认为:质量管理是确定质量方针、目标和职责,并在质量体系中通过诸如质量策划、质量控制和质量改进使质量得以实现的全部管理活动。

2. 质量管理的内涵和术语

(1)质量方针。质量方针是由组织的最高管理者正式发布的关于一个组织总的质量宗旨和质量方向。质量方针作为组织的质量宗旨和方向是一个组织的大政方针中的重要组成部分,它反映了组织最高领导的质量意识和决心,它是一个组织在一定时期内相对稳定的质量工作指导思想。

(2)质量体系。质量体系是为实施质量管理所需的组织结构、程序、过程和资源。一个组织只有建立了科学的质量体系,才能够全面地开展质量管理活动。

(3)质量策划。质量策划是确定质量的目标和要求,以及确定采用质量体系要素的目标和要求的活动。这种策划活动实际上就是质量管理的一种规划或计划性的工作,通过这种规划或计划工作可以确定出下一步质量和质量管理目标、管理措施和具体要求(时间、工作、质量等)。

(4)质量控制。质量控制是为达到质量要求所采取的作业技术与活动。质量要求是指对于需要的表达或将需要转化为一组针对实体特性的定量或定性的规定要求,以便使其能够实现和考核。作业技术和活动的内容包括确定控制对象、规定控制标准、制定控制方法、选用检验技术、处理事故(失控)等。

（5）质量保障。质量保障是为了保证实体能够满足质量要求,并提供足够的证明以表明实体保证能够满足质量要求,而在质量体系中实施的,并根据需要进行证实的,全部有计划和有系统的活动。

（6）质量改进。质量改进是为了向本组织及其顾客提供更多的收益,在整个组织内所采取的旨在提高组织活动和过程的效益和效率的各种措施。这里的"过程"是指将输入转化为输出的一组彼此相关的活动。实际上质量改进是一种持续改进与完善的组织活动,这包括对产品与服务的持续改进与完善,对生产过程与作业方法的持续改进与完善,以及对组织管理活动的持续改进和完善。

上述有关质量管理的概念、内涵与术语之间的关系可以用图8-1给出。

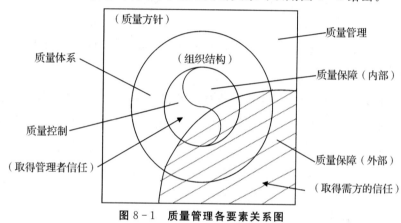

图8-1 质量管理各要素关系图

由图8-1可以看出,质量管理的各个要素最终构成一个有机的整体,这一整体为质量管理提供了一种总体的解决方案。

三、项目质量的概念

项目质量在很大程度上既不同于产品质量,也不同于服务质量,因为项目兼具产品和服务两个方面的特性,如一次性、独特性与创新性等自己的特性,所以项目质量也具有自己的特性。项目质量的这些特性主要表现在两个方面。

1. 项目质量的双重性

项目质量的双重性是指项目质量既有产品质量的特性,又有服务质量的特性。这是因为在同一个项目会有许多项目产出物具有产品的有形性、可储存性和可预先评估性等特性,所以完全属于产品的范畴,而这一项目的另一些产出物具有无形性、不可储存性和无法预先评估等特性,所以完全属于服务的范畴。

2. 项目质量的过程特性

项目质量的过程特性是指一个项目的质量是由整个项目的全过程形成的,是受项目全过程的工作和活动质量直接和综合影响的。任何项目的质量不是由一个项目的某个阶段或某项活动形成的,而是由整个项目的全过程形成的。

四、项目质量管理的概念

一般情况下,在项目质量管理中同样要使用全面质量管理(Total Quality Management, TQM)的思想。所谓全面质量管理的思想,国际标准化组织认为是一个组织以质量为中心、以全员参与为基础,目的在于通过让顾客满意和本组织所有成员及社会受益而达到长期成功的一种质量管理模式。从这一定义中可以看出,全面质量管理的指导思想分两个层次:第一,一个组织的整体要以质量为核心,并且一个组织的每个员工要积极参与质量管理;第二,全面质量管理的根本目的是使全社会受益和使组织本身获得长期成功。确切地说,全面质量管理的核心思想是质量管理的全员性(全员参与质量管理的特性)、全过程性(认真管理好质量形成的全过程)和全要素性(认真管理好质量所涉及的各个要素)。

在质量管理的思想和理念上,项目质量管理和产品质量管理都认为下述理念至关重要。

1. 使顾客满意是质量管理的目的

全面理解顾客的需求,努力设法满足或超过顾客的期望是项目质量管理和产品或服务质量管理的根本目的。任何项目的质量管理都要将满足项目业主/客户的需要(明确的需求是项目说明书规定的,隐含的需求需要与项目业主/客户深入沟通才能够了解)作为自己最根本的目的,因为整个项目管理的目标就是提供能够满足项目业主/客户需要的项目产出物。

2. 质量是干出来的不是检验出来的

项目质量和产品质量都是通过实施各种管理活动而形成的结果,它们不是通过质量检验获得的。质量检验的目的是找出质量问题(不合格的产品或工作),是一种纠正质量问题或错误的管理工作。但是,任何避免错误和解决问题的成本通常比纠正错误和造成问题后果的成本要低,所以在质量管理中要把管理工作的重心放在避免出现错误和问题的质量保障方面,对于项目质量管理尤其应该如此。

3. 质量管理的责任是全体员工的

项目质量管理和产品质量管理的责任都应该是全体员工的,项目质量管理的成功是项目全体人员积极参与和共同努力的结果。项目质量管理成功所依赖的最关键因素是项目团队成员的积极参与以及对项目产出物质量和项目工作质量的责任划分与责任履行的管理。

4. 质量管理的关键是不断改进和提高

项目质量管理和产品质量管理的过程中都会使用"戴明循环"(戴明博士所提倡的PDCA循环,其中P是计划、D是执行、C是检查、A是处理)。这是一种持续改进工作的方法和思想,这种思想和方法同样是项目质量管理的一种指导思想和技术方法,但是由于项目的一次性和独特性,这种方法的使用有时具有一定的局限性。

五、ISO10006 项目质量管理标准

由国际标准化组织颁布的 ISO10006 是参考美国项目管理学会的项目管理知识体系指南编制的,它是专门用于提高项目质量管理的标准。它给出了项目质量管理系统的构成、项目质量管理的概念和做法,对于提高项目质量管理是非常有价值的一份文件。这一文件是 1997 年 12 月发布的,文件的全称是《质量管理——项目质量管理指南》。文件有两个部分,一部分是主体部分,另一部分是三个附件。其中主体部分的核心内容包括三个部分,一是这一标准所涉及的范围界定、所引用的标准和相关的定义;二是有关项目特征的说明,包括项目管理的界定、项目组织、项目阶段和项目过程等;三是项目管理过程中的质量规定,包括项目策划过程、项目集成管理过程、项目范围管理过程、项目时间管理过程、项目成本管理过程、项目资源管理过程、项目组织与人力资源管理过程、项目沟通与信息管理过程、项目风险管理过程、项目资源获得过程等各方面的质量保障与控制方面的规定。

第二节 项目质量计划

一、项目质量计划的概念

项目质量计划是指确定项目应该达到的质量标准和如何达到这些质量标准的工作计划与安排。项目质量管理的基本原则之一:项目质量是通过质量计划的实施和所开展的质量保障与控制活动达到的,而不是通过质量检查得到的。

二、项目质量计划的前提条件

项目质量计划编制的前提条件是确定项目质量计划的依据和编制项目质量计划所需的各种信息与文件。

1. 项目质量方针

项目质量方针是项目组织和项目高级管理层规定的项目质量管理的大政方针,是项目组织实现项目质量的正式描述和表达,是一个项目组织对待项目质量的指导思想和中心意图。

从项目质量管理的角度来看,质量方针的主要内容如下:

(1)项目设计的质量方针。项目设计应该符合国家有关方针政策和现行设计规范,项目设计需要符合设计纲要(要求)的规定,项目设计必须符合实际和体现经济合理与技术先进的原则,项目设计必须充分发挥项目的社会、经济和环境效益。

(2)项目实施的质量方针。在项目实施阶段的质量方针主要有:实行项目经理领导下的质量目标管理;在项目管理中,必须坚持质量第一的方针;实行全员的、全过程的质量管理;一般需要将国际标准化组织的标准作为项目质量保障的依据。

(3)项目完工交付的质量方针。在项目完结和交付阶段的质量方针是由项目团队全面

检验项目的工作和项目产出物的质量，并对照项目产出物的质量是否达到了定义与决策阶段和计划与设计阶段所提出的项目目标和各种要求，给出结论后再将项目交付给项目业主/客户。

2. 项目范围的描述

项目范围的描述是指有关项目所涉及范围的说明，这包括项目目标的说明和项目任务范围的说明。它明确说明了为提交既定特色和功能的项目产出物而必须开展工作和对于这些工作的要求，因此它同样是项目质量计划编制的主要依据文件之一。项目范围描述主要包含下述内容：

（1）项目目的说明。这是指项目的根本使命和特定需求。在项目完成之后将依据项目目的去衡量一个项目的成功的程度，评估项目的完成情况。

（2）项目目标说明。项目目标是指项目要实现的目的性指标。这既包括项目的总体目标，也包括项目的专项具体指标。例如，项目的成本、质量、工期等专项目标。

（3）项目产出物简要说明。这是指对项目要提交产出物的特征、性能、要求等方面的简短而明确的描述，它是项目质量管理活动的基础性依据之一。

（4）项目成果说明。这是指项目产出物所包含的全部成果的概要清单，是对项目产出物的"部件"的说明。通常既包括项目有形产出物也包括项目无形产出物（过程或服务）的说明。

3. 项目产出物的描述

项目产出物的描述是指关于项目产出物（产品）的全面而详细的说明，这种说明既包括对项目产出物的特性和功能说明，也包括对项目产出物有关技术细节的说明，以及其他可能影响制定项目质量计划的有关信息。

4. 标准和规定

项目组织在制定项目质量计划时还必须充分考虑所有与项目质量相关领域的国家、行业标准、各种规范以及政府规定等。当项目所属专业领域暂时没有相关的标准、规范以及规定时，项目组织应该组织有关人员根据项目的目的和目标制定项目的标准和规范。

5. 其他信息

其他信息是指除项目范围描述和项目产出物描述外，其他项目管理方面的要求以及与项目质量计划制定有关的信息。

三、制定项目质量计划的方法

项目质量计划的制定方法有许多，一般根据项目所属专业领域的不同而采用不同的方法，最常用的项目质量计划编制方法有如下几种。

1. 成本/收益分析法

这也叫经济质量法，这种方法要求在制定项目质量计划时必须同时考虑项目质量的经济性。项目质量成本是指开展项目质量管理活动所需的开支,项目质量收益是指开展项目质量管理活动带来的好处,项目质量成本/收益分析法的实质是通过运用这种方法编制出能够保障项目质量收益超过项目质量成本项目质量管理计划。项目质量成本具有两种不同的成本:一种是项目质量保障成本,一种是项目质量纠偏成本。二者的关系是项目质量保障成本越高,项目质量纠偏成本就会越低,反之,项目质量纠偏成本会越高。项目质量收益是通过努力降低这两种质量成本而获得的收益。项目质量的成本/收益法就是一种合理安排和计划项目的这两种质量成本,使项目的质量总成本相对最低,而质量收益相对最高的一种项目质量计划方法。

2. 质量标杆法

质量标杆法是指利用其他项目的实际的或计划质量结果或质量计划,作为新项目的质量比照目标,通过对照比较制订出新项目质量计划的方法。它是项目质量管理中常用的有效方法之一。通常的做法是以标杆项目的质量方针、质量标准和规范、质量管理计划、质量核检清单、质量工作说明文件、质量改进记录和原始质量凭证等文件为蓝本,运用相关技术和工具,结合新项目的特点来制订新项目的质量计划。

3. 流程图法

流程图法是用于表达一个项目的工作过程和项目不同部分之间相互联系的方法,通常它也被用于分析和确定项目实施的过程和项目质量的形成过程,所以它也是编制项目质量计划的一种有效方法。一般的项目流程图包括项目的系统流程图、项目的实施过程流程图、项目的作业过程流程图等。同时还有许多用于分析项目质量的其他图表,如帕累托图、鱼骨图、X-R图等也属于使用流程图法编制项目质量计划的工具和技术之列。

4. 实验设计法

实验设计法是一种计划安排的分析技术,它有助于识别在多种变量中何种变量对项目成果的影响最大,从而找出项目质量的关键因素以指导项目质量计划的编制。这种方法广泛用于寻找解决项目质量问题的措施与方法。

四、项目质量计划工作的成果

项目质量计划编制工作的结果是生成的一系列项目质量计划文件,这些项目质量计划文件主要包括如下几种。

1. 项目质量计划

项目质量计划是描述项目组织为实现其质量方针,对项目质量管理工作的计划与安排。这一文件的内容包括实现项目质量目标所需的资源、质量保障的组织结构、质量管理的责任、质量管理的措施和方法等。在整个项目实现过程中,项目质量计划是整个项目质量管理的指导性文件,一个项目需要通过质量体系去执行项目质量计划来保证项目的质量。

2. 项目质量工作说明

项目质量工作说明是对项目质量管理工作的描述以及对项目质量控制方法的具体说

明。这一文件应体现如何检验项目质量计划的执行情况,如何确定项目质量控制规定等内容,包括执行项目质量计划中所需使用的具体方法、工具、图表、程序等各方面的规定和说明。

3. 质量核检清单

质量核检清单是一种结构化的质量管理工具,它可用于检查各个项目流程步骤的质量计划执行情况和质量控制的实际结果,它也是项目质量计划文件的组成部分。质量核检清单常见的形式是分别开列的一系列需要检查核对的工作与对象的清单。质量核检清单通常可以由工作分解结构的细化和转换得到。

4. 可用于其他管理的信息

项目质量计划的另外一个结果是给出了一系列可用于项目其他方面管理的信息,这主要是指在制定项目质量计划的过程中,通过分析与识别而获得的有关项目其他方面管理所需的信息,这些信息对于项目的集成管理和项目的其他专项管理都是非常有用的。

第三节　项目质量保证

一、项目质量保证的概念与工作内容

项目质量保证是在执行项目质量计划过程中,经常性地对整个项目质量计划执行情况所进行的评估、核查与改进等工作。这是一项确保项目质量计划能够得以执行和完成,使项目质量能够最终满足项目质量要求的系统性工作。项目质量保证既包括项目工作本身的内部质量保证,也包括为项目业主/项目客户和其他项目利益相关主体提供的外部质量保证。

1. 清晰的质量要求说明

对于项目来说,质量保证的首要工作是提出项目的质量要求,既包括清晰明确的项目最终产出物的质量要求,也包括项目中间产出物和项目过程的质量要求。这些项目产出物和过程既包括项目工作的里程碑,又包括项目活动所生成的可交付产品。对于项目产出物的质量要求越详细、具体,项目的质量保证也就会越周密、可靠。

2. 科学可行的质量标准

项目质量保证工作还需要依靠科学可行的项目质量标准,项目质量管理需要进行科学可行质量管理标准的设计,即根据以前的经验和各种各样的国家、地区、行业质量标准设计出的适合于具体项目质量保证的项目工作(过程)和项目产出物的质量标准。

3. 组织和完善项目质量体系

一般说来,任何项目的质量保证如果没有一套健全的质量体系是无法实现的。由于这个原因,在项目质量保证中最为重要的工作之一是建立和不断健全项目质量体系。项目质量体系是为实施项目质量管理所需的组织结构、工作程序、质量管理过程和质量管理各种资

源所构成的一个整体。一个项目组织只有建立了有效的质量体系,才能够全面地开展项目质量管理活动。

4. 配备合格和必要的资源

在项目质量保证中需要使用各种各样的资源,这包括人力资源、物力资源和财力资源等等。因此项目质量保证的另一项工作内容就是要为项目质量保证配备合格和必要的资源。

5. 持续开展有计划的质量改进活动

项目质量保证是为了保证项目产出物能够满足质量要求,通过质量体系所开展的各种有计划和有系统的活动。项目质量保证的一项核心工作是持续开展一系列有计划的,为确保项目产出物质量而开展的审核、评价和质量改进工作。其中,最主要是持续的质量改进工作。质量改进是为了向项目组织及项目业主/客户提供更多的利益,由项目组织所采取的旨在提高项目活动效益和效率的各种措施。

6. 项目变更的全面控制

要开展项目质量保证和实现规定的项目质量就必须开展对项目变更的全面控制。这并不是说所有的项目变更都必须避免和消除,因为有些项目变更是为了提高项目质量服务,是为了更好地满足项目业主/客户的需求服务,这种项目变更对于项目质量管理而言是可取的。但是有些项目变更却会严重影响项目质量。

二、项目质量保证的依据

1. 项目质量计划

这是项目质量计划工作的结果,是有关项目质量保证工作的目标、任务和要求的说明文件,所以它是项目保证工作最根本的依据。

2. 项目实际质量的度量结果

项目实际质量的度量结果是有关项目质量保证和控制工作情况绩效的度量和评价结果,这是一种给出项目实际质量情况和相应的事实分析与评价的报告,这也是项目质量保证工作的依据。

3. 项目质量工作说明

项目质量工作说明是指对于项目质量管理具体工作的描述,以及对于项目质量保证与控制方法的说明。这同样是项目质量保证工作的具体依据。

三、项目质量保证的方法与工具

1. 质量核查方法

质量核查方法是用于质量保证的一种结构化审核方法。质量核查的目标是找出可改进项目质量的问题,从而开展项目质量的改善与提高工作。项目质量核查可以定期进行,也可以随机抽查,可以由项目组织内部人员实施核查,也可由第三方(如质量监理组织、质量管理咨询公司等)或专业机构完成,然后将结果通知项目组织,以便开展项目质量的持续改进和提高工作。项目质量核查方法主要用于:项目所用材料、半成品和配件的质量核查;项目各项工作质量的核查;项目最终或中间产出物的质量核查;项目质量控制方法和工作的核查;对于项目各种管理与技术文件的核查等。

2.质量改进与提高的方法

项目质量改进与提高的方法可以用于提高项目的效益和效果,给项目组织和项目业主/客户带来更多的收益。项目质量改进与提高的方法包括项目质量改进建议和质量改进行动两个方面的方法。项目质量改进建议是通过要求和倡导项目团队成员提出项目质量改进的建议,从而更好地保障项目质量的一种方法。一般的项目质量改进建议至少应包括:目前存在的项目质量问题及其后果,发生项目质量问题的原因分析,项目质量改进的建议目标,项目质量改进的方法和步骤,项目质量改进所需的资源,项目质量改进成果的确认方法等。

第四节 项目质量控制

一、项目质量控制的概念

项目质量控制是指对项目质量实施情况的监督和管理。这项工作的主要内容包括:项目质量实际情况的度量,项目质量实际与项目质量标准的比较,项目质量误差与问题的确认,项目质量问题的原因分析和采取纠偏措施以消除项目质量差距与问题等一系列活动。

二、项目质量控制的依据

项目质量控制的依据有一些与项目质量保障的依据是相同的,有一些是不同的。项目质量控制的主要依据如下。

1.项目质量计划

这与项目质量保障是一样的,这是在项目质量计划编制中所生成的计划文件。

2.项目质量工作说明

这与项目质量保障的依据相同,同样是在项目质量计划编制中所生成的工作文件。

3.项目质量控制标准

项目质量控制标准与项目质量目标和项目质量计划指标是不同的,项目质量目标和计划给出的都是项目质量的最终要求,而项目质量控制标准是根据这些最终要求所制定的控制依据和控制参数。

4.项目质量的实际结果

项目质量的实际结果包括项目实施的中间结果和项目的最终结果,同时还包括项目工作本身的好坏。项目质量实际结果也是项目质量控制的重要依据,因为有了这类信息,人们才可能将项目质量的实际情况与项目质量的要求和控制标准进行对照,从而发现项目质量问题,并采取项目质量纠偏措施,使项目质量保持在受控状态。

三、项目质量控制的方法

1. 核检清单法

核检清单是项目质量控制中的一种独特的结构化质量控制方法。这种方法主要是使用一份开列有用于检查项目各个流程、各项活动和各个活动步骤中所需核对和检查的科目与任务清单，对照这一清单，按照规定的核检事件和核检频率去检查项目的实施情况，并对照清单中给出的工作质量标准要求，确定项目质量是否失控，是否出现系统误差，是否需要采取纠偏措施，最终给出相关核查结果和相应的对策措施决策。

2. 质量检验法

质量检验是指那些测量、检验和测试等用于保证工作结果与质量要求相一致的质量控制方法。质量检验法可在项目的任何阶段上使用。

3. 控制图法

控制图是用于开展项目质量控制的一种图示方法，主要给出关于控制界限、实际结果、实施过程的图示描述。它可用来确认项目过程是否处于受控状态，图中上/下控制线表示变化的最终限度，当几个设定间隔内发生连续同一方向的变化时就应分析和确认项目是否存在系统误差并处于失控状态。当确认项目过程处于失控状态时就必须采取纠偏措施，调整和改进项目过程使项目过程回到受控状态。控制图的实例如图 8-2 所示。

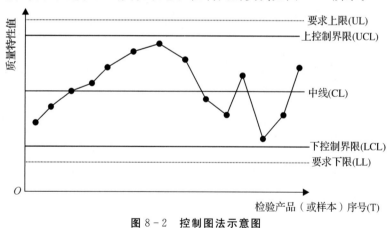

图 8-2 控制图法示意图

4. 帕累托法

帕累托(Pareto)法是一种表明"关键的少数和次要的多数"关系的一种统计图，它也是质量控制中经常使用的一种方法。帕累托图又叫排列图，它将有关质量问题的要素进行分类，从而找出"重要的少数"（A类），和"次要的多数"（C类），以便对这些要素进行 ABC 分类管理的方法。这种图的具体做法和结果如图 8-3 所示。图中两条纵轴，左边的表示频数(n)，右边的表示频率(f)，二者是等高的。图中横轴以均匀等分的宽度表示质量要素（或质量影响因素），需要标明序号和要素名。图中按质量要素等分宽度，沿纵轴画出表示各要素的频数和频率的矩形图。累计各矩形代表的频数和频率，得到排列图，并从中找出"重要的少数"和"次要的多数",划分出 ABC 三类要素,以便对项目质量实现 ABC 分类控制。

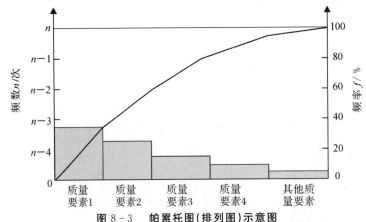

图 8-3　帕累托图(排列图)示意图

5. 统计样本法

统计样本法是指选择一定数量的样本,通过检验样本得到的统计数据去推断总体的质量情况,以获得项目质量的信息和开展项目质量控制的方法。这种方法适用于大批量生产项目的质量控制,因为样本比总体减少许多,所以可以减少质量控制的成本。

6. 流程图法

流程图法的原理和内容在前面已经做了介绍和描述。流程图法在项目质量管理中是一种非常有用和经常使用的质量控制方法,这是由项目的过程性所决定的。

7. 趋势分析法

趋势分析法是指使用各种预测分析技术来预测项目质量未来发展趋势和结果的一种质量控制方法。这种质量控制方法所开展的预测都是基于项目前期历史数据做出的。趋势分析常用于项目质量的监控。

四、项目质量控制的结果

项目质量控制的结果是项目质量控制和质量保障工作所形成的综合结果,是项目质量管理工作的综合结果。

1. 项目质量的改进

项目质量的改进是指通过项目质量管理与控制所带来的项目质量的提高。项目质量改进是项目质量控制和保障工作共同作用的结果,也是项目质量控制最为重要的一项结果。

2. 项目质量的接受

项目质量的接受包括两个方面,一是指项目质量控制人员根据项目质量标准对已完成的项目结果进行检验后对该项结果所做出的接受和认可,二是指项目业主/客户或其代理人根据项目总体质量标准对已完成项目工作结果进行检验后做出的接受和认可。

3. 返工

返工是指在项目质量控制中发现某项工作存在着质量问题并且其工作结果无法接受

时，所采取的将有缺陷或不符合要求的项目工作结果重新变为符合质量要求的一种工作。返工既是项目质量控制的一个结果，也是项目质量控制的一种工作和方法。

4. 核检结束清单

这也是项目质量控制工作的一种结果。当使用核检清单开展项目质量控制时，已经完成核检的工作清单记录是项目质量控制报告的一部分。

5. 项目调整和变更

项目调整和变更是项目质量控制的一种阶段性和整体性的结果。它是指根据项目质量控制的结果和面临的问题（一般是比较严重的或事关全局的项目质量问题），或者是根据项目各相关利益者提出的项目质量变更请求，对整个项目的过程或活动所采取的调整、变更和纠偏行动。在某些情况下，项目调整和变更是不可避免的。

▶ 考核知识点

考核知识点	类别	内容
项目质量管理的概念	重点	质量的概念
		质量管理的概念
		项目质量的概念
		项目质量管理的概念
项目质量计划	重点	项目质量计划的概念
		项目质量计划的编制方法
项目质量保证	重点	项目质量保证的概念
		项目质量保证的依据
项目质量控制	重点	项目质量控制的概念
		项目质量控制的技术方法

▶ 同步综合训练

一、名词解释

1. 质量。
2. 质量管理。
3. 项目质量计划。
4. 项目质量保证。

二、简答题

1. 简述项目质量计划的编制方法。
2. 简述项目质量保证的依据。
3. 简述项目质量控制的技术方法。

三、论述题

论述项目质量管理思想。

▶参考答案

一、名词解释

1. 质量是反映实体(产品、过程或活动等)满足明确和隐含的需要能力和特性总和。

2. 质量管理是确定质量方针、目标和职责并在质量体系中通过诸如质量策划、质量控制和质量改进使质量得以实现的全部管理活动。

3. 项目质量计划是指确定项目应该达到的质量标准和如何达到这些质量标准的工作计划与安排。

4. 项目质量保证是在执行项目质量计划过程中,经常性地对整个项目质量计划执行情况所进行的评估、核查与改进等工作。项目质量保证既包括项目工作本身的内部质量保证,也包括为项目业主/项目客户和其他项目利益相关主体提供的外部质量保证。

二、简答题

1. 简述项目质量计划的编制方法。

答:(1)成本/收益分析法。

(2)质量标杆法。

(3)流程图法。

(4)实验设计法。

2. 简述项目质量保证的依据。

答:(1)项目质量计划。

(2)项目实际质量的度量结果。

(3)项目质量工作说明。

3. 项目质量控制的技术方法。

答:(1)核检清单法。

(2)质量检验法。

(3)控制图法。

(4)帕累托法。

(5)统计样本法。

(6)流程图法。

(7)趋势分析法。

三、论述题

论述项目质量管理思想。

答:项目质量管理的思想主要是全面质量管理的思想。所谓全面质量管理的思想,国际标准化组织认为是一个组织以质量为中心,以全员参与为基础,目的在于通过让顾客满意和本组织所有成员及社会受益而达到长期成功的一种质量管理模式。从这一定义中可以看出,全面质量管理的指导思想分两个层次:其一,一个组织的整体要以质量为核心,并且一个组织的每个员工要积极参与质量管理;其二,全面质量管理的根本目的是使全社会受益和使组织本身获得长期成功。

(1)使顾客满意是质量管理的目的。任何项目的质量管理都要将满足项目业主/客户的

第八章 项目质量管理

需要(明确的需求是项目说明书规定的,隐含的需求与项目业主/客户深入沟通才能够了解)作为自己最根本的目的,因为整个项目管理的目标就是提供能够满足项目业主/客户需要的项目产出物。

(2)质量是干出来的不是检验出来的。质量检验的目的是为了找出质量问题(不合格的产品或工作),是一种纠正质量问题或错误的管理工作。但是,任何避免错误和解决问题的成本通常比纠正错误和造成问题后果的成本要低,所以在质量管理中要把管理工作的重心放在避免出现错误和问题的质量保障方面,对于项目质量管理尤其应该如此。

(3)质量管理的责任是全体员工的。项目质量管理和产品质量管理的责任都应该是全体员工的,项目质量管理的成功是项目全体人员积极参与和努力的结果。项目质量管理的成功所依赖的最关键因素是项目团队成员的积极参与以及对项目产出物质量和项目工作质量的责任划分与责任履行的管理。

(4)质量管理的关键是不断地改进和提高。项目质量管理和产品质量管理的过程中都会使用"戴明循环"(戴明博士所提倡的 PDCA 循环,其中 P 是计划、D 是执行、C 是检查、A 是处理)。这是一种持续改进工作的方法和思想,这种思想和方法同样是项目质量管理的一种指导思想和技术方法,但是由于项目的一次性和独特性,这种方法的使用有时具有一定的局限性。

第九章 项目人力资源管理

▶本章知识要点概述

要求学员在学习本章后,能够熟练掌握有关项目组织的规划与构建,项目团队的建设与开发,以及项目人员的获得与配备。

第一节 人力资源管理概述

一、人力资源管理的概念

1. 人力资源的概念

经济学把可以投入到生产过程中创造财富的东西统称为"资源",并且认为资源的最大特性是它的稀缺性,只有稀缺的东西才能构成为资源。人力资源管理将"人力"看成一种资源,首先肯定了"人力"作为资源创造财富的本性,同时表明"人力"这种资源的稀缺性。

2. 人力资源的基本特点

与土地、矿产、森林等自然资源相比,人力资源是最活跃、最具有能动作用、最为重要的一种资源,是人类社会经济领域中最为关键的资源要素。这种资源的基本特点如下:

(1)能动性。人力资源的能动性主要表现在:自我学习(人可以通过教育和培训以及从自己和他人的经验中学习,从而得到不断的提高和完善,进而使这种资源不断地增值)、自我激励(人们在得到重视、表彰、尊重和自我实现等情况下能够获得很大的激励,从而能够释放出更大的能力和价值)和主观意识(人有主观意识而且其行为受主观意识的支配,通过改变人的主观意识从而改变人的行为,使这种资源发挥最大的作用)。

(2)再生性。人力资源具有再生性,这种再生性是基于人口的再生产和劳动力的再生产而形成的。人力资源是在"劳动力消耗—劳动力生产—劳动力再消耗—劳动力再生产"这样的过程中不断实现自己的再生。

(3)智能性。人在体力和脑力劳动过程中能够不断开发智力和各种能力,能够采用创造机器和工具的方法,将人类的各种知识、方法、技术、手艺和本领以活化和物化的方式存在,从而将自己从繁重的体力和脑力劳动中解放出来,使人们能够专门从事创造性的劳动,并且通过使用工具和设备使人力资源的能力和作用大大提高。这种智能性是人力资源与其他资源的根本区别。

(4)社会性。人力资源的社会性包括两个方面,一是指人们需要通过构成社会而发挥人力资源最大的经济效益,二是指人本身具有很多社会性的需求。

二、人力资源管理的形成与发展

人力资源管理是随着企业管理理论的发展而逐步形成的,它的发展可分为下述几个阶段。

1. 科学管理阶段的人事管理

19世纪末到20世纪初被称为科学管理阶段,主要理论包括:劳资双方合作的理论(即劳资双方通过在劳动和利润分配方面的合作使双方获益),工作定额管理与控制理论(包括研究制定标准操作方法,对员工进行标准操作方法训练,据此制定工作定额,并依据定额完成情况进行分配),提出实行计件工资制(实施有差别和奖励刺激的计件工资制度)。

2. 行为科学阶段的人事管理

20世纪20年代出现的人际关系学派(后来改叫行为科学学派)从心理学、社会学的角度研究了人事管理问题。他们重视社会环境与人员相互关系的研究以及如何利用提高工作效率。他们提出的人事管理理论主要有:人事管理应该更重视人际关系方面的管理,人事管理应更注意关心人、培养人和满足人们不同的需求,一个组织应采用集体报酬和奖励的制度,并提倡在不同程度上使员工和下级能够参与企业决策和管理工作。

3. 从人事管理到人力资源管理

人力资源、人力资源开发、人力资源管理等将"人力"视为一种"资源"的术语和观点是在20世纪60年代末和70年代初开始提出并广泛流行的。当时已经认识到了"人力"作为一种战略性资源的至关重要性,已经认识到必须改革人事管理的方式,将"人力"看成是一种可开发和利用的资源去管理、开发和使用,并且认识到在一切资源中人力资源是最为重要的战略资源。人力资源管理已经发展到了一个"以人为本"的崭新阶段。

三、人力资源管理与人事管理的主要区别

人事管理与人力资源管理存在很大的差异,主要表现在:管理观念不同(人事管理把员工视作劳力,人力资源管理把人作为一种为实现组织战略目标服务的战略资源),管理范围不同(人事管理主要从事员工的选拔、使用、考核、晋升、调动等有关"人事"的管理,人力资源管理则注重人力资源的配置、开发、使用和管理),管理的作用不同(人事管理主要负责生产效率的提高和工作条件的改善,人力资源管理更重视人力资源评价、需求预测、人力资源规划和开发),管理的方法不同(人事管理基本上是按照一种割裂的方式去分别管理组织的人事工作,人力资源管理是按照系统管理方法去管理组织的全部人力资源事务)。

四、项目人力资源管理

项目人力资源管理是指对项目的人力资源所开展的规划、开发、合理配置、准确评估、适当激励、团队建设、资源能力提高等方面的管理工作。这种管理的根本目的是充分发挥项目

组织各方面的主观能动性,以实现既定的项目目标和提高项目效益。

项目人力资源管理的内容与一般生产运营组织人力资源管理的内容有一致和不一致的地方。项目人力资源管理的基本内容包括以下几项。

1. 项目组织规划

项目人力资源管理的首要任务是项目组织的规划。项目组织规划包括项目组织设计、项目组织职务与岗位分析和项目组织工作的设计。其中,项目组织设计主要是根据一个项目的具体任务需要,设计出项目组织的具体组织结构;职务与岗位分析是通过分析和研究确定项目实施与管理特定职务或岗位的责权利和三者关系;项目组织工作的设计是指为了有效地实现项目目标而对各职务和岗位的工作内容、职能和关系等方面的设计。

2. 项目人员的获得与配备

项目人力资源管理的第二项任务是项目人员的获得与配备。项目人员的获得主要有两种方式:一种是内部招聘,这种方式采取工作调换或其他方式在项目组织内部获得项目所需的人员;另一种是外部招聘,这种方式通过广告和各种媒体宣传、人才市场和上网招聘等方式,从项目组织外部获得项目所需的人员。

3. 项目组织成员的开发

项目组织成员的开发包括项目人员的培训、项目人员的绩效考评、项目人员的激励、项目人员创造性和积极性的发挥等。

4. 项目团队建设

项目团队建设主要包括项目团队精神建设、团队效率提高、团队工作纠纷、冲突的处理和解决,以及项目团队沟通和协调等。

项目人力资源管理工作的主要内容可以用图9-1予以说明。

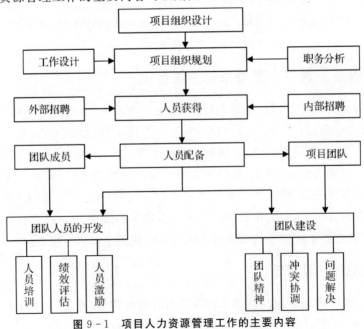

图9-1 项目人力资源管理工作的主要内容

五、项目人力资源管理的特性

项目团队具有一些独立的特性,这造成了项目人力资源管理与一般人力资源管理的不同。要了解项目人力资源管理的特性,首先需要了解项目团队的特性。项目团队的主要特性如下:

(1)团队性。项目工作是以一种团队合作的形式完成的,项目团队的工作是全体成员为实现项目目标而同心协力、协调一致、共同努力完成的。项目工作的绩效很大程度上取决于项目团队所具有的团队精神和团队合作的工作与管理模式。

(2)临时性。项目工作是一次性的,项目团队在项目完成以后就会解散,因此项目团队具有临时性。一般项目完成后项目团队即告解散,项目团队成员会重新回到原来的工作岗位或者组成新的项目团队去从事新的项目。

(3)渐进性。一个项目从立项到实施和完成,项目团队成员是逐渐进入项目团队并开展工作的,而不是同一天所有团队成员都到齐后才开展工作的。同样,随着项目的实施,那些已经完成自己任务的项目团队成员是分期退出项目团队的。因此项目团队还有渐进性这一特性。

项目团队的这些主要特性使得项目人力资源管理与一般组织运营管理中的人力资源管理存在较大的不同。这主要表现在以下两点。

1.项目人力资源管理强调团队建设

在项目人力资源管理中,建设一个和谐、士气高昂的项目团队是首要任务。项目工作是以团队的方式完成的,因此项目团队建设是项目人力资源管理的一个首要任务。项目人力资源管理中的组织规划与设计、人员配备与人员开发都应该充分考虑项目团队建设的需要。

2.项目人力资源管理强调高效快捷

由于项目团队是一种临时性的组织,所以在项目人力资源管理中十分强调管理的高效和快捷。除了一些大型和时间较长的项目(像三峡工程等),一般项目团队的存续时间相较于运营组织而言是很短的,所以必须在项目团队建设和人员开发方面采取高效快捷的方式,否则很难充分发挥项目人力资源管理的作用。因此,不管是项目人员培训、项目人员激励,还是项目团队建设与人员冲突解决都需要采用高效快捷的方法去完成。

第二节 项目组织的规划与设计

一、项目组织的规划与设计的原则

项目人力资源管理中的组织规划与设计研究项目目标、项目任务、项目组织结构、项目组织的职位、组织职位间的责权利关系、组织协调和组织信息沟通等方面的各种要素之间的关系,也需要合理地安排和配置这些要素,从而完成项目组织的设计。项目组织通常有三种不同的组织结构,即直线职能型、项目型和矩阵型组织结构。在这三种不同的组织结构中,项目组织规划与设计分别具有各自的特殊性。

1. 直线职能型组织结构下的项目组织规划与设计

采用直线职能型组织结构的企业或组织通常为一个具体的项目组织的项目团队或项目小组,多数是在直线或职能部门内部。这种项目团队或项目小组通常是部门内部一种松散的、临时性的项目团队组织,这种项目团队的责、权、利都十分有限,项目经理的权力也十分有限。因为这种项目组织只是负责企业甚至部门内部项目的实施工作,所以这种项目团队或小组受制于公司直线职能型组织结构的强力约束,多数是一种不健全的项目团队组织。

2. 项目型组织结构下的项目组织规划与设计

采用项目型组织结构的企业或组织通常会同时存在多个相对稳定的项目团队,因为这种组织是专门为完成各种业务项目(替他人完成的项目)而建立的,所以它们是以项目作为主要生产方式的。这种组织中的每个项目团队会专门从事一类项目,多数项目团队成员都具有一定的专长,所以他们在一个业务项目完成后会被分配到另一个业务项目。这种项目团队通常是一种比较紧密的和相对稳定的项目组织,这种项目组织的责权利相对较大,项目经理在项目预算、工期和人力资源管理方面的权力都较大。在设计这种项目组织时,必须充分考虑它所处的项目型组织结构和它的外部业务项目的特性,给项目经理以充分的授权,并使项目团队有足够的权力。同时,要充分考虑这种项目团队的管理人员配备和职能部门的设计,以便使项目团队能够顺利地完成业务项目的任务,实现业务项目的既定目标。

3. 矩阵型组织结构下的项目组织规划与设计

在采用矩阵型项目组织中,一个项目团队的成员来自于不同的职能部门或机构。当一个项目团队的成员完成了某个项目以后会首先回到原来的职能部门,等有了新项目以后他们又会组成新的项目团队。这种方法使职能部门人员的职能工作和项目工作得到了最充分的利用,减少了人力资源的浪费。这种项目团队所处的组织环境是一种兼具直线职能型和项目型的组织环境,在这种环境下的项目团队具有的责权利比较对等,项目经理在项目预算、工期和人力资源管理方面的权力也比较均衡,项目团队在获得各种资源方面的能力也比较均衡。由于矩阵型组织可以进一步分为弱矩阵、均衡矩阵和强矩阵三种不同的情况,所以矩阵型组织中的项目团队也会随企业组织的情况而变化,它们获取各种人力资源的能力也会因为它们所处的组织结构而变化。这种项目团队的组织规划与设计也要充分考虑项目工作的范围和内容,以确定项目团队的管理人员配备和管理职能部门设置。要特别注意不能追求齐备的项目部门和人员,在许多情况下项目团队可以采用一套管理人员和一个综合管理部门的办法实现项目的全面管理。

二、职务与岗位分析

1. 职务与岗位分析的主要工作

职务与岗位分析也称职位分析,它是通过分析和研究来确定项目组织中各个管理职务的角色、任务、职责等内容的一种专门的项目组织规划与设计工作。职务与岗位分析的结果最终形成了一系列有关项目组织职务或岗位的工作描述和任职要求说明等文件。职务与岗

位分析的主要工作如下:

(1)分析项目将需要完成什么样的任务。这需要根据项目的工作分解结构和项目组织分解结构所给出的信息,进一步明确项目所要完成的具体任务,特别是项目工作中所涉及的各种管理任务。

(2)分析项目需要在什么时候完成这些任务。这需要根据项目的计划安排,进一步明确各项任务需要在何时完成以及如何衔接。特别是各项管理工作的具体任务、时间和衔接关系,以便使用这些信息去确定具体职务或岗位的责任和要求。

(3)分析项目需要些什么样的职务或岗位。在上述两项分析的基础上,需要进一步明确项目管理与实施需要安排哪些具体的职务和岗位。这项工作是项目组织规划与设计中最为重要的工作,是项目组织规划与设计要解决的核心问题。

(4)分析这些职务或岗位需要什么样的人。在确定了项目组织各职务和岗位以后,还需要进一步分析给出这些职务和岗位所需的人员以及他们的条件、知识、技能与专业要求。这也是项目组织规划与设计中一项非常重要的工作。

2.职务与岗位分析的内容

职务与岗位分析的主要内容包括两个方面,一是对职务或岗位的工作说明与描述,二是对职务或岗位任职人员的要求。

(1)职务或岗位工作说明与描述。这包括对项目组织或团队各个职务与岗位的名称、所需技能、所负责任、所拥有的权力、工作环境,以及一个职务或岗位所涉及的其他特征的说明和描述。这种工作说明与描述的主要内容有工作名称(对各岗位或职务的工作进行命名,同时要给出相应的职务或岗位名称)、工作责任、任务和程序说明(包括职务或岗位所要完成的工作任务、责任、所需资源、工作流程、工作与其他职务的正式联系以及上下级报告关系等)、工作条件(包括工作场所正常的温度、光照、通风、安全措施等)、工作环境(包括项目组织环境和项目团队的情况,团队成员相互关系和各部门之间关系等)、职务或岗位的条件(包括工作或岗位的工资报酬、奖金制度、工作时间等)。

(2)任职条件与要求。这是对项目组织或团队各职务与岗位的任职条件和要求的说明,需要详细地说明具体职务或岗位所需的各种资格和技能要求及必要条件。任职条件与要求包括学历和工作能力(根据具体职务和岗位所涉及工作的特性说明具体职务或岗位所需的学历和工作能力要求,对一些特殊项目管理或专业的技术岗位,必须明确给出所需的管理技能和专业技能的特殊要求与条件)、工作经历(这是职务或岗位在工作实践经验方面的要求,在项目管理和实施工作中的许多职务和岗位需要有这种工作经历方面的要求)、身体条件要求(这包括具体职务或岗位对于身体健康状况的一般要求和特殊要求,如不能有恐高症的要求等)、基本素质要求(包括项目职务或岗位所需各方面素质的要求,如综合素质、特殊素质、团队精神与合作等方面的要求)和其他要求(针对具体项目组织或团队的特定职务或岗位提出的一些其他方面的要求)。

3.职务与岗位分析的工作过程

职务与岗位分析是对项目所需职务与岗位进行的全面研究,它对项目人力资源管理后续的人员选拔与配置起着决定性的作用,同时也为项目团队成员的奖惩、晋升、调配、解雇等提供一个客观的评估标准。这一工作的全过程可以分成四个阶段,它们分别是准备阶段、调查阶段、分析阶段和完成阶段。这一过程的流程图如图9-2所示。

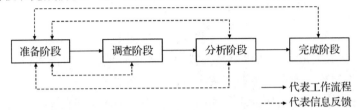

图9-2 职务与岗位分析的工作流程图

职务与岗位分析各阶段工作的详细内容说明如下:

(1)准备阶段。这一阶段主要的任务是了解情况,收集信息,建立关系,组建项目职务与岗位分析工作小组。这一阶段的具体工作包括:建立由项目职务与岗位分析专家以及项目组织的上级领导等人员参加的职务与岗位分析工作小组;确定职务与岗位分析对象,即究竟要对哪些项目组织或团队的职务与岗位进行分析;利用各种资料与信息对项目组织中的职务或岗位的主要工作任务、具体责任、工作流程进行分析和研究;提出职务与岗位分析过程中所要解决的主要问题和拟定职务或岗位说明书中所需涉及的主要问题。

(2)调查阶段。这是对各个职务或岗位的工作过程、工作环境、工作内容、工作职责和任职要求所做的全面调查。具体的工作内容包括:编制职务与岗位分析调查提纲;分析和调查项目各个职务或岗位的工作现场,工作流程,关键事件,工作所需的工具和设备,以及工作的环境和条件;与相关人员进行面谈,收集有关职务或岗位工作的特征以及职务与岗位分析所需要的各种信息,做好记录。

(3)分析阶段。这是对职务与岗位分析调查阶段所获信息的全面整理和分析的阶段。这一阶段需要对各个职务和岗位的工作特征和人员要求等方面的调查结果进行全面的总结分析。具体的工作内容包括:认真审核、汇总和整理调查阶段所获得的各种信息;分析具体职务或岗位有关工作的要求和任职人员的要求;汇总、归纳、总结职务与岗位分析的各种信息和资料。

(4)完成阶段。根据职务与岗位分析工作的调查和分析所获得的信息,编制出项目组织各项职务或岗位说明书与任职说明书。这一阶段工作的主要内容包括:根据职务与岗位分析的各种信息,草拟职务或岗位说明书、任职说明书等文件;将草拟的职务或岗位说明书、任职说明书与实际项目工作组织要求进行对照比较;根据对照比较的结果,对职务或岗位说明书、任职说明书进行必要的修订;重复上述工作,直到达到标准和要求以后,审定并批准职务或岗位说明书、任职说明书。

4.职务与岗位分析中常用的方法

(1)问卷调查法。这种调查方法要求职务与岗位分析人员分别对各种职务或岗位的行为、工作特征和人员要求、各项要求的重要性等做出描述,然后对问卷结果进行统计分析。这类调查问卷可以分为"职务或岗位信息问卷"和"任职要求问卷"等。前者调查职务或岗位工作本身的信息,后者了解对任职人员要求方面的信息。问卷调查法规范化、数据化,但是问卷的设计比较费时费工,而且这种方法不易了解被调查者的思想想法和感受等深层次的信息。

(2)文献资料分析法。在进行职务与岗位分析过程中应当尽量利用现有职务与岗位分析方面的各种资料,为进一步的详细调查奠定基础。根据文献资料分析的信息再添加一些必要的内容,就有可能形成一份相对完整的职务或岗位描述与任职说明书。但是文献资料分析法也有一系列的缺点,包括文献资料多数是过时的,甚至是废弃不用的文件,从中分析找出有用信息非常困难。

(3)面谈法。面谈法是职务与岗位分析中大量运用的一种调查方法,它可以通过面对面的交流,了解调查对象的思想想法、感受和动机等深层次的内容。职务与岗位分析中的面谈应该主要围绕职务或岗位的工作目标和报酬,职务或岗位的工作内容,职务或岗位的责任性质与范围,职务或岗位在项目组织中的各种关系,职务或岗位所负担的责任等内容展开。面谈法是一种很好的调查方法,但是需要有很高的沟通技巧,而且需要花费的时间比较长,费时费力。

(4)现场观察法。在职务与岗位分析过程中,有时还需要采用现场观察法对相同或相似项目工作人员的工作过程进行现场观察,记录他们工作和行为各方面的特点;了解他们工作中所使用的工具、设备;了解他们工作的程序、工作环境和体力消耗等方面的内容。观察时可以用笔记录,也可以事先预备好观察记录核检表,一边观察一边核对检查。在观察时要注意的一个问题是人们在被观察时,他们的行为可能和平常不同,因此职务与岗位分析者要尽量在被观察者不自觉的情况下进行观察。

(5)关键事件法。关键事件法是请从事项目管理的人员回忆、汇报他们在过去相似或相同项目工作中影响工作绩效的关键事件,以及这些关键事件的特征和要素,从而获得职务与岗位分析所需的信息资料。这种方法要求项目组织的管理人员以及其他工作人员在项目工作中记录各种工作中的"关键事件"(使工作成功或者失败的事件),以供未来新项目的职务与岗位分析使用。关键事件法记录的内容包括:导致关键事件发生的原因和背景,关键事件中工作人员特别有效的或错误的行为,关键事件的后果,人们能否支配或控制关键事件出现的后果。在大量收集关键事件的信息以后,可以对它们进行深入的分析,并总结出一个职务或岗位的关键特征和行为要求。关键事件法既能获得有关的静态信息,也可以了解动态信息,是一种有效的职务与岗位分析调查了解和收集信息的方法。

三、工作设计

1. 工作设计的内容

工作设计是对各个职务或岗位的工作内容、工作方法和工作关系的设计、认定、修改或调整。工作设计需要利用职务与岗位分析所得到的信息,做出各个项目职务或岗位的工作任务的规定。工作设计主要包括图9-3所示的五个方面的工作内容。

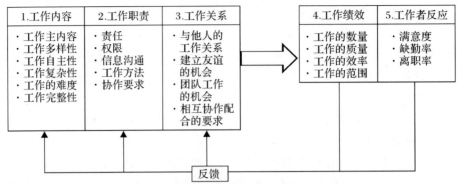

图 9-3 项目组织规划与设计中的工作设计内容

有关工作设计主要内容的具体说明如下：

(1)工作内容。工作设计首先要确定一个职务或岗位的工作内容。这包括：确定一个职务或岗位工作的主要内容和范围，确定这些工作的自主性、复杂性，工作难度和完整性等一系列有关工作内容方面的设计。这是对一个职务或岗位的全部工作与工作过程的设计。

(2)工作职责。工作设计的第二项内容是设计和确定每个职务或岗位的工作基本要求和方法。这包括一个职务或岗位的工作责任和工作权限，所承担的具体工作和信息沟通责任，工作方法的要求，以及职务或岗位在团队协作与配合方面的要求等内容。

(3)工作关系。工作设计的第三项工作是设计和确定每个职务或岗位在工作中与他人之间的关系。这包括工作中与其他人相互联系和交往的范围，与他人建立友谊的机会，参加团队集体工作的机会和相互协作配合的要求等。

(4)工作绩效。工作设计还需要设计和确定对每个职务或岗位工作的成绩与工作效果的高低大小的要求，以及衡量这个职务或岗位工作完成情况的具体指标、标准和要求。这包括工作的数量要求、质量要求、范围要求和效率要求等。

(5)工作者反应。工作设计还需要考虑每个职务或岗位的工作者对于工作设计的反应和要求。这是涉及对工作环境和工作强度的主观评价标准和客观评价标准的满足程度。这包括工作者对工作的满意度高低、出勤率高低和一个职务与岗位的离职率高低等。

(6)工作设计结果的反馈与修改。工作设计的结果，尤其是对于工作内容、工作关系和工作绩效的设计结果，需要根据实际项目组织各个职务和岗位在实际实施中进行反馈与修改。反馈包括两个方面内容：一方面是工作本身的结果所给出的直接反馈，另一方面是人们对工作设计的意见反馈，要据此进行工作设计的修改。

2. 工作设计的方法

不同职务和岗位的工作设计方法是不同的。一般常用的工作设计方法包括以下几种：

(1)专业化分工的工作设计方法。专业化分工的工作设计方法是项目组织规划与设计中经常采用的一种工作设计方法，这主要适用于那些专业性很强的职务和岗位的工作设计。这种方法将项目的主要工作按照劳动分工的办法，分解成一系列单一化、标准化和专业性很强的工作职务或岗位，然后设计出各个职务或岗位的工作内容、作业程序、岗位职能、工作关系与工作绩效等方面的要求，以便按照这些设计对员工进行培训和激励，使项目的专业性工作能够具有较高的效率。

(2)职能化分工的工作设计方法。职能化分工的工作设计方法也是项目组织规划与设计中经常采用的一种工作设计方法,这种方法主要适用于那些项目管理工作职务或岗位的工作设计。这种方法将项目的主要管理工作按照职能分工的办法,分解成一系列承担不同管理职能的职务和岗位,设计出各个职务或岗位的具体管理职能和工作范围,然后再进一步确定这些职务或岗位的工作内容、工作职责、管理工作关系与工作绩效等。

(3)其他的工作设计方法。专业和职能分工的工作设计方法会因为分工过细等问题造成员工厌烦情绪不断增长,工作效率下降,因此在项目组织规划与设计中还需要采用其他工作设计方法。这包括在管理职务或岗位的设计中采取工作轮换和工作扩大化、工作丰富化的方法等。

第三节 项目人员的获得与配备

一、人员招聘

1. 人员招聘的基本内容与程序

人员招聘是项目人力资源管理的一个重要环节,其主要任务是采取内部和外部招聘的方式,运用各种各样的方法和手段使项目组织获得足够的、高质量的人力资源。项目组织人员招聘的主要工作内容和程序如下:

(1)招聘计划的制定与审批。招聘计划是整个招聘工作的依据,制定招聘计划的目的在于使项目组织的招聘工作合理化和科学化。项目组织的招聘计划是根据项目组织规划与设计中所确定的职务和岗位,以及项目各个职务或岗位的任职说明书等信息制定的。项目组织需要根据整个组织规划与设计的人力资源需要,从数量、质量和时间等方面做出详细的人力资源招聘计划。

(2)招聘信息的发布。根据制定出的人力资源招聘计划的要求,根据项目组织所处的内部外部环境与条件,选择和确定发布招聘信息的时间、方式、渠道与范围。由于招聘方式、招聘的职务和岗位、每次招聘的数量和时间、招聘对象的来源与水平以及人员到位时间和招聘预算的不同,招聘信息的发布时间、方式、渠道与范围也不同。项目组织的多数人员是通过内部招聘或调配的方式获得的,项目组织有时也需要从外部招聘人员,所以需要使用内部和外部两种渠道发布各种招聘信息。

(3)应聘者提出申请。内部或外部的应聘者在获得招聘信息后,可向项目组织的招聘机构提出应聘申请。这种申请多数是书面的。应聘的主要资料包括应聘申请表,个人简历,学历、技能和成果证明(证明自己的知识水平、能力水平和所取得的成就),各种身份证明(包括身份证、以前的聘书等)。

(4)人员选拔。人员选拔对项目组织来说是至关重要的,因为项目组织的生命周期相对较短,一旦招聘的人员存在问题或不能胜任工作,就会使整个项目的工作受到影响,项目组织一般较少有机会去改正人员选拔的问题。这就意味着在招聘人员时必须进行严格的人员选拔。通过人员选拔对应聘者进行辨别和甄选,挑出能力、知识和经验都符合项目招聘计划,同时又愿意为项目组织工作的优秀人才。

(5)人员录用。人员录用是整个人员招聘工作的最后一步,这项工作的全过程如下:项目组织与选拔出的应聘者首先要签订试用合同,然后安排录用的人员上岗试用,在试用到期并经评估合格后,即可签订合同并正式录用了。对于项目组织而言,特别是那些短平快的项目,有时是没有试用阶段的,多数是直接正式录用。

2. 招聘的方式

根据招聘对象来源的不同,项目组织的人员招聘可以分为内部招聘与外部招聘两种方式,这两种招聘方式所采取的人员招聘方法是不同的。这两种人员招聘的具体内容如下:

(1)内部招聘。内部招聘是指从项目组织或团体的内部人员中招聘项目组织所需的人力资源的一种招聘方式。这种方式可以为组织现有员工提供发展的机会,从而调动公司内部员工的积极性。内部招聘的主要做法有三种:一是从组织内部提拔一些合适人员做项目经理和管理人员(因为通过提拔获得的项目经理和管理人员对企业或组织的情况了解,对项目工作环境适应得比较快);二是从组织内部人员中调配一部分人去做项目管理或实施的工作人员(这些人的职务或岗位、级别不变,只是从原有的工作岗位变动到项目团队的某个工作岗位或职务上);三是内部人员的重新聘用(在内部招聘中要求被录用人员与原部门解除聘约,然后与项目组织签署聘用合约),这是一种介于内部和外部招聘之间的做法,人的来源虽然是内部的,但聘用合同方式与外部招聘相似。

内部招聘的具体方式也有许多,主要有三种方式:一是内部公告的方式(在确定了项目组织所需职务和岗位的性质、责任及其要求等条件后,在公司或组织一切可以利用的墙报、布告栏、内部刊物上公告,尽可能使公司或组织的全体员工都能获得项目招聘信息,以便参加应聘);二是推荐的方式(根据项目组织的人员需要计划,由企业或组织内部的单位和员工推荐其熟悉的合适人员,供项目组织的人力资源部门进行选择和聘用);三是查阅档案加面谈的方式(根据员工档案资料,了解员工的教育、培训、经验、技能等方面的信息,并从中寻找合适的招聘人选,然后可以通过面谈的方式,在招聘双方同意的基础上获得所需的人力资源)。

(2)外部招聘。外部招聘是指从项目组织所在公司或团体以外招聘项目组织所需人力资源的一种招聘方式。这种方式与内部招聘相比,虽然需要花费较多的费用,但是人员选择的范围要比内部招聘宽许多,而且采用这种方式招聘的人员能够给项目组织带来许多创新思想。特别是通过外部招聘可以获得许多公司或组织内部没有的特殊人才。外部招聘的主要做法也有三种:一是广告招聘(通过各种媒介向社会广泛告知项目招聘人员的信息,从而使应聘者能够知情并应聘的方法),这种做法的特点是范围广、速度快,应聘人员数量大,项目组织选择的余地大。这种招聘广告的基本内容应包括:项目组织的基本情况,招聘的职位,数量和条件,招聘范围,薪资和待遇,报名时间、地点、方式及所需资料和其他有关注意事项。二是就业中介(主要是通过一些人才交流中心、职业介绍所等中介机构,获得项目组织所需人力资源),在这些方式中的就业中介机构承担着双重的角色,既为项目组织择人,也为前去求职的人择业,项目组织使用这种方式主要是获得那些大量需要的熟练工和短期聘用的人员。三是信息网络招聘(这是近几年随着计算机通讯和网络技术的发展而新兴的一种人员招聘方式),这种外部招聘的方式通过信息网络传播项目组织招聘的信息,并且通过网络获得应聘者的各种信息。这种方式的招聘信息传播范围广、速度快、成本低,不受地域限制,因此现在已经获得了广泛的采用。

二、人员选拔

人员选拔是指对应聘者的资格审查和挑选的工作。项目组织的人力资源部门需要采用初选、面试、笔试、体检、个人资料核实等方法选拔和筛选出合格的人员,以供项目组织聘用。人员选拔是人员招聘工作中十分关键的、技术性很强的一项工作。

1. **人员选拔的意义**

(1)保证项目组织能够获得所需的人力资源。

(2)为项目组织节省费用。

(3)为应聘者提供一个公平竞争的机会。

2. **人员选拔的过程和方法**

(1)资格审查与初选。资格审查是对应聘者是否符合项目组织的职务或岗位说明与任职要求的一种初步审查。在初选中一般需要做两件事情,一是体检,二是申请材料的核实。体检并不仅仅是一般的身体健康检查,项目组织的人员有时还必须具备一些特定的身体能力,如登高的能力等。资料核实是对应聘者提供的证明自己的教育状况、工作经历、工作能力等方面的材料所进行的必要核实和调查。

(2)测试。在项目组织的人员招聘中,通常对通过了资格审查和初选的应聘人员,在面试之前还要进一步进行一系列的测试,这是全面了解应聘者各方面情况的一种重要手段。这类测试可以分成心理测试和智能测试。心理测试主要是对应聘者进行职业能力倾向测试、个性测试、价值观测试、职业兴趣测试、情商测试等。

(3)面试。面试通常分为以下几类:从面试的目的可分成初步面试(由项目组织的人力资源管理人员对应聘者进行面谈的过程,侧重于应聘者对书面申请材料的补充说明和项目组织对应聘者的动机了解与情况介绍)和最终面试(由项目组织高层管理人员对已通过初步面试的应聘者所做的一种面谈,侧重于对应聘者思想和能力的深层次了解);从参与面试人员多少还可以划分出个别面试(一对一的面试,这有利于双方深入地相互了解,但结果容易受面试人员主观因素干扰)、小组面试(由两三个人项目人力资源管理人员组成小组对各应聘者分别进行面试,可以从多种角度对应聘者进行考察和克服个人偏见)和成组面试(由面试小组对若干应聘者同时进行面试);从面试的方法上分又有结构化面试(对所有应聘者提问相同的问题)和非结构化面试(对所有的面试者提问不相同的问题)等。

(4)全面评估。在面试结束以后,项目人力资源管理人员还需要对应聘人员进行一次全面的评价。这种全面评价可采用评语的方式或者评分的方式。评语式全面评估的特点是可以对应聘者的不同侧面进行全面而深入的评估,能够反映出每个应聘者的特征,但是不便于进行横向比较。评分式全面评估则可以对每个应聘者的单项评价和综合评价以得分的方式给出,这样不但能够综合全面地评价每一个应聘者,而且可以按照每个应聘者的评价得分,对全部应聘者进行全面的比较。通常在项目组织的人员选拔中,多数是按照两种方法结合的办法进行全面评估,因为项目管理和实施所需的人力资源多数是一些特殊专业和有特殊要求的人,所以需要结合两种方法进行全面评估。

(5)人员甄选。人员甄选是项目组织人员招聘的人员选拔工作最后一个步骤,同时它也是最为重要的环节。通常,在人员甄选工作中首先要确定人员甄选的标准。这是衡量应聘者能否被项目组织选中的标尺,是以职务或岗位描述和职务或岗位说明书为依据而确定的一些具体的甄选条件和标准。然后,项目组织需要根据标准做出人员甄选的决策。通常有两种人员甄选的决策模式:一是以单项评价为主的甄选决策模式,二是以综合评价为主的甄选决策模式。其中,单项评价为主的甄选决策模式主要适用于对特殊专业管理或技术人员的选择,是从众多应聘者中为某一职位或某类性质相似的岗位甄选一个或多个任职者的决策模式;综合评价为主的甄选决策模式主要用于对一般项目管理人员和非专业技术人员的选择。

三、人员录用

人员录用的工作过程包括签订试用合同、安排员工试用和正式录用三个步骤。

1. 签订试用合同

签订试用合同是指由项目组织人力资源管理部门与合格的应聘者之间签订试用一定时期的合同的工作。签订试用合同对应聘者与项目组织双方都有好处,都有约束力和保障。一般情况下,试用合同条款所包括的主要内容有:试用的项目职务或岗位、试用期限、试用期的报酬和福利、试用期应接受的培训、在试用期的工作绩效目标、试用期应承担的义务与责任、试用期应享受的权利、试用转正的条件和要求、试用期项目组织解雇员工的条件与项目组织应承担的责任、试用期员工辞职的条件与义务、员工试用期延长的条件等。

2. 安排员工试用

一般来说在试用期间,员工应负的责任和义务均是按照人员招聘中项目组织提出的应聘要求和应聘者明确表示的意愿来安排的。员工试用实际上是对招聘来的员工,从实际能力与潜在能力、个性品质与心理素质等方面所进行的进一步考核和审验。对项目组织而言,试用还有一个很重要的作用就是验证招聘的项目团队成员(试用者)能否相互合作,能否构成一个和谐而努力奋斗的项目团队。

3. 正式录用

项目组织成员的正式录用就是通常所说的"转正",这是指将那些试用合格的应聘者转为项目组织的正式成员的过程。项目组织成员能否被正式录用关键在于试用过程中对其考核的结果如何。项目组织对试用的应聘者应该坚持公平、公正的原则进行录用。在正式录用过程中,项目人力资源部门应完成以下主要工作:试用期的工作考核鉴定,正式录用的决策,签订正式录用合同,提供相应的待遇,提供必要的帮助与咨询,以及安排他们正式进入角色和岗位等。

四、招聘评估

招聘评估是项目组织对人员招聘全过程和全部工作所进行的一种评价。其目的是审视项目组织的人员招聘工作,分析招聘工作中的经验和教训,以便为未来的项目组织人员招聘工作提供经验和信息。招聘评估的主要内容包括人员招聘工作的成本效益评估、录用人员的数量评估、录用人员的质量评估等。其中,人员招聘工作的成本效益评估主要是对人员招聘的成本和效用,人员招聘的收益与成本比率等方面所进行评估;录用人员数量评估主要对录用比率、人员招聘任务计划完成比率和应聘比率等方面所做的评估;录用人员质量评估主要是对已被录用人员在能力、素质等方面进行的全面评估。对招聘方法的评估主要包括信度评估和效度评估。

五、项目组织的人力资源配备

合理配备人力资源不但有利于项目目标的实现,也有利于充分挖掘人力资源的潜力,降低人力资源的成本,不断地改进与完善项目组织的结构,提高项目团队的合作与协调能力。

1. 人力资源配备的原则

(1)人员配备必须以实现项目目标为中心。项目组织人员配备的第一个原则是必须以实现项目目标为中心,即项目组织人员配备必须为实现项目目标而服务。因为项目组织的根本目标就是成功地完成项目,所以项目组织只需要考虑项目的目标即可。

(2)人员配置必须精简、高效、节约。项目组织在人员配备方面必须实现精简、高效和节约的目标,即必须以先进合理的定额和定员标准为依据,确定项目组织的人员配备。在项目组织中特别提倡兼职,因为一个项目团队中的职能工作种类可能很多,但是每项职能工作的工作量可能较小,所以需要兼职。另外,在人员配备中还要提倡简化各种职能业务工作的手续,减少项目组织层次,精简项目组织机构,从而降低配备的人员数量,达到精简、高效和节约的目标。

(3)人员配备应合理安排各类人员的比例。项目组织人员配备的另一个原则是要合理安排各类人员的比例关系,包括项目直接工作人员和辅助工作人员的比例,尽量减少辅助工作人员的占比;项目管理人员和项目实施人员之间的比例,努力降低项目管理人员的占比。

2. 人力资源配备的方法

项目组织人力资源配备的方法包括项目人力资源的需求预测、项目人力资源的供给预测和项目人力资源的综合平衡三个方面。这些方面的具体内容如下:

(1)项目人力资源的需求预测。项目人力资源的需求预测是根据项目所需完成的任务、项目任务所需的组织结构、项目组织所需的各类职务和岗位等,最终预测得出项目的人力资源需求。项目人力资源需求的预测方法与一般运营组织的人力资源需求预测相比要简单一些(仅对小项目而言),除了像三峡工程这样的特大项目以外,项目人力资源的需求预测不用像一般运营组织的人力资源需求预测那样需要对人员的补充、提升、教育、退休、人才储备等各个方面都做出预测,因为项目组织是临时性的,所以它主要涉及的是当前项目人力资源需求的预测。

(2)项目人力资源的供给预测。项目人力资源的供给预测主要涉及两个方面的预测：一是项目组织内部的人力资源供给能力的预测，二是外部环境为项目供给人力资源能力的预测。前者是关于现有企业或组织能够提供多少人项目团队成员的确定性预测，后者是有关外部环境人力资源供给方面的不确定性预测。这些预测主要采用趋势外推法，即根据历史数据找出这两种人力资源来源的供给发展趋势，然后推断出项目需要的人力资源供给能力。

(3)项目人力资源的综合平衡。项目人力资源的综合平衡是指关于项目人力资源需求与供给的综合平衡。这种综合平衡的方法主要包括总量综合平衡的方法和结构综合平衡的方法。其中，总量综合平衡的方法用于从总体数量上综合平衡项目人力资源的供给和需求，但是不考虑项目管理人员与实施人员的平衡、不同专业或工种人员的综合平衡以及直接工作人员与辅助工作人员的平衡等人力资源构成结构方面的综合平衡。在总量综合平衡的基础上，人们就需要考虑使用结构综合平衡的方法使项目组织各项工作的人力资源实现局部的结构性的综合平衡。

第四节 员工的发展与团队建设

员工的发展是现代人力资源管理中一项重要职能，它使得员工在一个组织职务或岗位上不但能够拥有必要的技能与知识，同时还能够得到不断发展，从而实现自己的职业生涯规划目标，并获得工作的满足感。

一、员工培训

项目组织的员工发展（或叫开发）工作的首要任务是员工培训。这种培训多数是短期的和针对性很强的专业培训。

1. 员工培训的含义与作用

项目组织中的员工培训是给项目团队成员传授项目工作和任务所需基本技能与素质的过程，它是项目人力资源开发的基础性工作之一。项目员工的培训包含基本技能培训和基本素质教育两方面。具体地说，项目组织开展员工培训具有以下作用：

(1)提高项目团队综合素质。员工培训可使项目团队成员的能力有所提高，使他们的综合素质得到加强，以便以后的项目工作中使整个项目团队能够更好地合作和努力。

(2)提高项目团队工作技能和绩效。员工培训可使项目团队成员的工作技能和专业技术水平得到提高，从而使每个人的工作绩效得到提高，这会使整个团队创造出更高的工作绩效。

(3)提高项目团队成员工作满意度。员工培训可以提高项目团队成员对于工作的满意度，并降低项目成员的流失率。成功的员工培训能够提高员工的知识、技能和素质，有效减轻员工的心理压力，调动员工的主动性、积极性，使员工留恋那些能够学习和成长的项目工作岗位，从而减少人员的流动性。

2. 项目员工培训的形式

项目员工培训与一般运营组织的员工培训不但内容不同,而且方式也不同。项目员工培训主要是一些短期的培训,很少有长期的、使用正规教育体系的培训。项目员工培训的主要形式有两种,一种是岗前培训,一种是在岗培训。

(1)岗前培训。项目员工培训的首要方式是岗前培训。这种培训多数以短训班形式开展,专业针对性强,方式灵活多样,内容具有鲜明的针对性,花费不大,易于组织,见效较快,所以在项目员工培训中已被广泛采用。

(2)在岗培训。项目员工的在岗培训是指员工在自己岗位职务或工作上所获得的培训。这种培训是以职务或工作的实际需要为出发点,围绕职务或岗位的特点进行的针对性培训。这种培训偏重于专门技术知识和能力的培训。

二、绩效考评与激励

绩效考评与激励也是项目人力资源管理的一项重要工作,它是调动项目员工积极性和创造性最有效的手段之一。绩效考评是通过对项目员工工作绩效的评价,反映员工的实际能力及其对工作职位的适应程度。激励则是运用有关行为科学的理论和方法,对项目员工的需要予以满足或限制,从而激发员工的行为动机,激发员工去充分发挥自己的潜能,为实现项目目标服务。

1. 项目绩效考评的定义

项目绩效考评是按照一定的标准,采用科学方法,检查和评定项目员工对职务或岗位所规定职责的履行程度,以确定其工作成绩的一种管理方法。绩效考评是以项目员工的工作业绩为考评对象,通过对项目员工工作的评价,判断其是否称职,并以此作为采取激励措施的依据和项目人力资源管理活动的基本依据。这一工作的主要目的是切实保证项目员工的报酬、奖励、惩罚、辞退等工作的科学性。

2. 项目绩效考评的作用

项目绩效考评对项目人力资源管理工作具有重要作用,绩效考评的作用具体有三个方面。第一,绩效考评是项目组织编制和修订项目工作计划与员工培训计划的主要依据,只有通过绩效考评,项目组织才能对员工的情况和项目的情况有比较全面和深入的了解,因而可以根据员工实际绩效去编制和修订项目工作计划和培训计划,解决薄弱环节和有针对性地对员工进行培训。第二,绩效考评是合理确定工作报酬与奖励的基础,通过绩效考评可以制定或修订工资报酬办法和奖励政策,进一步修订项目员工绩效标准以使它们更加符合实际。第三,绩效考评是判断员工是否称职,以及惩罚、调配或辞退员工的重要依据。项目组织通过绩效考评对员工实际表现做出客观反映和评价,并以此为基础做出提职、惩罚、调配或辞退等方面的决定。

3. 项目绩效考评的原则

为了充分发挥项目绩效考评的作用,达到绩效评估的目的,在项目绩效评估中必须遵循以下三项原则。第一是公开原则。项目组织要公开绩效考评的目标、标准、方法、程序和结果,并应该接受来自各方面人员的参与和监督,绩效考评结束之后,项目人力资源管理部门应把评价结果通报给每一位被考评的项目人员,这有利于项目人员认清问题和差距,找到目标和方向以便改进工作和提高素质。第二是客观与公正原则。在制定绩效考评标准时应该客观和公正,通过定量和定性相结合的方法,建立科学的绩效考评标准体系,以减少矛盾和维护项目团队的团结,否则会引发被评价者对评价结果的怀疑,引发被评价者之间、被评价者与人力资源管理部门之间的矛盾。第三是多渠道、多层次和全方位考评的原则。因为员工在不同时间和场合往往有不同的表现,所以在进行绩效考评时,应该多收集信息,建立多渠道、多层次、全方位考评体系。

4. 项目绩效考评的内容

由于绩效考评的对象、目的和范围复杂多样,因此绩效考评的内容也比较复杂。一般绩效评估的基本内容包括三个方面。一是工作业绩考评,这是员工绩效考评的核心,其结果反映了员工对项目的贡献大小。工作业绩考评主要的内容有工作量的大小、工作效果的好坏、对部下的领导作用(管理者),以及在通过改进与提高而获得的创造性成果。二是工作能力评价,这一评价的结果反映了员工完成项目工作的能力,工作能力评价包括基本能力、业务能力和素质的评价,其中素质评价主要是对员工适应性的考察和评价。三是工作态度评价,这一评价的结果反映了员工对项目工作的认真程度和积极性,其内容主要包括工作积极性、遵纪守法自觉性、对待本职工作态度和对项目组织与其他成员的热情、责任感等方面。

5. 项目绩效考评的程序

一般来讲,项目组织的绩效考评工作大致需要按照以下程序进行:首先要制定考评工作计划(根据考评目的和要求计划安排好被考评的对象、考评的内容、考核的时间和考核方法等),然后要制定评价标准和评价方法(分为绝对标准和相对标准两类,绝对标准以数据为准,不考虑被考评者的具体情况,相对标准依据每个员工的情况确定考评标准,不同的被考评者会使用不同的标准),再需要进行数据资料的收集(跟踪和收集相关信息,主要的方法有工作记录法、定期抽查法、考勤记录法、工作评定法等),然后要开展分析与评价(根据评价的目的、标准和方法,对收集的数据资料进行分析、处理和综合,以及进行相应的绩效考评客观评价并给出结果),最后是公告和运用绩效考评的结果(把绩效考评结果反馈给员工,为人事决策提供依据,修订项目管理政策和进一步提高人员的工作效率等)。

6. 项目绩效考评的方法

项目组织绩效考评的方法有很多,不同方法的侧重点不同,所适用的考核目标和考核对象也不同。在开展绩效考评时,要根据具体项目的实际情况,综合使用各种考评方法。主要的绩效考评方法有四种。第一种是评分表法,这种方法用一系列工作绩效的构成指标以及工作绩效的评价等级,在绩效考评时,针对每一位员工的工作实际情况,对每项考评指标进行打分,然后将得到的所有分数相加,最终得到工作绩效的考评结果。第二种方法是工作标准法,这种方法把项目员工的工作与项目组织制定的工作标准相对照,从而评价并确定出员工的绩效。工作标准法需要先有标准,然后才能够对照标准进行绩效考评。第三种方法是排序法,这种方法把一定范围内的同类员工,按照一定的标准进行评价,然后将评价结果采用由高到低或者由低到高进行排序的方法给出项目绩效考评结果。第四种方法是描述法,这是一种使用一篇简短的书面鉴定给出绩效考评结果的方法,这一方法的考评结果描述从内容、格式、篇幅、重点上是多种多样的,绩效考评者需根据情况予以确定。

7. 项目员工激励的作用与原则

(1) 项目员工激励的含义。通俗地讲,激励就是激发和鼓励,就是调动人的积极性、主动性和创造性。从心理学角度看,激励就是激发人的行为动机。这是一个将外部一定的刺激(诱因)转化为内部心理动力,使人的动机系统激活,从而产生强大的推动力,去为实现目标而行动的心理过程。从管理学角度看,员工激励就是管理者通过采用各种满足员工需要的措施和手段,去激发员工工作的动机,调动员工潜在的能力和创造性,从而高效地实现项目组织目标的过程。

(2) 项目员工激励的作用。激励工作对项目管理是极为重要的,它决定了项目员工履行岗位职责和实现项目目标的积极性,会直接影响到项目组织的工作效果。具体地讲,激励在项目人力资源管理中的作用有三个方面。一方面,激励可以提高项目员工的工作效率,使项目员工的潜能得到最大程度的发挥,调动起员工的积极性,从而更好、更快地完成工作任务,提高项目工作的绩效。另一方面,激励有助于项目整体目标的实现,因为激励可以协调项目员工个人目标和项目组织的目标,这可以提高员工工作的目的性、主观能动性和创造性,员工会更自觉地完成工作任务和实现项目目标。还有一个方面,激励有助于提高项目员工的素质,通过激励措施可以提高员工素质和改变员工的行为,这种改变是一种真正的学习和提高的过程,是一种项目员工提高自身素质的有效措施。

(3) 项目员工激励的原则。在项目组织的激励工作中必须坚持一定的基本原则,具体的激励原则主要有四项:第一是目标原则,第二是公平原则,第三是按需激励原则,第四是因人而异原则。

8. 项目员工激励的方式与手段

在开展项目员工激励时,通常采用的激励手段有以下几种:

(1) 物质激励与荣誉奖励。这是项目组织最基本的激励手段,也是项目组织采用最多的一种激励手段。其中物质激励手段包括工资和奖金等。荣誉奖励是众人或组织对个体或群体的高度评价,是满足人们自尊需要,激发人们奋力进取的重要手段。

(2) 参与激励与制度激励。这是指尊重员工、信任员工,让他们了解项目组织的真实情况,使其在不同层次和深度上参与决策,从而激发主人翁的精神。项目组织的各项规章制度,一般都是与物质利益相联系,因此对员工消极行为也是个约束。但规章制度又为员工提供了行为规范和评价的标准。员工遵守规章制度的情况,还与自我肯定、组织舆论等相联系,所以其激励作用是综合的。

(3) 目标激励与环境激励。目标激励是项目组织凝聚力的核心,体现了员工工作的意义,能够在理想和信念的层次上激励全体团队员工。一个良好的工作和生活环境,一方面直接满足了员工的某些需要,另一方面良好的环境可以形成一定的压力,这对推动员工努力工作,也具有很强的压力和激励作用。

(4)榜样激励与感情激励。榜样激励是通过满足项目员工的模仿和学习的需要,引导其行为达到项目组织目标所期望的方向。感情激励是利用感情因素对人的工作积极性造成重大影响。感情激励就是加强与员工的沟通,尊重员工,关心员工,与员工建立平等和亲切的感情。

三、项目团队建设

1. 项目团队建设的目标

项目团队不同于一般的群体或组织,它是为实现项目目标而成立的,是一种按照团队模式开展项目工作的组织,是项目人力资源的聚集体。项目团队特指一组相互信任、相互依赖、齐心协力、共同合作、一起工作的团队成员所构成的一个整体。项目团队建设的目标包括以下几个方面。

(1)团队成员对项目目标的清晰理解。为使项目团队工作卓有成效,在项目团队的建设中,首先要高度明确项目的工作范围、质量标准、预算和进度计划,要使每个团队成员对要实现的项目目标有清晰明确的理解,要使每个团队成员对项目的结果以及由此带来的益处有共同的认识和期望。

(2)团队成员清楚自己的角色和职责。有效的项目团队需要团队成员参与制定项目计划,并使他们知道怎样能够将他们的工作与项目目标结合起来。团队成员应尊重和重视彼此的知识与技能,并且能够相互肯定各自为实现项目目标所付出的劳动,从而使项目团队每位成员都能承担起责任,完成所承担的任务。

(3)团队成员都要为实现项目目标而努力。有效的项目团队每位成员都强烈希望为实现项目的目标而付出自己的努力。项目团队成员乐于为项目成功付出必要的时间和努力,乐于为项目的成功努力做出贡献。例如,为使项目按计划进行,必要时团队成员愿意加班,愿意牺牲周末或午餐时间来完成工作。

(4)团队成员之间高度合作与互助。有效的项目团队通常能够进行开放、坦诚且及时的沟通。团队成员愿意交流信息、思想、想法及感情。他们乐于给予其他成员帮助,他们希望看到其他团队成员的成功,他们能相互提供并彼此接受各种反馈及建议性的批评和意见。

(5)团队成员之间高度相互信任。有效的项目团队中,团队成员相互理解、相互信任并相互依赖。项目团队中的每个成员都是项目成功的重要因素,每个成员都可以相信其他人所做的和所想的事情都是在为项目的成功而努力,而且都会按照标准要求完成他们的任务。项目团队成员相互关心,并承认彼此存在的差异,每个成员就会感到自我的存在,从而构成一个好的项目团队。

2. 项目团队冲突的处理

多数人认为冲突是一件坏事,应尽量避免。然而,冲突是必然存在的,有各种不同意见是正常的,甚至有时冲突对项目团队的建设是有益的。在项目团队中试图压制冲突是一种错误的做法,因为冲突有利的一面能让人们有机会获得新的想法和逼迫人们另辟蹊径从而制定出更好的问题解决方案。

(1)冲突的原因。项目工作中的几种主要冲突来源包括：工作内容方面的冲突（关于如何完成工作、要做多少工作或工作以怎样的标准完成方面的不同意见所导致的冲突），资源分配方面的冲突（由于分配给项目团队某个成员或某个群体的资源数量和质量而产生的冲突），进度计划方面的冲突（由于对完成工作的次序或所需时间长短的不同意见而引发的冲突），预算或成本方面的冲突（由于项目所需预算或成本的多少而产生的冲突），项目组织方面的冲突（由于各种组织问题而导致的冲突，特别是在项目团队的震荡阶段，由于缺乏沟通或未能及时做出决策而产生这类冲突），个体差异造成的冲突（由于项目团队成员在个人价值观或行为方面的差异以及相互缺乏理解而产生的冲突）。

(2)冲突的处理。项目团队中的冲突不能完全靠项目经理来处理和解决，团队成员间的冲突应该由相关项目团队成员来处理和解决。处理冲突的主要方法有五种：一是回避或撤退，回避或撤退的方法使那些卷入冲突的成员撤出以避免发生冲突升级而形成对抗；二是竞争或逼迫，竞争或逼迫的方法是一种单赢的冲突解决方法，这种方法认为在冲突中获胜是解决冲突的最好办法，人们甚至会使用各种手段来处理冲突；三是调停或消除，这一方法是尽力在冲突双方中找出一致的方面，忽视差异的方面，从而消除冲突，这种方法只能缓和冲突但不能彻底解决冲突；四是妥协与合作，这种方法要求冲突的团队成员寻求一个折中的解决方案，使每个成员得到某种程度的满意，从而消除冲突和共同合作；五是正视冲突和解决问题，这要求团队成员直接正视问题，努力寻求一种双赢的结局，要求以积极的态度对待冲突并就冲突广泛交换意见，尽力找出最好和最全面的冲突解决方案。

3. 项目团队问题的解决

项目团队问题的解决方法一般步骤如下：

(1)对问题做出描述与说明。项目团队首先要对遇到的问题做出界定和说明，明确问题的性质和内容。这种界定和说明会使得参加解决问题的团队成员对问题的本质形成一致意见。对问题的说明要尽可能具体和确切。

(2)找出造成问题的原因。一切已经或正在发生的问题都会有许多原因，特别是管理或技术问题更是如此。在解决问题的初期阶段，项目团队常常忙于应付问题而顾不上研究问题的原因。但是要解决问题就需要多方面收集信息，通过分析找出问题本质，找出造成问题原因，以便从根本上解决问题。

(3)确定解决问题的方案。在找出问题原因的基础上，项目团队要努力提出各种解决问题的可行方案。然后要建立可行性方案评估的标准，并用标准对每个可行方案进行评估。最后依据评估结果确定解决问题的最佳方案。

(4)制订解决问题的工作计划。有了解决问题的满意方案以后就必须为实施这一方案制定具体的计划，这种计划必须要明确：具体任务，成本费用和工期，所需的人员和资源，负责实施的项目团队成员等要素。要注意解决问题的计划一定要和项目全面计划有机地结合起来，防止一个问题没解决，却引起了其他问题。

(5)实施问题解决方案。在选定解决问题的最佳或满意方案并编制出解决问题的工作计划以后，就可以安排相应的团队成员去实施解决问题的方案了。在实施的过程中，要组织好各种资源，安排好各方面的工作，并合理地分工合作，以便使问题彻底得到解决。

（6）判断问题是否得以解决。方案实施以后，还必须判断问题是否得到真正的解决。项目团队需要用到第一步中对于问题的界定与说明，把实施解决问题方案的结果同问题界定与说明所描述的情况相比较。如果已经没有原来界定和描述的问题症状和情况，就可以判定问题已经解决了。

▶ **考核知识点**

考核知识点	类别	内容
人力资源管理的概念	重点	人力资源的基本特点
		人力资源管理的形成与发展
		项目人力资源管理的内容
	难点	人力资源的概念
项目组织的规划与设计	重点	项目组织规划与设计的内容
		工作设计的概念
	难点	职务与岗位分析
项目人员的获得与配备	重点	人员招聘的工作程序
		人员招聘的方式
		人员选拔的过程
	难点	人员配备的原则
员工的发展与团队建设	重点	项目员工培训
		项目员工培训的方式
		员工激励
		员工激励的手段
	难点	组织绩效考评
		项目冲突的处理

▶ **同步综合训练**

一、名词解释

1. 人力资源。

2. 职务与岗位分析。

3. 人员招聘。

二、简答题

1. 简述人力资源的基本特点。

2. 简述项目人力资源管理的内容。

3. 简述人员选拔过程。

三、论述题

如何进行项目组织绩效考评？

第九章 项目人力资源管理

> **参考答案**

一、名词解释

1. 人力资源管理将"人力"看成为一种资源,首先肯定了"人力"作为资源创造财富的本性,同时表明了"人力"这种资源的稀缺性。

2. 职务与岗位分析也称为职位分析,它是通过分析和研究来确定项目组织中各个管理职务的角色、任务、职责等内容的一种专门的项目组织规划与设计工作。职务与岗位分析的结果最终形成了一系列有关项目组织职务或岗位的工作描述和任职要求说明等文件。

3. 人员招聘是项目人力资源管理的一个重要环节,其主要任务是采取内部和外部招聘的方式,运用各种各样的方法和手段使项目组织获得足够的、高质量的人力资源。

二、简答题

1. 简述人力资源的基本特点。

答:(1)能动性。

(2)再生性。

(3)智能性。

(4)社会性。

2. 简述项目人力资源管理的内容。

答:(1)项目组织规划。

(2)项目人员的获得与配备。

(3)项目组织成员的开发。

(4)项目团队建设。

3. 简述人员选拔过程。

答:(1)资格审查与初选。

(2)测试。

(3)面试。

(4)全面评估。

(5)人员甄选。

三、论述题

如何进行项目组织绩效考评?

答:项目组织的绩效考评是按照一定的标准,采用科学方法,检查和评定项目员工对职务或岗位所规定职责的履行程度,以确定其工作成绩的一种管理方法。绩效考评是以项目员工的工作业绩为考评对象,通过对项目员工工作的评价,判断其是否称职,并以此作为采取激励措施的依据和项目人力资源管理活动的基本依据。

在绩效评估中必须遵循以下三项原则。第一是公开原则。项目组织要公开绩效考评的目标、标准、方法、程序和结果,并应该接受来自各方面人员的参与和监督。第二是客观与公正原则。在制定绩效考评标准时应该客观和公正,通过定量和定性相结合的方法,建立科学的绩效考评标准体系,以减少矛盾和维护项目团队的团结。第三是多渠道、多层次和全方位考评的原则。在进行绩效考评时,应该多收集信息,建立多渠道、多层次、全方位考评体系。

绩效评估的基本内容包括三个方面。一是工作业绩考评。这是员工绩效考评的核心，其结果反映了员工对项目的贡献大小，工作业绩考评主要的内容有：工作量的大小、工作效果的好坏、对部下的领导作用（管理者）以及在通过改进与提高而获得的创造性成果。二是工作能力评价。这一评价的结果反映了员工完成项目工作的能力，工作能力评价包括基本能力、业务能力和素质的评价，其中素质评价主要是对员工适应性的考察和评价。三是工作态度评价。这一评价的结果反映了员工对项目工作的认真程度和积极性，其内容主要包括工作积极性、遵纪守法自觉性、对待本职工作态度和对项目组织与其他成员的热情、责任感等几个方面。

绩效考评的主要方法有四种：评分表法、工作标准法、排序法和描述法。

第十章 项目沟通管理

▶ **本章知识要点概述**

要求学员在学习本章后,能够熟练掌握有关项目沟通的特定方法和技术,项目沟通管理计划的编制以及项目沟通管理的具体实施工作内容。

第一节 沟通的概念、过程、要素及原则

一、沟通的概念

有关沟通的基本概念包括如下几个方面。

1. 沟通就是相互理解

沟通的首要的问题是双方是否能够相互理解,沟通双方是否真正能够理解相互传递的信息和含义,相互理解各自表达的思想和感情,相互理解字里行间或话里话外的真实意思。

2. 沟通是提出和回应问题与要求

沟通的双方总是向对方提出各种各样的问题和要求,一方总是希望另一方变成某种角色或做某件事情,或者相信某样东西和回答某个问题;另一方则会要求为此获得一定的回报。沟通就是双方关注、理解对方的问题和要求,然后做出回应的过程。

3. 沟通交换的是信息和思想

沟通过程中交换的主要是信息和思想。其中,信息是描述具体事物特性的数据,是支持决策的有用消息;思想是一个人的感情和想法,包括期望、要求、命令等。

4. 沟通是一种有意识的行为

沟通是一种有意识的行为,在许多情况下它受主观意志的支配,所以沟通的效果在很大程度上受到双方主观意愿和情绪的影响。人们倾向于倾听那些想听的话,而不愿听那些不想听或有威胁的话,所以在沟通过程中,主观意识会造成沟通障碍从而使沟通失效。

二、沟通的过程

任何沟通都必须有沟通的主体和渠道,信息的发送者(或叫信息源)和信息的接收者(或叫信息终点)是沟通的主体。沟通的双方在沟通过程中需要通过一定的渠道,按照下述步骤实现信息的交换和思想的交流(见图10-1)。

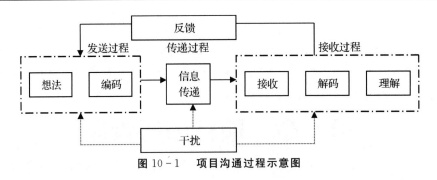

图 10－1　项目沟通过程示意图

1．确定想法

沟通过程中的信息发送者首先要确定沟通的信息内容和思想想法,这些是沟通过程中要努力使对方接受和理解的东西,是实际要发出的信息或思想的核心内容。但是这些真实的想法和信息并不是直接发送出去的,它们是原材料,还需要经过编码进行加工处理。

2．编码

编码(encoding)是指信息发送者根据信息接收者的个性、知识水平和理解能力等因素,努力设法找到一种信息接收方能够理解的语言和表达方式,将自己要发送的信息或想法进行加工处理的工作。只有完成了编码工作以后,信息发送者才能够把自己的信息或思想发送或传递出去。

3．选择渠道

信息发送者在完成信息编码以后还需要选择合适的沟通渠道(或叫信息传递渠道),以便将信息通过该渠道传递到信息接收者手中。沟通渠道的选择要根据所传递信息的特性、信息接收者的具体情况和沟通渠道的噪音干扰等情况来确定。特别是要考虑信息渠道是否畅通、是否噪声干扰过大、是否有利于信息反馈等方面的因素。

4．传送信息

在选定沟通渠道以后就可以使用选定的渠道将信息传送给信息接收者了。信息的传送过程有时是由机器设备来完成的,有时是人们面对面谈话实现的。一般情况下,电子信息的传送靠各种信息网络,书面信息的传送可以通过邮局或快递公司,而思想信息的传送多数是以面谈的形式完成的。

5．接收信息

信息从发送者手中转到了信息接收者一方,并被信息接收者所接受。在这一步骤中,信息的接收者必须全面关注并认真接收对方送来的信息,特别是在面对面的沟通过程中,仔细倾听对方的讲述,全面接受对方用口头语言和肢体语言传递的信息是非常重要的。

6．解码

解码(decoding)是指信息的接收者对已经接收到的信息进行从初始形式转化为可以理解形式的一项信息加工工作。比如,将各种机器码转换成自然语言的过程,将外语翻译成中文的过程,将方言或者暗语、手势转化成能够理解的语言的过程都属于解码的过程。

7. 理解

理解是指通过汇总、整理和推理的过程，全面理解那些已经完成解码的信息或数据所表示的思想和要求。例如，全面认识一件事物的特性（信息传递），真正知道对方的意图和想法（交换思想），完全明白对方的想法和感情（感情交流）等。

8. 反馈

反馈是指信息接收者在对信息发送者提供的信息有疑问、有不清楚的地方，有回应或者是为了回应对方而做出的回馈，这是一种反向的信息沟通过程。反馈是沟通过程中必不可少的一个环节，因为它有助于人们的相互理解，而只有相互理解才能够使沟通继续下去。

三、沟通的基本原则

1. 准确性原则

信息沟通的准确性原则包括两个方面，一是沟通中所传递的信息本身必须是准确的信息，而不能是似是而非、模棱两可的信息；二是信息沟通中所使用的语言和信息传递方式能被接收者所理解，使对方能够获得准确的信息。

2. 完整性原则

沟通中的完整性原则也包括两个方面，一是信息的完备性，二是沟通的完全性。信息的完备性是指沟通过程中所传递的信息应该是基本完备的，不能够留下很大的信息缺口，那样会使对方难以理解从而出现沟通障碍。

3. 及时性原则

在项目沟通的过程中，不论是项目主管人员向下沟通还是下级或团队成员向上沟通，以及项目团队各职能机构或小组之间的横向沟通，在保证沟通准确性和完整性原则的基础上还必须要保证沟通的及时性。

4. 充分运用非正式组织沟通的原则

这一沟通原则是指当项目主管人员不便使用正式（官方）项目组织的沟通渠道时，可以使用非正式组织的（非官方）沟通渠道来补充正式组织信息沟通渠道的不足，因为有时使用非正式沟通渠道会产生更好的沟通效果。

四、影响组织沟通效果的因素

项目组织的沟通效果受许多因素的影响，项目管理者必须努力消除这些因素以保证组织信息沟通的通畅和有效。研究表明有六个因素会影响项目组织的沟通效果。

1. 信息发送者

项目组织沟通的起点是信息发送者，信息发送的质量直接影响到项目沟通的效果，而且是影响最大的因素。如果信息的发送者在沟通能力和技巧方面存在问题，不能够按照项目管理所需的信息沟通原则去传递信息就会破坏项目组织的信息沟通效果和质量。

2. 信息接收者

信息的接收者(或叫受众)是影响项目信息沟通的另一个重要的因素,这些因素包括信息接收者的接受能力、理解能力、价值观和目标指向等。

3. 沟通环境

影响信息沟通效果的第三个重要因素是信息沟通的环境条件。如果沟通环境存在问题就会直接影响沟通的效果,甚至使整个沟通完全失效。

4. 信息资源

在项目组织的沟通中,传递和交流的是信息,如果信息资源本身存在缺陷,肯定会破坏信息沟通的最终效果。根据信息沟通的原理,如果沟通中传递的信息本身是垃圾,那么怎样沟通都无法实现预期的沟通效果和目的。因此在项目组织的沟通中,管理者首先必须明确组织的信息需求、团队成员能够接受哪种形式的信息等方面的问题。

5. 沟通方式与渠道

信息沟通方式与渠道是影响沟通效果的另一个因素。项目管理者应该明确采用何种沟通方式与渠道能最有效地把信息传递给项目团队的每一位信息接收者。通常,沟通渠道与沟通方式有关,在项目沟通中采取的沟通方式主要有口头沟通、书面沟通和其他形式的沟通。项目组织必需根据需要选择一定的沟通方式,然后再根据沟通方式选择相应的沟通渠道。

6. 反馈与回应

沟通是一个过程,一个信息传到信息接收者之后会引起各种各样的反馈或回应,这些反馈或回应又会产生进一步的信息沟通。

第二节 项目沟通的方法和技巧

一、项目沟通中信息发布的方法与技巧

在项目沟通中最普遍使用的沟通方法有四种:口头沟通、书面沟通、非言语沟通和电子媒介沟通。

1. 口头沟通方法与技巧

口头沟通可以是面对面的,也可以是通过电话或会议的方式。口头沟通可以以一种更准确和便捷的方式传递和获取信息。这种沟通方法为讨论问题、澄清问题、理解和即刻反馈提供了方便。

2. 书面沟通方法与技巧

书面沟通一般是指运用书面文件和信函的形式去传递信息,这包括在项目团队内部使用报告、报表等方式的沟通,在项目团队与项目客户/业主之间使用备忘录、信函等方式的沟通等。项目的报告、报表、备忘录和信件等均可以使用纸张、硬盘、软盘等做载体。

3. 非语言沟通方法与技巧

在项目沟通中有一些极有意义的沟通方式既非口头沟通形式,也不是书面沟通形式,而是以非语言沟通的形式出现的。

(1)身体语言。身体语言包括手势、面部表情和其他身体动作。

(2)语调。语调指的是信息发送者在传递信息过程中,对某些方面、某些词汇或短语的强调和弱化所传递各种信息。

4. 电子媒介沟通的方法与技巧

除了极为常见的电子邮件之外,我们还使用多种通过电子媒介和信息网络进行沟通的方法。各种各样的新型电子、计算机通信和网络、通信设备与设施,使项目管理利用了大量的电子媒介进行沟通。

二、项目沟通中信息接收的方法与技巧

信息沟通的核心不是语言,而是相互理解,不仅需要理解对方还需要被对方所理解。因此,项目沟通中信息接收的方法和技巧显得尤为重要,项目沟通要充分理解对方,最有效的方法和技巧是聆听技术。

1. 人们在聆听时常会出现的问题

在项目团队中有许多人是专业技术人员,他们在沟通能力和技巧的训练方面存在一定的差距,常常会出现各种聆听方面的问题。在这方面最主要的问题有:

(1)被动地聆听。你想听清和听全对方说的话,也在努力地听,但是速度就是跟不上对方的讲话,这会使你听了半天也漫无头绪,听到的各种信息处于无序状态。厌烦情绪随之产生了。这就是被动地聆听,它会漏掉许多重要的信息。

(2)注意力分散。在聆听过程中注意力分散也是一个经常发生的问题。例如,在回电话或读文件时有人插进来跟你讲话,当聆听别人讲话时身旁有人经过或窗外发生事情也会分散注意力。在注意力分散的情况下聆听也会出现信息丢失问题。

(3)偏见和固执。在聆听对方之前就已经有了自己的偏见,而且不愿意改变这种偏见也是聆听中常见的问题之一。如果只听想听的观点而拒绝不同意的事物,这是一种选择性聆听。

(4)过早下结论。如果在讲话的人还没结束时就开始下结论,那么就无法静下心来听完事情的全貌或所有事实。如果对方尚未全部讲完就下结论,往往会曲解和断章取义。这些也是聆听中常发生的一种问题。

2. 提高聆听和接收信息效率的技巧

(1)使用目光接触。当你在说话时对方却不看你,你的感觉如何?大多数人将其解释为冷漠和不感兴趣。你在用耳朵倾听,他人却通过观察你的眼神来判断你是否在倾听。沟通双方进行目光接触可以使双方集中精力并鼓励说话和聆听的人去实现有效的沟通。

(2)展现赞许性的表示。有效的聆听者会对所听到的信息表现出兴趣。这可以通过非言语信号表示,如赞许性的点头、恰当的面部表情与积极的目光接触等,以便向说话的人表

明你在认真聆听,而且明白对方的真实含义,并乐意进一步听对方把话讲完。

(3)避免分心的举动或手势。表现出对对方的讲话感兴趣的另一做法是避免使用那些表明一定思想和感情的举动或手势。在聆听时,注意不要有看表、翻阅文件、拿笔乱写乱画等举动,因为这会使对方感觉到你很厌烦或不感兴趣。

(4)提问。好的聆听者会分析自己所听到的内容,并适时地向对方提出问题。这一行为不但向对方提供了反馈,而且更好地保证对对方所谈内容的理解,这也使对方知道你在倾听,而且知道你聆听和理解的程度。

(5)复述。复述是指用自己的话重述对方所说的内容。有效的聆听者常常会重述对方说过的话,这有两个用处:一是用自己的语言复述对方所说的内容可以检验自己理解的准确性,二是核查聆听的效果,如果你在走神或思考其他问题,肯定不能精确地复述出完整内容。

(6)避免随便打断对方。在你做出反应之前应该先让对方讲完自己的想法,至少使对方讲出一个完整的部分。在对方讲话中不要去猜测他的想法,更不要随便打断他,在他讲完以后你就会知道他的完整想法和意思了。

(7)多听少说。大多数人乐于畅谈自己的想法而不愿意聆听他人说话。很多人之所以聆听仅仅是因为这样才能让别人听自己说话。尽管说话可能更有趣而沉默使人不舒服,但我们不可能同时做到听和说这两件事。一个好的沟通者要知道这个道理并坚持少说多听。

(8)听者与说者角色的顺利转换。在报告厅里听讲的学生比较容易在头脑中形成一个有效的倾听结构,因为此时的沟通完全是单向的,教师在说而学生在听。但在大多数项目工作中,听者与说者的角色是不断转换的。有效的倾听者能够十分流畅地实现从说者到听者,再从听者回到说者的角色转换。

第三节 项目沟通中的障碍

一、项目沟通的主要障碍

1. 沟通时机选择不当

在进行沟通之前要计划好沟通的时间和机会,这包括发送信息、预计对方接收的时间和机会。因为时机选择不当可能使沟通没有效果或产生不利后果。

2. 信息不完备

除了沟通时机以外,在很多情况下信息不完备是直接影响沟通效果主要障碍之一。虽然过多的信息冗余并不会产生好的沟通效果,但是信息不完备是最大障碍,所以在沟通之前必须明确沟通内容和目的,努力提供全面、准确、完整的信息。

3. 噪声干扰

噪声指的是信息传递过程中的各种干扰因素。典型的噪声包括难以辨认的字迹,电话中的静电干扰,接受者的注意力转移,沟通过程中的背景噪声等。

4. 虚饰

虚饰是指故意操纵信息，使信息显得对接收者更为有利。虚饰的程度与组织层级和组织文化等因素有关。在组织中纵向层次越多，虚饰的机会也越多，在组织文化中鼓励或抑制虚饰行为会使虚饰行为增多或减少。

5. 语言与词汇问题

同样的语言和词汇对不同的人来说含义是不一样的，不同的年龄、教育和文化背景会影响对词汇和语言的理解。一个项目组织中的专业技术人员、管理人员和熟练工在专业术语和词汇的理解上会有很大不同，这些都会成为项目沟通的障碍。

6. 非言语信号的问题

非言语沟通几乎总是与口头沟通相伴的，当二者协调一致时会彼此强化，但是当二者不一致时会使信息接收者感到迷茫。

二、克服项目沟通障碍的方法

1. 充分运用反馈

很多项目沟通问题是误解造成的，如果项目管理者在沟通过程中正确使用反馈，就会减少沟通障碍。反馈可以是言语的，也可以是非言语的。反馈不仅包括回应还包括直接提问和对信息进行概括等，有时行动比语言提供的反馈更为明确。

2. 驾驭语言与词汇

由于语言和词汇可能成为沟通障碍，因此项目管理者在编码和组织信息时应该适当地选择语言和措辞，以使信息清楚明确和易于理解。有效的沟通不仅是信息发送和接收，还需要对信息进行充分理解，所以项目管理者要很好地驾驭语言，并注意使用与接收者接受能力一致的词汇，以提高理解效果。要使用所有项目团队成员都能理解的话以克服沟通障碍。

3. 积极使用非言语提示

研究沟通管理的学者认为，非语言沟通比语言沟通更重要，因为在沟通过程中人们很注意对方的行动和表情。在项目沟通中要积极使用非语言沟通的提示，并要确保它们和语言相匹配，以起到强化语言沟通的作用。项目管理者必须克服因情绪驱使造成非语言提示与所要传递的信息不一致的问题，因为这会造成信息的失真或沟通受阻。

第四节 项目沟通计划

一、编制项目沟通计划前的准备工作

在编制项目沟通计划之前，首先要完成收集信息和加工处理信息的工作。

1. 收集信息

信息收集是编制项目沟通计划的第一步，也是进行项目沟通管理决策的前提条件。没

有相关的信息就无法编制项目沟通计划。因此,在编制项目沟通计划之前应该首先收集有关的各种信息。这主要包括:

(1)项目沟通内容方面的信息。这是通过对项目相关利益者的信息需求调查而获得的一类信息。从项目组织的角度而言,这包括项目团队内部"上情下达"和"下情上传"两个方面的信息需求;项目团队与外部环境及其他项目相关利益者之间的"外情内达"和"内情外达"两个方面的信息需求;以及项目团队内部各个职能组织和群体之间的"左情右达"、"右情左达"方面的信息需求。在编制项目沟通计划之前必须全面收集这些方面的信息,以便项目沟通计划能够满足项目组织的信息需求。

(2)项目沟通方法和手段方面的信息。在收集项目沟通信息的同时还需要收集有关项目沟通方式、方法、手段和渠道等方面的信息。这包括:哪些信息需求需要使用口头沟通的方式去满足,哪些需要使用书面沟通的方式去满足,哪些需要使用面谈或会议的方法,哪些需要使用书面报告和报表的方法,哪些需要使用电子信息工具,以及需要哪些信息沟通渠道和媒介等等。这些信息必须收集齐全才能够制定出可行的项目沟通计划。

(3)项目沟通时间和频率方面的信息。在明确了项目组织的信息需求和沟通手段要求之后,还必须确定信息沟通的具体时间要求和频率。其中,沟通时间要求是指一次沟通持续的时间长短(如一次会议开多长时间),沟通频率则是指同一种沟通多长时间间隔进行一次(如各种报表是一季度一次还是一月一次)。因为信息都有时效性,所以这方面的信息对制定沟通计划同样十分必要。没有时间和频率的安排,项目沟通计划不能成为计划。

(4)项目信息来源与最终用户的信息。项目沟通计划的编制还需要有各种项目信息来源和最终用户方面的信息。这是有关谁是信息生成者,谁是信息发布者,以及谁是信息的接收者等方面的信息。对项目沟通计划而言,必须清楚地知道项目信息来源与最终用户方面的信息,因为信息来源涉及的是信息生成者和发布者的责任,而信息最终用户所涉及的是信息接收者的责任,包括接收、理解和使用信息的责任以及信息保密的责任等。

2.所获信息的加工处理

对收集到的信息进行加工和处理也是编制项目沟通计划的重要一环,而且只有经过加工处理后的信息才能作为编制项目沟通计划的有效信息使用。这种信息的加工处理需要遵循准确、系统和可靠的原则与要求。在对收集的各种信息进行加工处理时,要采用归纳、整理、汇总和其他必要的信息处理工作。同时,在信息加工与处理中如果发现有信息缺口或各种信息之间出现矛盾时,还要进一步追加调查和信息收集,以填补信息缺口。这是确保项目沟通计划编制所需信息准确性的一条可靠途径。

二、项目沟通需求的确定

项目沟通需求的确定是在信息收集与加工处理的基础上,对项目组织的信息需求做出的全面决策。项目沟通需求是项目全部相关利益者在项目实现过程中的信息需求。这包括项目业主/客户、项目团队、项目经理、项目供应商、项目所在社区等方面,需要了解项目的工期、进度、成本造价、环境影响、资源需求、预算控制、经费结算等方面的各种信息的全面需求。项目沟通需求涉及如下内容。

1. 项目组织管理方面的信息需求

这是有关项目团队组织、项目团队的上级组织和项目全部相关利益者关系等方面的组织信息需求。这包括有关组织结构、相互关系、主要责任与权利、主要的规章制度、主要的人力资源情况等方面的信息需求。

2. 项目内部管理方面的信息需求

这是有关项目团队内部开展管理中所需的各个方面信息,包括项目团队内部各种职能管理、各种资源的管理、各种工作过程的管理等方面的信息需求。

3. 项目技术方面的信息需求

这是有关项目技术工作及技术资料方面的信息需求,包括整个项目产出物的技术信息和资料、项目工作技术信息和资料,以及项目核心技术信息与资料等方面的技术信息需求。

4. 项目实施方面的信息需求

项目实施方面的信息是有关整个项目工期进度计划及其完成情况方面的信息需求,整个项目实际产出物质量和工作质量方面的信息需求,整个项目的资金与预算控制方面的信息需求等有关项目实施的情况的统计信息需求。

5. 项目与公众关系的信息需求

这包括两个方面的信息需求,一个是项目组织所需的各种公众信息(包括国家、地区以及当地社区的政治、经济、社会、风俗、文化等方面的信息),另一个是社会公众需要了解的项目信息(包括环保、项目带来的好处、项目的重要性等)。

三、项目沟通方式与方法的确定

一般来讲,影响项目选择沟通方式与方法的因素主要有以下几个方面。

1. 沟通需求的紧迫程度

项目的成功必须依靠大量的、不断更新的信息沟通,但是有些沟通要求时间紧迫,而有些可以暂缓。所以在确定沟通方式与方法时要充分考虑这一因素,对急迫的信息沟通需求要选用更为快捷的沟通方式。

2. 沟通方式与方法的有效性

采用什么样的方式方法最有助于满足项目沟通需要是确定项目沟通方式的关键因素之一。例如,会议沟通方式适合于研究和集体决策,公告的沟通方式适合于规章制度的发布或各种项目事务的通告。

3. 项目相关人员的能力和习惯

沟通方式与方法的选择还必须充分考虑项目参与者的经历、知识水平、接收与理解能力和在沟通方面的习惯做法。这包括现有的能力和习惯以及需要进行广泛的学习和培训来提高和改进的能力与习惯。

4. 项目本身的规模

如果项目的规模小、工作量不大、生命周期很短,一般可以选用现有人们习惯的和便于实施的沟通方式与方法；如果项目规模大、生命周期长就不能如此了，就需要采取一些先进有效的项目沟通方式和方法了。

四、项目沟通计划编制

一般而言，项目沟通计划编制的结果是一份项目沟通计划书。项目沟通计划书的内容一般还应该包括：

1. 信息的收集和归档格式的规定

项目沟通计划书要规定采用何种方法收集和存储沟通所需不同类型的信息，已经发布的信息经过更新和更正后如何进行反馈和传播，以及这些工作的程序等。

2. 信息发布格式与权限的规定

项目沟通计划书还要注明各种信息的流向、信息的最终用户和信息发布与使用权限，以及各种不同类型信息的发布方式等。项目信息发布格式与权限的要求和项目组织结构图所表述的权限、责任和汇报关系要一致。

3. 对所发布信息的规定和描述

项目沟通计划书还要对所发布信息进行必要的规定和描述，这包括所发布信息的格式、内容、详尽程度、信息的来源、信息生成时参考的文献、信息相关术语的定义、获得信息的方法、信息储存的要求等。

4. 更新或修订项目沟通管理计划的规定

项目沟通计划书还需要注明对更新与修订该计划书的规定，这包括根据项目需要更新项目沟通计划书的周期和内容，项目沟通计划书与项目集成计划的同步更新要求，以及更新和修订项目沟通计划的方法和程序。

5. 约束条件与假设前提条件

另外，项目沟通计划还应该包括两项内容：一是项目沟通计划的各种约束条件，二是项目沟通计划的假设前提条件。前者是在编制项目沟通计划时限制项目沟通的各种因素，后者是那些开展项目沟通的假定实际存在并作为制定计划依据的前提条件。通常在这些条件发生变化时应该修订和更新项目沟通计划。

第五节 项目报告

一、项目报告的分类

不管是项目的口头报告还是书面报告，各自都有按照不同分类标志的一系列分类。其中最为重要和最适用的分类如下。

1. 项目口头报告的分类

项目口头报告最为重要的分类是根据报告用途的分类，这种分类方法能够很好地区分

不同的口头报告,而且便于阐明报告中使用的沟通方法。根据用途划分的口头报告有如下三种:

(1)汇报性口头报告。这种口头报告的核心内容是汇报项目整体或某个部分的实际情况或发生的问题。这种口头报告一般采用"白描"的方法,只要将事情的本来面貌叙述清楚即可,不需要加入各种各样的分析和评论,因为这种报告的关键是说明事实而不是要说服对方或征得对方的认可。

(2)说服性口头报告。这种报告的目的是通过报告去证明一种观点、一个计划、一个方案或其他事情的正确性,并说服对方接受报告者提出的观点、计划或方案等。说服性口头报告中包括白描性的事实叙述,但主要是解释性和论证性的叙述。这种报告也需要跟随有书面报告说明结果和备忘。

(3)敲定性口头报告。这种报告的目的是通过报告去敲定一件事情,这是一种需要做出决策的口头报告。例如,敲定一件事情是做还是不做,敲定一个计划目标究竟是多大等。这种报告是一种请示或商量应该如何办理事情和解决问题的报告,因此报告者需要在报告过程中提出自己的意见、观点和建议,并说明相应的理由。在敲定性口头报告中白描性的事实叙述很少,解释性和论证性的叙述也不多,主要是询问性的叙述和说明,因为这种报告的关键是敲定事情和做出决策。

2. 项目书面报告的分类

项目书面报告的分类中,最为重要的有如下两种:

(1)按照书面报告的格式划分。按照书面报告的格式划分,又可以将书面报告划分成许多种类,但是最为基本的书面报告格式划分只有两类,书面报表和书面报告(狭义的书面报告)。其中,书面报表是项目沟通过程中使用最多的一种书面报告,它是以一种管理工程语言编写的书面报告。这种书面报告按照固定的报表格式和固定的报告期,分别报告项目的工期、质量、成本、安全等各种报告期中发生的情况和各种对比数据。书面报表通常可以单独报告,也可以与一定的说明性的书面报告一起报告,以分析和说明报表的一些细节和问题以及问题的原因。另外一种是书面报告,这是指与书面报表不同的、主要是使用文字说明事情或问题的狭义书面报告。它是以一种通用语言书写的书面报告,这种书面报告没有固定的报告格式,多数根据报告的问题和事情决定格式。这种书面报告有定期的和不定期的,而且也可以分别涉及项目的工期、质量、成本、安全等各种报告,但是这种书面报告着重讨论的不是事实数据,而是事实的说明和原因的分析。

(2)按照书面报告的用途划分。按照书面报告的用途划分也会有许多种项目书面报告种类,但是最为常用的是项目绩效报告和工作终结报告两类。其中,项目的绩效报告是在整个项目的实现过程中,按照一定的报告期给出的,有关项目各方面工作实际进展情况的报告。这是项目沟通管理最主要的内容,所以本章后面会对其做详细的讨论。另一个是项目工作终结报告,这是在项目或项目阶段结束之时对项目或项目阶段的工作总结。工作终结报告并不是项目绩效报告的累积,也不是对项目或项目阶段整个过程中发生事情的详尽描述,而是在项目或一个项目阶段结束时必须给出的一种文档,有关项目工作终结报告也会在本章的后面做详细的讨论。

二、项目绩效报告

项目的绩效报告是在整个项目实现过程中,按照一定的报告期给出有关项目各方面工作的实际进展情况的报告。项目绩效报告不是项目活动过程的描述报告,而是项目进展情况和结果的汇总报告。项目绩效报告既包括由项目团队成员向项目经理或项目管理者的报告,也包括由项目经理向项目业主/客户的报告,或由项目经理向项目组织的上层管理者的报告。项目绩效报告通常会有一个特定的期限,这叫做报告期。项目绩效报告的报告期可以是一周、一个月、一个季度或任何一个合适的周期。大多数绩效报告的内容只包括在报告期间发生的进展和结果,而不包括项目开始以来的累积进展情况。表 10-1 是一个项目绩效报告纲要的实例。

表 10-1 项目绩效报告内容纲要

自上次报告以来的绩效成果
项目实施的计划完成情况
成本
进度
质量
前期问题解决的情况
本期发生的问题
计划采取的改进措施
下一报告期要实现的目标

由表 10-1 可见,项目绩效报告中包含的细目主要有以下几点。

1. 自上次报告以来的绩效成果

这部分应该报告本报告期中已实现的关键项目目标,也可以包括项目的一些特定目标的完成(或没有完成)情况。

2. 项目实施的计划完成情况

这是有关项目成本、进度、质量和工作范围的实际完成情况的报告,以及实际完成情况与项目计划目标和标准所做的比较。

3. 前期问题解决的情况

如果前一期的项目绩效报告中曾经提出一些需要解决的项目问题,则在本期报告中应该给出解决的结果并应该说明原因,不管已经解决还是没解决都应该报告情况。

4. 本期发生的问题

这是有关本报告期所发生的现存问题报告,问题可以包括技术问题、进度问题、成本问题、人员问题和其他任何与项目相关的问题。

5. 计划采取的改进措施

这部分应详细说明在下一个报告期内为解决每一个问题所要采取的改进措施,它包括解释这些措施是否会使项目目标受到威胁等,以及项目管理和工作中所要采取的改进措施。

6. 下一报告期要达到的目标

这是有关下一个报告期预期目标的说明和规定。这些预期目标要与最新更新或修订的项目计划相一致。

三、工作终结报告

项目或项目阶段的工作终结报告包括以下几个方面的内容。

1. 项目业主/客户对项目或项目阶段的最初要求

这包括在项目定义阶段提出的各种项目业主/客户的期望与要求,以及项目团队对各项工作的期望和要求。

2. 项目或项目阶段最初确定的主要目标

这包括各种项目计划和合同书中所包括的项目或项目阶段的既定目标和具体目标值,以及这些目标的改动和修订情况。

3. 项目或项目阶段作业的简要描述

这包括对项目或项目阶段的任务、资源、进度、成本、质量等方面的简要描述,以及相关的约束条件和假设前提等方面的说明。

4. 项目或项目阶段结果和预期的对比

这包括项目或项目阶段成果所体现的各种实际利益,主要是项目对于业主或客户带来的实际利益,以及这些实际利益与项目定义阶段确定的预期利益之间的比较。

5. 项目或项目阶段目标的实现程度说明

这包括项目具体实现的结果与目标比较所实现的程度等方面的说明和比较分析。如果项目或项目阶段未能实现预期的目标需要对造成这种结果的原因做详细的说明。

6. 善后事宜的说明

这部分内容包括需要进一步解决的问题,为了维护、提高或扩大项目成果,项目业主/客户在将来应考虑采取的措施和应开展的活动等。

7. 提供给业主/客户的所有交付物说明

这是项目或项目阶段交付的项目产出物的描述,包括项目或项目阶段生成的设备、材料、软件、设施、技术等,以及相应的图纸、图样、技术说明书和报告等软件和它们的一览表。

8. 项目成果的最后测试数据

这包括对项目产出物的测试过程、测试参数、测试方法和测试结果等各方面的最后测试数据汇总。这些都是为项目业主/客户接收和使用项目而提供的。

9. 项目或项目阶段的经验与教训。

这主要是有关项目或项目阶段所犯错误或失误的经验总结,以及由此带来的各方面可吸取的教训说明。

四、项目报告的编写

在准备各种项目报告时都需要考虑下列原则,以便提供有用和有价值的项目信息。

1. 报告要简明

不要试图以报告长度来打动报告接收者,报告的长短不等于项目进展或完成的好坏。而且报告简明才会有更大的被阅读的机会,因此应尽量使各种项目报告简洁明了。

2. 报告内容和形式要保持一致

要保证报告内容与形式保持一致,就需要根据报告内容选用报告的格式和语言。在报告中要突出重点,尽量使用短句和容易理解的句子,使用简单的语言,让各类收听或阅读报告的人都能懂得。另外,口头报告时要有声有色,书面报告时要易读易懂。

3. 借助图表进行简要和充分的表达

图表是项目管理的工程语言,在项目报告中要充分使用,因为许多事物是用一般语言很难描述清楚的,或者至少是效果不佳。图表可以很好地说明问题,但是图表也不能弄得太烦琐,每张图表最好只讨论一个概念或问题。

4. 报告方式与报告接收者要相符

项目报告有对内的,有对外的,有为项目团队使用的,有为项目业主/客户服务的,因为报告接收者不同,所以报告的方式也要求有所不同,并且要求与报告接收者相符合。公开的报告应该是开放的、吸引人的,并以一种接收者容易理解的方式组织和报告。

五、项目报告与文件的管理和控制

在项目实现的过程中,除了项目报告外还有许多其他的文件也属于沟通管理的管理对象和范畴。这些可以由项目团队提供或管理,也可以由项目业主/客户提供和管理。项目报告和文件可以是文本、图样、表格、表列、手册、磁带、磁盘或软件等各种形式。

1. 项目报告与文件管理和控制的重要性

项目报告与文件的管理和控制是非常重要的项目沟通管理内容,因为在项目过程中这些报告和文件都可能会进行改动,而这种改动可能是项目客户或项目团队提出的变更造成的,所以必须记录、管理和控制这些修改。因为这直接涉及各方的利益和责任,所以项目报告和文件的管理与控制是涉及项目各方利益的重要管理与控制工作。

2. 项目报告与文件管理和控制的统一性

在项目的整个过程中,各种项目报告和文件的变更和修订必须贯彻统一性的原则。项目各种报告和文件的变更和修订应该结合起来集成完成。一个项目报告或文件的变更和修订会造成一系列项目报告和文件都需要更新和修订。同时,项目团队必须清楚哪些报告和文件是最新版本或正在使用的版本,并使用他们去开展工作。因此在项目每种报告和文件的页脚都应载有修订或变更日期、修订或变更序号、修订或变更人的姓名和签字。

3. 项目报告与文件管理和控制的及时性

项目报告和文件的修订和变更必须及时,而且更新或修订后的报告和文件必须及时发到项目团队成员或项目业主/客户手中。一旦项目报告和文件做了修改,最新的文件必须立即发送给那些工作受到更改影响的团队成员手中,并且要发放修订和更新的通知以说明对以前报告和文件所做的改动。如果一个项目报告和文件只是稍作修改,只需分发做了更改的部分,如果变更很大,那么就应该分发重新修订的报告和文件。

4. 项目报告与文件管理和控制的制度性

在项目早期就应该制定项目实施者和项目业主/客户之间、项目经理和项目团队之间关于项目报告和文件的修订和更新制度,并在项目实施中逐步健全这种制度。例如,如果变更的决定是以口头形式做出的,没有书面正式文件,那么就会给项目带来各种各样的问题,所以对此就必须有管理和控制制度。

第六节　项目会议沟通管理

项目沟通有许多种方式和方法,这些不同的沟通方式和方法都是项目沟通管理的对象和范畴。其中,项目会议沟通管理也是项目沟通管理的一个重要部分。

一、项目会议的类型

项目沟通中最常见的会议有三种:项目情况评审会议,项目问题解决会议和项目技术评审会议。项目沟通管理的一项重要内容就是开展对这些项目会议沟通的管理。

1. 项目情况评审会议

项目情况评审会议通常是由项目经理主持召开的,会议成员一般包括全部或部分项目团队成员以及项目业主/客户或项目上级管理人员。一般项目情况评审会议的议程和内容主要包括:自上次会议后所取得的成绩(明确已实现的项目目标和已完成的项目工作,对照检查前次会议决议的落实情况),各种计划指标的完成情况(项目工期、进度、成本、质量等计划的完成情况),项目各项工作存在的差异(项目实际工作和项目计划要求之间的各种差异,包括提前完成和未完成的两类差异),项目工作的发展变化趋势(项目向好的或不好的情况发展和变化的趋势都要明确讨论和给出),项目工作的发展结果预测(根据项目进展情况和发展趋势去分析预测项目最终情况和结果),各种需要采取的措施(解决所有已经找出的问题所需要采取的措施),下一步行动的计划安排(会议最终一定要确定出项目下一步具体的行动计划安排)。

2. 项目问题解决会议

项目问题解决会议是一种解决项目出现问题的紧急会议,这种会议的具体内容主要包括：描述和说明项目存在的问题（这是项目问题解决会议的首要议题），找出项目问题的原因和影响因素（由全体与会者共同分析并找出项目问题的原因和相关的影响因素以便解决问题），提出可行的问题解决方案（由全体与会者共同讨论并分析找出解决项目问题的各种可行的备选方案），评价并选定满意的问题解决方案（评价各个解决项目问题的可行方案并选出全部与会者满意的方案作为解决项目问题的实施方案），重新修订项目相关计划（这是一项可选择性的议程，如果要实施的项目问题解决方案涉及计划变更问题，就需要讨论和修订项目计划，反之不需要修订计划）。

3. 项目技术评审会议

项目技术初步评审会议，是在项目团队完成最初的项目概念说明和项目初步技术方案设计以后，所召开的对项目初步设计的技术评审会议。这种会议的目的是在项目开始之前或项目的初期，由项目业主/客户对项目的初步技术方案进行评审和确认。项目技术终审会议是在项目团队完成了项目的详细设计和说明，以及各种图纸和报告以后，所进行的最终技术设计评审会议，这种会议的目的是在项目团队开始项目实施之前，由项目业主/客户对最终技术方案进行评审和确认。

二、项目会议沟通的方法与技巧

在召开项目会议的过程中，项目管理者需要采取多种方法和技巧以管理会议和确保项目会议沟通的有效和成功，这包括会前、会中和会后的项目会议沟通管理。

1. 会前的管理

各种项目会议的会前管理主要是对项目会议准备工作的管理。项目会议准备工作是项目会议沟通成功的关键，在项目会议准备中必须管理和控制的方面有：首先要分析确定会议是否真正有必要（是否真有必要和是否还有更合适的方式），然后要确定项目会议的目的（明确项目会议究竟要交流哪些信息和实现哪些目标），其次要确定谁需要参加会议（分析会议设计的人员情况并确定参加者），一定要事先分发会议议程和通知（要事先将会议议程和通知分发给与会者），同时要准备和分发会议材料（同时要事先要准备好并分发会议的各种材料，这些材料常常能使会议讨论深入和集中，防止跑题和误解），提前安排会议场所（会议场所应该有足够空间，座位布置必须使所有与会者能看到彼此以促进参与，会议场所的墙上可以贴上项目计划、实际进展情况等图表以供与会者参考）。

2. 会议期间的管理

在项目会议期间的管理同样很重要，这方面的管理方法与技巧主要包括：保证按时开始会议（按时开会人们就会形成按时到会的习惯，反之人们就会形成迟到的习惯），指定会议记录者做会议记录（必须安排人做记录，会议记录应该简洁概括会议决议、行动细目、任务分派和预期完工日期等），要首先说明会议目的和议程（说明要简洁，不要长篇大论，否则会影响会议主题的讨论），积极掌握和控制会议（主持人要掌握和控制住会议进程，要让参加者紧扣主题讨论,并保持会议气氛活跃和能在预定时间内结束,要及时总结讨论并引导会议进入下一个议题),要在会议结束时总结会议成果(会议结束时要总结会议成果并确保与会者理解所有决策,避免产生误解)。

3. 会后的管理

一般在会后应尽快整理会议记录并在一定时间之内公告项目会议成果,下发项目会议纪要文件。项目会议纪要文件应该写明会议做出的决定并列出行动计划,包括谁负责、预计完工日期和预期的交付物等。同时,项目会议纪要也可以列出参加和缺席会议的人员。特别需要注意的是,应将会议纪要分发给所有被邀请参加会议的人,不管他们是否真正参加了会议。

▶ 考核知识点

考核知识点	类别	内容
沟通的概念、过程、要素及原则	重点	沟通的概念
		影响沟通效果的基本要素
	难点	沟通的过程
项目沟通的方法和技巧	重点	项目沟通中的主要方法
	难点	项目沟通中的主要技巧
项目沟通中的障碍	重点	项目沟通中的主要障碍
	难点	克服项目沟通障碍的方法
项目沟通计划	重点	项目沟通计划编制前的工作
		项目沟通计划的编制
项目报告	重点	项目报告的分类
		项目报告的编写
项目会议沟通的管理	重点	项目会议的类型
		项目会议沟通的方法与技巧

▶ 同步综合训练

一、名词解释

沟通。

二、简答题

1. 简述沟通的过程。
2. 简述沟通的基本原则。
3. 简述项目沟通的主要方法。
4. 简述沟通中的主要障碍。

三、论述题

如何克服项目沟通中的障碍?

▶ **参考答案**

一、名词解释

沟通就是相互理解,是提出和回应问题与要求,沟通交换的是信息和思想,沟通是一种有意识的行为。

二、简答题

1.简述沟通的过程。

答:(1)确定想法。

(2)编码。

(3)选择渠道。

(4)传送信息。

(5)接收信息。

(6)解码。

(7)理解。

(8)反馈。

2.简述沟通的基本原则。

答:(1)准确性原则。

(2)完整性原则。

(3)及时性原则。

(4)充分运用非正式组织沟通的原则。

3.简述项目沟通的主要方法。

答:在项目沟通中最普遍使用的沟通方法有四种:口头沟通、书面沟通、非言语沟通和电子媒介沟通。

4.简述沟通中的主要障碍。

答:(1)沟通时机选择不当。

(2)信息不完备。

(3)噪声干扰。

(4)虚饰。

(5)语言与词汇问题。

(6)非言语信号的问题。

三、论述题

如何克服项目沟通中的障碍?

答:(1)充分运用反馈。很多项目沟通问题是误解造成的,如果项目管理者在沟通过程中正确使用反馈就会减少沟通障碍。反馈可以是言语的,也可以是非言语的。反馈不仅仅包括回应还包括直接提问和对信息进行概括等,有时行动比语言提供的反馈更为明确。

(2)驾驭语言与词汇。由于语言和词汇可能成为沟通障碍,因此项目管理者在编码和组织信息时应该适当地选择语言和措辞,以使信息清楚明确和易于理解。有效的沟通不仅是信息发送和接收,而且需要对信息的充分理解,所以项目管理者要很好地驾驭语言,并注意使用与接收者接受能力一致的词汇,以提高理解效果。要使用所有项目团队成员都能理解的话以克服沟通障碍。

(3)积极使用非言语提示。研究沟通管理的学者认为,非语言沟通比语言沟通更重要,因为在沟通过程中人们很注意你的行动和表情。所以在项目沟通中要积极使用非语言沟通的提示,并要确保它们和语言相匹配,以起到强化语言沟通的作用。项目管理者必须克服因情绪驱使造成非语言提示与所要传递的信息不一致的问题,因为这会造成信息的失真或沟通受阻。

第十一章 项目风险管理

▶**本章知识要点概述**

要求学员在学习本章后,能够熟练掌握项目风险和项目风险管理的概念,项目风险产生的原因、分类,项目风险管理的原理和过程,项目风险识别和项目风险度量的方法和技术,项目风险应对措施、行动方案的制定,以及项目风险控制技术与方法等知识点。

第一节 项目风险和项目风险管理的概念

一、项目风险的概念

1. 项目风险的定义

一般认为,项目风险是指由于项目所处环境和条件本身的不确定性,以及项目业主/客户、项目组织或项目其他相关利益者主观上不能准确预见或控制的影响因素,项目的最终结果与当事者的期望产生背离,从而给当事者带来损失的可能性。

通常,人们对事物的认识可以划分为三种不同的状态,即拥有完备信息的状态、拥有不完备性信息的状态和完全没有信息的状态。三种不同的认识状态决定了人们的决策和当事者的期望。

(1)拥有完备性信息的状态。在这种状态下,人们知道某事物肯定会发生或者肯定不发生,而且人们还知道在该事物发生和不发生的情况下会带来的确切后果。一般人们将拥有这种特性的事物称为"确定性事件"。

(2)拥有不完备性信息的状态。在这种状态下,人们只知道某事物在一定条件下发生的概率(发生可能性),以及该事物发生后会出现的各种可能后果,但是并不确切地知道该事物究竟是否会发生和发生后事物的发展与变化结果。拥有这种特性的事物被称为"不确定性事件"或"风险性事件"。

(3)完全没有信息的状态。在这种状态下,人们对某事物发生的条件和概率都不知道,对该事物发生后会造成的后果也不清楚,对该事物的许多特性只有一些猜测。拥有这种特性的事物被称为"完全不确定性事件"。

第十一章 项目风险管理

2. 项目风险产生的原因

项目风险主要是不确定性事件造成的,而不确定事件又是信息不完备造成的,即人们无法充分认识一个项目未来的发展和变化造成的。从理论上说,项目信息不完备的情况能够通过人们的努力而改善,但是却无法完全消除。这主要是因为:

(1)人们的认识能力有限。从信息科学的角度上说,人们对事物认识的这种局限性,从根本上是人们获取数据和信息的能力有限性和客观事物发展变化的无限性这一矛盾造成的,这使得人们无法获得事物的完备信息。人们对项目的认识同样存在这种认识能力的限制问题,人们尚不能确切地预见项目的未来发展变化,从而形成了项目风险。

(2)信息本身的滞后性特性。从信息科学的理论出发,信息的不完备是绝对的,而信息的完备是相对的。造成这一客观规律的根本原因是信息本身的滞后性。由于数据加工需要一定的时间,所以任一事物的信息总会比该事物本身有一个滞后,从而形成了信息本身的滞后特性。

3. 项目风险的分类

项目风险可以按照不同的标志进行分类,通过分类可以进一步认识项目风险及其特性。但是从风险识别、度量和控制的角度来说,项目风险的分类方法及其关系如图 11-1 所示。

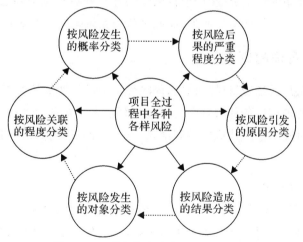

图 11-1　项目风险分类方法及其关系

项目风险分类的主要方法有按风险发生概率的分类方法、按风险引发原因的分类方法、按风险结果的分类方法、按风险关联程度的分类、按风险发生对象的分类方法等。分别使用这些项目风险分类方法可以更好地认识项目风险的特性。通常,这些分类方法之间是按图 11-1 中箭头指出的方向依次(或分层)进行分类的。

4. 项目风险的主要特性

由于项目本身的一次性、独特性和创新性等特性,所以项目风险也具有自己的特性。项目风险的主要特性如下:

(1)项目风险的随机性。项目风险的发生都是偶然的,没有人能够准确预言。虽然人们通过长期统计发现许多事物的发生和发生规律，但是这只是一种统计规律，即随机事件发生的规律。项目风险就具有这种随机的特性，所以项目风险存在着很大的偶然性。

(2) 项目风险的相对性。同样的项目风险对不同的项目和项目管理者会有不同的影响，因为人们承受风险的能力不同，人们认识风险的能力不同，项目收益的大小不同，投入资源的多少不同，项目主体地位的高低会不同，特别是项目风险大小和后果也不同，所以项目风险具有一定的相对性。

(3) 项目风险的渐进性。项目风险的渐进性是说绝大部分的项目风险不是突然爆发的（只有极小部分项目风险是由突发性事件引发的），是随着环境、条件和自身固有的规律一步一步逐渐发展而形成的。当项目的内外部条件逐步发生变化时，项目风险的大小和性质会随之发生发展和变化。

(4) 项目风险的阶段性。项目风险的阶段性是指项目风险的发展是分阶段的，而且这些阶段都有明确的界限、里程碑和风险征兆。通常，项目风险的发展有三个阶段：其一是潜在风险阶段，其二是风险发生阶段，其三是造成后果阶段。项目风险发展的阶段性为开展项目风险管理提供了前提条件。

(5) 项目风险的突变性。项目内外部条件的变化可能是渐进的，也可能是突变的。一般在项目的内部或外部条件发生突变时，项目风险的性质和后果也会随之发生突变。比如过去被认为是项目风险的事件会突然消失，而原来认为无风险的事件却突然发生了。

二、项目风险管理的概念

项目风险管理是指通过项目风险识别、风险界定和风险度量等工作去认识项目的风险，并以此为基础通过合理使用各种风险应对措施和管理方法对项目风险实行有效的控制，以及妥善地处理项目风险事件所造成的不利结果，以最少的成本保证项目总体目标的实现等管理工作。

1. 项目风险管理理论

按照有无预警信息，项目风险可以分成两种不同性质的风险，所以也有两种不同的项目风险管理理论。一种是针对无预警信息项目风险的管理方法和理论，由于这种风险很难提前识别和跟踪，所以难以进行事前控制。无预警信息项目风险的管理控制主要有两种方法：一是消减项目风险后果的方法，二是项目风险转移的方法（即通过购买保险等方式转移风险的方法）。项目风险管理的另一种理论是针对有预警信息项目风险的（绝大多数项目风险都属于这一类），对这类风险人们可以通过收集预警信息去识别和预测它，所以人们可以通过跟踪其发生和发展变化而采取各种措施控制这类项目风险。

2. 项目风险管理的方法

项目风险的潜在阶段、项目风险的发生阶段和风险后果阶段的主要控制方法分别如下：

(1) 项目风险潜在阶段的管理方法。一般而言，最大的项目灾难后果是由于在项目风险潜在阶段，人们对于项目风险的存在和发展一无所知。如果人们在项目风险潜在阶段就能够识别各种潜在的项目风险及其后果,并采取各种规避风险的办法就可以在一定程度上避免项目风险的发生。

(2)项目风险发生阶段的管理方法。在风险的发生阶段,如果人们能立即发现问题并找到解决问题的科学方法并积极解决风险问题,多数情况下是可以降低、甚至防止风险后果的出现,减少项目风险后果所带来的损失。

(3)项目风险后果阶段的管理方法。在这一阶段,人们可以采取消减风险后果的措施降低由于项目风险的发生和发展所造成的损失。人们不仅很难在风险潜在阶段预见项目的全部风险,也不可能在项目风险发生阶段全面解决各种各样的项目风险问题,所以总是会有一些项目风险最终进入项目风险后果阶段。在这一阶段人们仍可以采取各种各样的措施减少项目风险的损失,消除由于项目风险后果带来的影响,等等。如果采取措施得当,就会将项目风险的损失减到最少,将风险影响降到最小。不过到这一阶段人们能采用的风险管理措施就只有消减项目风险后果等被动方法了。

3. 项目风险管理主要工作和内容

项目风险管理工作的主要工作和内容包括如下几个方面:

(1)项目风险的识别。项目风险识别的主要任务是找出项目风险,识别引起项目风险的主要因素,并对项目风险后果做定性的估计。项目风险识别中最重要的原则是通过分析和因素分解,把比较复杂的事物分解成一系列要素,并找出这些要素对事物的影响、风险和大小。在识别项目风险时需要将一个综合性的项目风险问题首先分解成为许多具体的项目风险问题,再进一步分析找出形成项目风险的影响因素。在识别项目风险的影响因素时也需要使用分析和分解的原则,而且对项目风险后果的识别也仍然需要使用分析和分解的原则。在这种分析和分解的过程中,各种树形分析方法,如故障树、风险树等方法,就成了常用风险识别方法。项目风险识别在很大程度上还取决于项目决策者与风险分析者的知识与经验,因此,像德尔菲法、专家会议法、情景分析法这样一些"软科学"的方法都使用得较多。

(2)项目风险的度量。项目风险的度量是指对项目风险和项目风险后果所进行的评估和定量分析这样一项项目风险管理工作。项目风险度量的任务是对项目风险发生可能性大小和项目风险后果的严重程度等做出定量的估计或做出最新情况的统计分布描述。项目风险是一种不确定性,即存在着出现一定经济损失的可能性。人们之所以会冒一定风险去开展一个项目,就是因为项目风险可能发生,也可能不发生,因此,项目风险发生概率(P)是度量风险可能性的一个主要参数。其次,项目风险的大小同其风险后果的严重程度有关,所以项目风险后果严重程度(C,损失多少)也是度量项目风险大小的一个基本参数。因此,项目风险度量 R 就可看成项目发生概率 P 与项目风险后果严重程度 C 的函数,即有

$$R = f(P, C)$$

要估计项目风险可能性 P,就需要使用统计学的方法和一些主观估计等方法,因为有许多风险可能性的数据是要靠主观估计给定的。

(3)制定项目风险应对措施。确定项目风险的应对措施也是项目风险管理中一项非常

重要的工作。项目风险识别和度量的任务是确定项目风险大小及其后果,制定项目风险应对措施的任务是计划和安排对项目风险的控制活动方案。在制定项目风险应对措施的工作中,通常做项目风险成本与效益分析、效用分析、多因素分析和集成控制等方法。在制定项目风险应对措施时必须充分考虑项目风险损失和代价的关系。这里所说的"代价"是指为应对项目风险而进行的信息收集、调查研究、分析计算、科学实验和采取措施等一系列活动所花的费用。因此,一方面要设计好项目风险应对的措施,尽量减少风险应对措施的代价;另一方面,在制定项目风险应对措施时还必须要考虑风险应对措施可能带来的收益,并根据收益的大小决定是否需要付出一定量的代价去应对项目风险,避免出现得不偿失的情况。

(4)项目风险的控制。这是指根据项目风险识别、度量和制定的项目风险应对措施所开展的,对整个项目全过程中各种风险的控制工作。项目风险控制工作的具体内容包括:根据项目发展与变化的情况,不断地重新识别和界定项目的风险,不断地更新项目风险应对措施,不断地决策和实施项目风险应对措施,以最终确保项目目标的成功实现。确切地说,项目风险控制工作是一个动态的工作过程,在这一过程中项目风险管理的各项作业(包括项目风险识别、界定和项目风险应对措施的制定)是相互交叉和相互重叠开展和进行的。通常,在项目各个阶段都要开展项目风险控制,这种控制是以一种周而复始地、全面地开展项目风险识别、界定、应对措施制定和实施(项目风险应对措施的实施就是项目风险控制核心内容)的工作循环。

第二节 项目风险识别

一、项目风险识别的概念

项目风险识别是一项贯穿项目实施全过程的项目风险管理工作。这项工作的目标是识别和确定出项目究竟有哪些风险,这些项目风险究竟有哪些基本特性,这些项目风险可能会影响项目哪些方面,等等。

项目风险识别是项目风险管理的首要工作,主要工作内容包括如下几个方面。

1. 识别并确定项目有哪些潜在的风险

这是项目风险识别的第一项工作目标。因为只有先确定项目可能会遇到哪些风险,才能够进一步分析这些风险的性质和后果,所以在项目风险识别工作中首先要全面分析项目发展与变化中的各种可能性和风险,从而识别出项目潜在的各种风险并整理汇总成项目风险清单。

2. 识别引起这些风险的主要影响因素

这是项目风险识别的第二项工作目标。因为只有识别清楚各个项目风险的主要影响因素才能把握项目风险的发展变化规律,才有可能进一步对项目风险进行应对和控制。所以在项目风险识别活动中要全面分析各个项目风险的主要影响因素和它们对项目风险的影响方式、影响方向,影响力度等。

3. 识别项目风险可能引起的后果

这是项目风险识别的第三项工作目标。在识别出项目风险和项目风险主要影响因素以后,还必须全面分析项目风险可能带来的后果和后果严重程度。项目风险识别的根本目的就是要缩小和消除项目风险带来的不利后果,同时争取扩大项目风险可能带来的有利后果。

二、项目风险识别所需的信息和依据

项目风险识别依据的主要信息包括如下几个方面。

1. 项目产出物的描述

项目产出物的描述是项目风险识别的主要依据之一,因为项目风险识别最重要的内容是识别项目工作能否按时、按质、按量和按预算最终生成项目产出物,以实现项目的目标,所以项目风险识别首先要根据项目产出物的描述和要求,去识别出可能影响项目产出物质量的各种风险。

2. 项目的计划信息

这包括项目的集成计划和各种项目专项计划中所包含的全部信息和文件。这些信息有两方面的作用,一是作为项目风险识别的依据,二是作为项目风险识别的对象。

3. 历史资料

这是以前完成项目实际发生的各种意外事情(风险)的历史资料,它们对于识别新项目风险是非常重要的一种信息和依据。一般历史资料的来源包括:

(1) 历史项目的各种原始记录。这可以从实施历史项目的组织之处得到,人们一般都会保留历史项目的各种原始记录,这些原始记录对项目风险识别是非常有帮助的。

(2) 商业性历史项目信息资料。有许多项目管理咨询公司保留有大量的历史项目信息和统计资料,他们就是通过提供这些资料和开展相关经营活动而盈利的,所以通过这类商业性项目管理咨询公司可以获得项目风险识别所需的各种历史项目信息和资料。

(3) 历史项目团队成员的经验。参与历史项目的项目团队成员可能在脑子中保留许多历史项目所发生的事情或数据,这是一种思想型的历史项目信息。

三、项目风险识别的方法

项目风险识别的方法有很多,既有结构化方法也有非结构化方法,既有经验性方法也有系统性方法,但是使用最多的是如下几种方法。

1. 系统分解法

项目风险识别中最常用的一种方法是利用系统分解的原理将一个复杂的项目分解成比较简单和容易认识的子系统或系统元素,从而识别各子系统或系统要素造成的风险的方法。

比如,在投资建造一个化肥厂项目时,项目分析评价人员可以首先根据项目本身的特性,将项目风险分解为市场风险、投资风险、经营风险、技术风险、资源及原材料供应风险、环境污染风险等。然后还可以对这些项目风险再作进一步分解,例如,项目的市场风险又可以分解为三个方面:竞争风险(由于市场竞争而造成项目失败或亏损的风险)、替代风险(项目建成后可能出现替代产品而使项目蒙受损失的风险)、需求风险(项目建成后产品市场出现需求不足、需求下降和市场饱和,从而使项目蒙受损失的风险)。

2. 流程图法

项目流程图是给出一个项目的工作流程、项目各部分之间的相互关系等信息的图表,具体包括项目系统流程图、项目实施流程图和项目作业流程图等各种形式的和不同详细程度的项目流程图。流程图法就是使用这些流程图全面分析和识别项目风险的一种方法,这种方法的结构化程度比较高,对识别项目的系统风险和各种风险要素非常有用。

3. 头脑风暴法

对于风险识别来说,头脑风暴法是一种运用创造性思维、发散性思维和专家经验,通过会议的形式去分析和识别项目风险的方法。在使用这种方法识别项目风险时,要允许各方面的专家和分析人员畅所欲言,搜寻和发现项目的各种风险。使用这种方法时,组织者要善于提问并能及时整理项目风险分析的结果,并促使与会者不断发现和识别项目的各种风险和风险影响因素。一般使用这种方法可以回答下列问题:如果进行这个项目会遇到哪些风险?风险的后果危害程度如何?风险的主要成因是什么?风险事件的征兆有哪些?风险有哪些基本特性?等等。

4. 情景分析法

情景分析法,是通过对项目未来的某个状态或某种情况(情景)详细描述,并分析所描绘情景中的风险与风险要素,从而识别项目风险的一种方法。在项目风险分析与识别中需要有这样一种能够识别各种引发风险的关键因素以及它们的影响程度等问题的方法。情景(对于项目未来某种状态或情况)的描述可以用图表或曲线给出,也可以用文字给出。对于涉及因素较多、分析计算比较复杂的项目风险识别,情景分析法可以借助于计算机完成。这种方法一般需要:先给出项目情景描述,然后变动项目某个要素再分析变动后项目情况变化和可能的风险与风险后果等。情景分析法对下列项目风险识别工作特别有用。

(1)分析和识别项目风险的后果。通过情景描述与模拟,这种方法可以分析和识别项目风险发生后会出现的后果。这可用于提醒项目决策者注意采取风险控制措施以防止可能出现的项目风险和风险后果。

(2)分析和识别项目风险波及的范围。通过情景描述与模拟以及改变项目风险影响因素等方式,可以分析和识别项目风险发生所波及的项目范围,并给出需要进行监视跟踪和控制的项目风险范围。

(3)检验项目风险识别的结果。当各种项目风险识别的结果相互矛盾时,情景分析法可用于检验各种项目风险的可能性和发展方向与程度,并通过改变项目风险变量的情景模拟和分析可以检验项目风险识别的结果。

(4)研究某些关键因素对项目风险的影响。情景分析法可以通过筛选、监测和诊断三项工作,研究给出某些关键因素对项目风险的影响。在"筛选"中,依据某种项目程序中对潜在的风险、风险因素进行分类选择排序,并筛选出项目风险。在"监测"中,通过对某些风险模拟情景进行监测并根据风险发展变化找出影响风险的关键因素。在"诊断"中,通过对项目风险和项目风险影响因素分析诊断出风险起因、症状、后果以及风险与起因的关系,最终找出项目风险的起因。

图 11-2 是一个描述筛选、检测和诊断关系的项目风险识别元素图,它们由项目风险识别情景分析法中的三个过程,即疑因估计、仔细检查和征兆鉴别的过程构成。在筛选、监测和诊断三项工作中这三个过程的具体顺序如下：

筛选:仔细检查——→征兆鉴别——→疑因估计。
监测:疑因估计——→仔细检查——→征兆鉴别。
诊断:征兆鉴别——→疑因估计——→仔细检查。

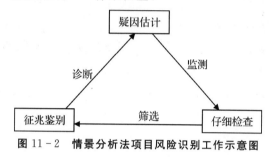

图 11-2 情景分析法项目风险识别工作示意图

四、项目风险识别的结果

通常,一个项目的风险识别结果主要包括以下几个方面。

1. 已识别出的项目风险

已经识别出的项目风险是项目风险识别最重要的结果,这可以列表给出,所以通常又将这种风险识别结果称为项目风险清单。该清单是由一列可能发生的风险事件构成,这些项目风险都是可能影响项目最终结果的可能事件。项目风险的列表要尽可能的容易理解和详尽。通常的项目风险包括:项目目标或项目需求的改变,项目设计错误、遗漏和误解,项目范围定义不清,项目团队成员角色和责任的理解有误,项目估算错误,缺少合格的团队成员,等等。对已识别项目风险的描述应该包括已识别项目风险发生概率的估计、风险可能影响的范围、项目风险发生的可能时间范围、项目风险事件可能带来的损失等。

2. 可能潜在的项目风险

可能潜在的项目风险是一些独立的项目风险事件,比如自然灾害、特殊团队成员的辞职等。可能潜在的项目风险与已识别的项目风险不同,它们是尚没有迹象表明将会发生,但却是人们可以想象到的一种主观判断性项目风险。

3. 项目风险的征兆

项目风险的征兆是指那些指示项目风险发展变化的现象或标志,所以又被称作项目风险触发器。

第三节 项目风险度量

一、项目风险度量的内涵

项目风险度量是对项目风险的影响和后果所进行的评价和估量。项目风险度量包括对项目风险发生可能性大小(概率大小)的评价和估量,对项目风险后果严重程度的评价和估量,对项目风险影响范围的评价和估量以及对项目风险发生时间的评价和估量等方面。项目风险度量的主要工作内容有以下几项。

1. 项目风险可能性的度量

项目风险度量的首要任务是分析和估计项目风险发生的概率,即项目风险可能性的大小。这是项目风险度量中最为重要的一项工作,因为一个项目风险的发生概率越高,造成项目损失的可能性就越大,对它的控制就应该越严格,所以在项目风险度量中首先要确定和分析项目风险可能性的大小。

2. 项目风险后果的度量

项目风险度量的第二项任务是分析和估计项目风险后果,即项目风险可能带来的损失大小。这也是项目风险度量中的一项非常重要的工作,因为即使是一个项目风险的发生概率不大,但它一旦发生则后果十分严重,对它的控制也需要十分严格,否则这种风险的发生会给整个项目造成严重的影响。

3. 项目风险影响范围的度量

项目风险度量的第三项任务是分析和估计项目风险影响的范围,即项目风险可能影响到项目的哪些方面和工作。这也是项目风险度量中的一项十分重要的工作,因为即使是一个项目风险发生概率和后果严重程度都不大,但它一旦发生会影响到项目各个方面和许多工作,则也需要对它进行严格的控制,防止因这种风险发生而搅乱项目的整个工作和活动。

4. 项目风险发生时间的度量

项目风险度量的第四项任务是分析和估计项目风险发生的时间,即项目风险可能在项目的哪个阶段和什么时间发生。这也同样重要,因为对项目风险的控制和应对措施都是根据项目风险发生时间安排的,越先发生的项目风险就应该越优先控制,而对后发生的项目风险可以通过监视和观察它们的各种征兆,做进一步识别和度量。

在项目风险度量中人们需要克服各种认识上的偏见,这包括项目风险估计上的主观臆断(根据主观意志需要夸大或缩小风险,当人们渴望成功时就不愿看到项目的不利方面和项目风险),对项目风险估计的思想僵化(对原来的项目风险估计,人们不能或不愿意根据新获得的信息进行更新和修正,最初形成的风险度量会成为一种定势在脑子里驻留而不肯改变),缺少概率分析的能力和概念(因为概率分析本身就比较麻烦和复杂)等。

二、项目风险度量的常用方法

项目风险度量所使用的方法主要有以下几种。

1. 损失期望值法

这种方法首先要分析和估计项目风险概率和项目风险可能带来的损失(或收益)大小,然后将二者相乘求出项目风险的损失(或收益)期望值,并使用项目损失期望值(或收益)去度量项目风险。在使用项目风险损失期望值作为项目风险大小的度量时,需要确定项目风险概率和项目风险损失,具体描述如下:

(1)项目风险概率。项目风险概率和概率分布是项目风险度量中最基本的内容,项目风险度量的首要工作就是确定项目风险事件的概率分布。一般说来,项目风险概率及其分布应该根据历史信息资料来确定。当项目管理者没有足够历史信息和资料来确定项目风险概率及其分布时,也可以利用理论概率分布确定项目风险概率。

(2)项目风险损失。项目风险造成的损失或后果大小需要从三方面来衡量:一是项目风险损失的性质,二是项目风险损失的大小与影响,三是项目风险损失的时间与分布。

(3)项目风险损失期望值的计算。项目风险损失期望值的计算一般是将上述项目风险概率与项目风险损失估计相乘得到的。有关这种期望的计算请参见相关的概率统计教材或著作即可。

2. 模拟仿真法

模拟仿真法是用数学模拟或系统仿真模型分析和度量项目风险的方法。这种项目风险度量方法使用蒙特卡罗模拟或三角模拟等分析法。这种方法可用来度量各种能量化的项目风险,通过改变参数并多次模拟项目风险以后就能得到模拟仿真计算的统计分布结果,并可以此作为项目风险度量的结果。

3. 专家决策法

专家决策法也是在项目风险度量中经常使用的方法,它可以代替或辅助上面所讲过的数学计算和模拟仿真的方法。例如,许多项目管理专家运用他们自己的专家经验做出的项目工期风险、项目成本风险、项目质量风险等的度量通常是准确可靠的,甚至有时比数学计算与模拟仿真确定的项目风险度量还要准确和可靠,因为这些专家的经验通常是一种比较可靠的依据。

三、项目风险识别与风险度量的过程

项目风险识别与风险度量的具体步骤由图11-3所示的流程图给出。

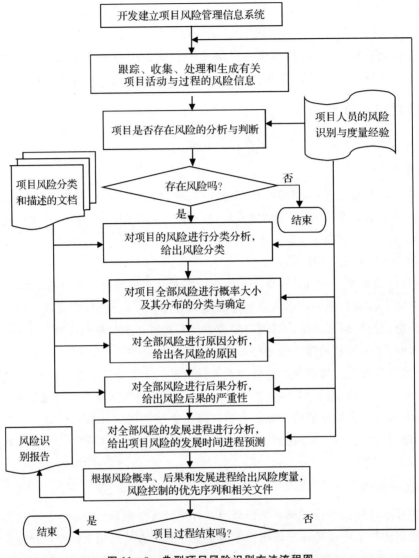

图 11-3 典型项目风险识别方法流程图

项目风险识别方法各个步骤的具体内容如下。

1. 项目风险管理信息系统的开发建立

首先要根据项目风险管理的需要建立项目风险管理信息系统。这种系统既可以是以计算机为基础的信息系统,也可以是纯人工信息系统,当然也可以是整个项目管理信息系统的一个子系统。这一系统的主要功能是及时收集、处理和存储有关项目每个具体活动与过程的各种风险信息,以便为项目风险的识别、度量和控制服务。

2. 项目风险信息的跟踪、收集、处理和生成

这一步是使用项目风险管理信息系统去跟踪项目过程以及项目活动的发展,项目所处环境与条件的变化等信息,去收集、处理和生成有关项目全过程、项目具体活动与过程的风险信息。这是一个不断的信息收集与处理工作,是为不断开展的项目风险识别活动提供动

态信息的工作。

3. 项目风险识别

运用项目风险管理信息系统生成的信息，加上项目管理人员的风险管理经验就可以对项目的各种风险进行全面分析与识别，并找出项目面临的各种风险。

4. 项目风险分类

根据已识别出的项目风险，使用既定的项目风险分类标志，即可对上一步识别出的项目风险进行分类，以便全面认识项目风险的各种属性。

5. 项目风险发生概率的分析与确定

这一步要对所有已识别的项目风险进行概率分布和大小的分析，以便为确定项目风险控制优先排序打下基础。这一分析需要借助现有信息、历史数据和经验等，尤其以前做过的类似项目或相近项目所发生的风险情况记录是这一步分析工作的重要信息之一。

6. 项目风险原因的分析与确定

这一步是运用现有项目风险信息与项目管理人员的经验，对已识别的全部项目风险进行风险原因的分析，并通过分析找出引发风险事件的主要原因。如果引发项目风险的主要原因有多个，还要进行主因素分析，多变量分析等更深一步的项目风险因素分析。

7. 项目风险后果的分析与确定

这一步是对项目全部风险后果及其严重程度所做的全面分析。这里不但要分析风险可能造成的后果，还要分析这些具体后果的价值大小。所谓"后果价值大小"是指要把项目风险造成的后果进一步转换成会用货币单位表示的项目损失。这种"后果价值大小"是确定项目风险控制优先序列的依据之一。

8. 项目风险发展时间进程的分析与确定

这是指对已识别项目风险所进行的具体项目风险发展进程时间和发展变化标志的分析。项目风险发展进程的分析是要找出风险事件何时发生以及引发它的原因何时会出现，诱发原因出现以后项目风险会如何发展等。

9. 项目风险度量与风险控制优先序列的确定

在完成上述分析与判断之后，还要综合各方面的分析结论，确定项目风险的度量和项目风险控制的优先序列。因为在绝大多数情况下一个项目会有许多种风险，而且这些风险可能会同时或在较短时间间隔内发生，这就需要根据项目风险的度量，确定出它们的优先序列安排。项目风险的发生概率、风险后果严重程度等度量都会影响对项目风险控制优先序列的安排。项目控制优先序列安排的基本原则是项目风险后果最严重、发生概率最高、发生时间最早的优先控制。对于已经识别出的项目全部风险都应该按照这种原则确定出其优先序列。

10. 给出项目风险识别和度量报告

每进行一次项目风险识别和度量都要在这一工作的最后给出一份项目风险识别和度量

报告。该报告不但要有项目现有风险清单,而且要有项目风险的分类、原因分析和说明,还要有项目风险度量的表述及全部项目风险控制优先序列说明等内容。

第四节 项目风险应对措施的制定

一、项目风险应对措施的概念

经过项目风险识别和度量确定出的项目风险一般会有两种情况:其一是项目整体风险超出了项目组织或项目业主/客户能够接受的水平;其二是项目整体风险在项目组织或项目业主/客户可接受的水平之内。这两种不同的情况可以有一系列各自的项目风险应对措施。对于第一种情况,在项目整体风险超出项目组织或项目业主/客户能够接受的水平时,项目组织或项目业主/客户至少有两种基本的应对措施可以选择:一种是当项目整体风险超出可接受水平很高时,由于无论如何努力也无法完全避免风险所带来的损失,所以应该立即停止项目或取消项目;另一种是当项目整体风险超出可接受水平不多时,由于通过主观努力和采取措施能够避免或消减项目风险损失,所以应该制定各种各样的项目风险应对措施,并通过开展项目风险控制落实这些措施,从而避免或消减项目风险所带来的损失。

二、项目风险应对的主要措施

1. 风险规避措施

这是从根本上放弃使用有风险的项目资源、项目技术、项目设计方案等,从而避开项目风险的一类风险应对措施。例如,坚决不在项目实施中采用不成熟的技术就是一种项目风险规避的措施。

2. 风险遏制措施

这是从遏制项目风险事件引发原因的角度出发,控制和应对项目风险的一种措施。例如,对可能出现的因项目财务状况恶化而造成的项目风险,采取注入新资金的措施就是一种典型的项目风险遏制措施。

3. 风险转移措施

这类项目风险应对措施多数是用来对付那些概率小,但是损失大,或者项目组织很难控制的项目风险。例如,通过合同或购买保险等方法将项目风险转移给分包商或保险商的办法就属于风险转移措施。

4. 风险化解措施

这类措施从化解项目风险产生的原因出发,去控制和应对项目具体风险。例如,对可能出现的项目团队内部冲突风险,可以采取双向沟通、消除矛盾的方法去解决问题,这就是一种风险化解措施。

5. 风险消减措施

这类措施是对付无预警信息项目风险的主要应对措施。例如,当出现雨天无法进行室外施工时,尽可能安排各种项目团队成员与设备从事室内作业就是一种项目风险消减的措施。

6. 风险应急措施

这类项目风险应对措施也是对付无预警信息风险事件的一种主要的措施。例如,准备各种灭火器材以对付可能出现的火灾,购买救护车以应对人身事故的救治等都属于风险应急措施。

7. 风险容忍措施

风险容忍措施多数是对那些发生概率小且项目风险所能造成的后果较轻的风险事件所采取的一种风险应对措施。这是一种经常使用的项目风险应对措施。

8. 风险分担措施

这是指根据项目风险的大小和项目团队成员以及项目相关利益者不同的承担风险能力,由他们合理分担项目风险的一种应对措施。这也是一种经常使用的项目风险应对措施。

三、制定项目风险应对措施的依据

1. 项目风险的特性

项目风险应对措施主要是根据风险的特性制定的。例如,对有预警信息的项目风险和没有预警信息的项目风险必须采用不同的风险应对措施,对项目工期风险、项目成本风险和项目质量风险也必须采用完全不同的风险应对措施。

2. 项目组织抗风险的能力

项目组织抗风险能力决定了一个项目组织能够承受多大的项目风险,也决定了项目组织对项目风险应对措施的选择。项目组织抗风险能力包括许多要素,既包括项目经理承受风险的心理能力,也包括项目组织具有的资源和资金能力等。

3. 可供选择的风险应对措施

制定项目风险应对措施的另一个依据是一种具体项目风险所存在的选择应对措施可能性。对一个具体项目风险而言只有一种选择和有很多个选择,情况是不同的,总之要通过选择最有效的措施制定项目风险的应对措施。

四、项目风险应对措施制定的结果

1. 项目风险管理计划

项目风险管理计划是项目风险应对措施和项目风险控制工作的计划与安排,是项目全过程的风险管理的目标、任务、程序、责任、措施等一系列内容的全面说明。它应该包括:对项目风险识别和风险度量的结果说明,对项目风险控制责任的分配和说明,对如何更新项目风险识别和风险度量结果的说明,项目风险管理计划的实施说明,以及项目预备资金(不可预见费)如何分配和如何使用等方面的全面说明和计划与安排。

2.项目风险应急计划

项目风险应急计划是在事先假定项目风险事件发生的前提下,确定的在项目风险事件发生时应实施的行动计划。项目风险应急计划通常是项目风险管理计划的一部分,但是它也可以融入项目其他计划。

3.项目预备金

项目预备金是一笔事先准备好的资金,这笔资金也被称为项目不可预见费。它是用于补偿差错、疏漏及其他不确定性事件的发生对项目费用估算精确性的影响而准备的,在项目实施中可以用来消减项目成本、进度、范围、质量和资源等方面的风险。项目预备金在预算中要单独列出,不能分散到项目具体费用中。否则项目管理者就会失去这种资金的支出控制,失去了运用这笔资金抵御项目风险的能力。当然,盲目地预留项目不可预见费也是不可取的,因为这样会增加项目成本,分流项目资金。

4.项目的技术后备措施

项目的技术后备措施是专门用于应付项目技术风险的,它是一系列预先准备好的项目技术措施方案,这些技术措施方案是针对不同项目风险而预想的技术应急方案,只有当项目风险情况出现并需要采取补救行动时才需要使用这些技术后备措施。

第五节 项目风险控制

一、项目风险控制的概念

项目风险控制是指在整个项目过程中根据项目风险管理计划和项目实际发生的风险与变化所开展的各种项目风险控制活动。项目风险控制是建立在项目风险的阶段性、渐进性和可控性基础之上的一种项目风险管理工作。通过项目风险的识别与度量,人们已识别出项目的绝大多数风险,这些风险多数是相对可控的。

项目风险控制的内容主要包括持续开展项目风险的识别与度量,监控项目潜在风险的发展,追踪项目风险发生的征兆,采取各种风险防范措施,应对和处理发生的风险事件,消除和缩小项目风险事件的后果,管理和使用项目不可预见费,实施项目风险管理计划,等等。

二、项目风险控制的目标和依据

1.项目风险控制的目标

(1)努力及早识别项目的风险。项目风险控制的首要目标是通过开展持续的项目风险识别和度量工作及早地发现项目存在的各种风险,以及项目风险的各方面的特性,这是开展项目风险控制的前提。

(2)努力避免项目风险事件的发生。项目风险控制的第二个目标是在识别出项目风险后,通过采取各种风险应对措施,积极避免项目风险的实际发生,从而确保不给项目造成不必要的损失。

(3)积极消除项目风险事件的消极后果。项目的风险并不是都可以避免的,有许多项目风险由于各种原因最终发生了。对于这种情况,项目风险控制的目标是要积极采取行动,努力消减这些风险事件的消极后果。

(4)充分吸取项目风险管理中的经验与教训。项目风险控制的第四个目标是对各种已经发生并形成最终结果的项目风险,一定要从中吸取经验和教训,从而避免同样风险事件发生。

2.项目风险控制的依据

(1)项目风险管理计划。这是项目风险控制最根本的依据,通常,项目风险控制活动都是依据这一计划开展的,只有新发现或识别的项目风险控制例外。但是,在识别出新的项目风险以后就需要立即更新项目风险管理计划,可以说所有的项目风险控制工作都是依据项目风险管理计划开展的。

(2)实际项目风险发展变化情况。一些项目风险最终是要发生的,而其他一些项目风险最终不会发生。这些发生或不发生的项目风险的发展变化情况也是项目风险控制工作的依据之一。

三、项目风险控制方法的步骤与内容

项目风险控制方法的步骤与内容如图 11-4 所示。

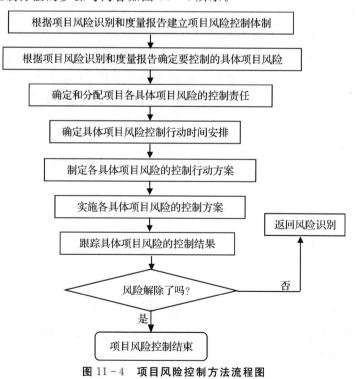

图 11-4 项目风险控制方法流程图

项目风险事件控制中各具体步骤的内容做如下说明。

1. 建立项目风险事件控制体制

这是指在项目开始之前要根据项目风险识别和度量报告所给出的项目风险信息，制订出整个项目风险控制的大政方针、项目风险控制的程序以及项目风险控制的管理体制。这包括项目风险责任制、项目风险信息报告制、项目风险控制决策制、项目风险控制的沟通程序等。

2. 确定要控制的具体项目风险

这一步是根据项目风险识别与度量报告所列出的各种具体项目风险确定出对哪些项目风险进行控制，而对哪些风险容忍并放弃对它们的控制。通常这要按照项目具体风险后果严重程度和风险发生概率以及项目组织的风险控制资源等情况确定。

3. 确定项目风险的控制责任

这是分配和落实项目具体风险控制责任的工作。所有需要控制的项目风险都必须落实具体负责控制的人员，同时要规定他们所负的具体责任。对于项目风险控制工作必须要由专门人去负责，不能分担，也不能由不合适的人去担负风险事件控制的责任，因为这些都会造成大量的时间与资金的浪费。

4. 确定项目风险控制的行动时间

这是指对项目风险的控制制订相应的时间计划和安排，计划和规定出解决项目风险问题的时间表与时间限制。因为没有时间安排与限制，多数项目风险问题是不能有效地加以控制的。

5. 制定各具体项目风险的控制方案

这一步由负责具体项目风险控制的人员，根据项目风险的特性和时间计划去制订出各具体项目风险的控制方案。在这一步当中要找出能够控制项目风险的各种备选方案，然后要对方案做必要的可行性分析，以验证各项目风险控制备选方案的效果，最终选定要采用的风险控制方案或备用方案。

6. 实施具体项目风险控制方案

这一步是要按照确定的具体项目风险控制方案开展项目风险控制活动。这一步必须根据项目风险的发展与变化不断地修订项目风险控制方案与办法。对某些项目风险而言，风险控制方案的制定与实施几乎是同时的。

7. 跟踪具体项目风险的控制结果

这一步的目的是要收集风险事件控制工作的信息并给出反馈，即利用跟踪去确认所采取的项目风险控制活动是否有效，项目风险的发展是否有新的变化等。这样就可以不断地提供反馈信息，从而指导项目风险控制方案的具体实施。这一步是与实施具体项目风险控制方案同步进行的。通过跟踪给出项目风险控制工作信息，再根据这些信息去改进具体项目风险控制方案及其实施工作，直到对风险事件的控制完结为止。

8. 判断项目风险是否已经消除

如果认定某个项目风险已经解除，那么该具体的项目风险控制作业就已经完成了。若

第十一章 项目风险管理

判断该项目风险仍未解除,则需要重新进行项目风险识别。这需要重新使用项目风险识别的方法对项目具体活动的风险进行新一轮的识别,然后重新按本方法的全过程开展下一步的项目风险控制作业。

▶ **考核知识点**

考核知识点	类别	内 容
项目风险和项目风险管理	重点	项目风险的分类
		项目风险管理的概念
	难点	项目风险的概念
项目风险的识别	重点	项目风险识别
	难点	项目风险的识别方法
项目风险度量	重点	项目风险度量
	难点	项目风险度量方法
		项目风险识别和度量的过程
项目风险应对措施的制定	重点	项目风险应对的主要措施
项目风险控制	重点	项目风险控制的概念
		项目风险控制过程

▶ **同步综合训练**

一、名词解释

1. 项目风险。
2. 项目风险管理。
3. 项目风险识别。
4. 项目风险控制。

二、简答题

1. 简述项目风险管理的主要内容。
2. 简述项目风险识别的方法。
3. 简述项目风险应对的主要措施。

▶ **参考答案**

一、名词解释

1. 项目风险是指由于项目所处环境和条件本身的不确定性,和项目业主/客户、项目组织或项目其他相关利益者主观上不能准确预见或控制的影响因素,项目的最终结果与当事者的期望产生背离,从而给当事者带来损失的可能性。

2. 项目风险管理是指通过项目风险识别、风险界定和风险度量等工作去认识项目的风险,并以此为基础通过合理地使用各种风险应对措施和管理方法对项目风险实行有效的控制,以及妥善地处理项目风险事件所造成的不利结果,以最少的成本保证项目总体目标的实现等管理工作。

3.项目风险识别是一项贯穿项目实施全过程的项目风险管理工作。这项工作的目标是识别和确定项目究竟有哪些风险,这些项目风险究竟有哪些基本特性,这些项目风险可能会影响项目哪些方面,等等。

4.项目风险控制是指在整个项目过程中根据项目风险管理计划和项目实际发生的风险与变化所开展的各种项目风险控制活动。项目风险控制是建立在项目风险的阶段性、渐进性和可控性基础之上的一种项目风险管理工作。通过项目风险的识别与度量,人们已识别出项目的绝大多数风险,这些风险多数是相对可控的。

二、简答题

1.简述项目风险管理的主要内容。

答:(1)项目风险的识别。

(2)项目风险的度量。

(3)制定项目风险应对措施。

(4)项目风险的控制。

2.简述项目风险识别的方法。

答:(1)系统分解法。

(2)流程图法。

(3)头脑风暴法。

(4)情景分析法。

3.简述项目风险应对的主要措施。

答:一般的项目风险应对措施主要有如下几种:

(1)风险规避措施。

(2)风险遏制措施。

(3)风险转移措施。

(4)风险化解措施。

(5)风险消减措施。

(6)风险应急措施。

(7)风险容忍措施。

(8)风险分担措施。

第十二章　项目采购管理

▶本章知识要点概述

要求学员在学习本章后,能够熟练掌握项目采购计划管理、项目采购管理的技术与方法、项目采购中的合同管理,以及项目采购中的作业计划管理和项目资源配置管理等内容。

第一节　项目采购管理概述

项目采购管理(project procurement management)有人也将其译为"项目获得管理",是指在整个项目过程中项目组织从外部寻求和采购各种项目所需资源(商品和劳务)的管理过程。此处的项目组织既可以是项目业主/客户或项目承包商与项目团队,也可以是项目业主/客户组织内部的项目团队或者个人。项目所需的资源主要有两种:一种是有形的商品(goods),一种是无形的劳务(services)。对于一般项目而言,商品包括各种原材料、设备、工具、机器、仪器、能源等实物,而劳务则包括各种项目实施、项目管理、专家咨询、中介服务等,项目所需劳务的最主要构成是总承包商和分包商承担的项目实施任务。

一、项目采购管理中的关键角色

在项目采购管理中,主要涉及四个利益主体以及他们之间的角色互动。这些是项目业主/客户、项目组织(承包商或项目团队)、供应商和项目的分包商。其中,项目业主/客户是项目的发起方和出资方,他们既是项目最终成果的所有者或使用者,也是项目资源的最终购买者。承包商或项目团队是项目业主/客户的代理人和劳务提供者,他们为项目业主/客户完成项目商品和部分劳务的采购,然后从项目业主/客户那里获得补偿。供应商是为项目组织提供项目所需商品和部分劳务的工商企业组织,他们可以直接与业主/客户交易,也可以直接与承包商或项目团队交易,并提供项目所需的商品和劳务。项目分包商或专家是专门从事某个方面服务的工商企业或独立工作者,当项目组织缺少某种专长人才或资源去完成某些项目任务时,他们可以雇用各种分包商或专家来完成这些任务,分包商或专家可以直接对项目组织负责,也可以直接对项目业主/客户负责。上述角色在项目采购管理中的关系如图12-1所示。

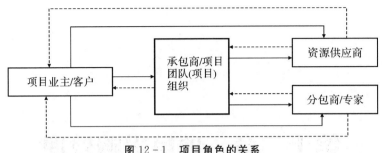

图 12-1 项目角色的关系

图 12-1 中的实线既表示"委托—代理"关系的方向,也表示项目资金的流向;而其中的虚线则表示项目采购中的责任关系。

二、项目所需资源的来源

1. 项目业主/客户

一般在项目承发包合同中,为了使项目取得满意的成果,项目业主/客户会承诺向项目组织提供一些特殊设备、设施、信息和其他的资源。在现代项目合同管理中这被称为是"项目业主/客户的供应条款"。

2. 外部劳务市场

项目所需的劳务是以项目实施人员为载体的,不同的项目需要各种不同类型劳务,或者说不同类型的实施人员。承包商或项目团队为了以较低成本和较快的速度完成项目任务会从外部劳务市场获取自己所需的各种项目实施人员。

3. 分包商和专家

当项目组织缺少某种专业技术人员或某种专门的实施技术与资源去完成某些特殊的项目任务时,他们就需要雇用分包商或专业技术顾问公司来完成这种项目任务。他们既可以雇用独立的专门技术顾问或自由职业者来完成一些非常特殊的专业技术作业,如聘请法律顾问指导项目合同文件的编制、洽谈和签署,或者聘请技术专家来处理项目实施过程中的特殊环保问题等。他们也可以雇用专门的分包商完成项目的某一部分独立的分步(工作步骤或工序)或分项(工作项目或子项目)作业,如将屋顶作业分包给专门的屋顶建设分包商,将油漆作业分包给专门的油漆分包商,将计算机系统测试分包给专门的信息系统测试公司,等等。项目组织从这些分包商和专家之处获取的主要是各种特殊的服务。从另外一个角度讲,项目组织采用雇用分包商和专家的策略也是利用社会分工、降低项目成本的一个有效措施。

4. 物料和设备供应商

实施项目所需的物料和设备等有许多需要从外部供应商那里购买或租赁。项目所需的物料主要包括原料、材料、燃料、工具,以及各种构件、配件等。例如,在一个民房装修项目中,需要木材、门窗、管件、地毯、墙纸、灯具等装修材料;需要仪器、机器、工具、登高设备等设备和设施。

三、项目采购合同

项目采购合同一般可以分为以下三种类型。

1. 项目固定价格合同

在这类项目合同中,项目业主(或项目组织)和分包商(或供应商)通过谈判对严格定义的采购标的(产品或劳务)确定一个双方认可的总体价格,然后固定该价格,不经双方协商同意不得变更,整个项目工作是按照这一固定价格结算的。从某种程度上讲,这种固定价格合同所购买的产品应该是能够严格定义的,但是因为项目实施过程中会有各种变化,所以这种固定价格合同对资源的卖主和买主都有一定的风险。一方面买主(项目业主或项目组织)可能因实际情况变化多付了钱(项目实际任务变得比计划少了),另一方面卖主(项目分包商或供应商)可能因实际情况变化而多付出了劳务或资源(项目实际任务变得比计划多了)。在一个项目的实现过程中,对于买卖双方来说这种风险是不一样的。一般固定价格合同对于买主(项目业主或项目组织)来说风险相对较低,因为不管供应商或分包商为项目提供产品而花费了多少成本,买主都不必付出多于合同固定价格的部分;如果供应商或分包商提供产品的实际成本高于双方约定的合同固定价格,那么他们就只能赚到很少的利润,甚至可能亏损。一般而言,固定价格合同对于一个仔细界定了项目产出物的合同是比较合适的。

2. 项目成本补偿合同

这类合同要求项目业主或项目组织(买主)给供应商或分包商支付(偿还)其提供资源的实际成本然后外加一定比例的利润。这些项目成本通常被分为项目的直接成本和间接成本。项目直接成本是生成为项目产出物而直接花费的费用,如工作人员的薪金、原材料费,设备折旧等都是项目直接成本。项目间接成本主要是一般管理费用(overhead costs),这是由项目组织支付给供应商或分包商作为运行业务的开支费用,如为供应商或分包商公司的管理者所支付的薪金就属于间接成本。通常,项目间接成本以项目直接成本的某个百分比来计算。相对而言,项目成本补偿合同对于合同买主来说风险较大,因为项目所发生的成本最终是全额补偿的,所以供应商或分包商在成本控制方面会放松,这样项目的实际成本很可能超过项目预计。当然,在项目成本补偿合同的实施中,合同的买主通常会要求供应商或分包商在提供产品的过程中,定期将实际费用与原始预算进行比较,并通过比较和控制来保护自己的利益。但是,实际上在这种合同的履行中,合同的买方很难控制项目的实际发生成本,所以其风险是较高的。当然,供应商或分包商也会尽量使项目成本不要超出预算,因为那样供应商或分包商的信誉也会受到损失,从而使他们未来赢得项目合同的机会减少。一般,项目成本补偿合同对于不确定性较大、风险较高的项目采购工作是比较合适的。另外,项目成本补偿合同通常也会有相应的奖励或惩罚条款。例如,若项目实际结算的成本超出预计成本一定比例时,项目业主将扣罚供应商或分包商的结算金额等。

3. 单位价格合同

在这种类型的合同中,供应商或分包商从自己付出的每单位劳务中得到一个预定数量的报酬,一个项目的总报酬直接与项目的完成的单位劳务量相关。例如,工程造价专业咨询和管理服务每小时单价为 70 元,搬运 1 立方米泥土的单价是 10 元,等等。在采用项目单位价格合同时,整个项目的总价是按照供应商或分包商所提供或完成的作业总量与这些工作的单位价格相乘计算得到的。这种项目的合同类型比较适合于项目获取各种劳务的采购活动,实际上是一种按照计件报酬和计时报酬相结合的劳务合同。这种项目合同对项目采购活动的买主而言同样有较高的风险,因为不管是计时还是计件报酬,如果没有准确的绩效评估标准是很难保证考核的科学性和报酬的有效性的。特别是对于项目而言,多数项目工作是一次性的、独特性的和创新性的,所以很难事先确定它们的绩效考核标准,这样在采用项目单位价格合同中就难免出现侵害项目采购合同买主利益的情况。因此,这种类型的项目采购合同一般用于那些工作内容确定、工作绩效评估标准明确的项目工作。

四、项目采购管理的过程

项目采购管理是由一系列具体管理工作过程组成的。这些项目管理的具体工作过程如下。

1. 项目采购计划的制定

为满足项目实施需要就必须根据项目集成计划和资源需求确定出项目在什么时间需要采购什么产品和怎么采购这些产品,并据此编制出详细可行的项目采购计划。项目采购计划是项目采购管理的核心文件,而项目采购计划的制定是项目采购管理最重要的工作之一。

2. 项目采购工作计划的制定

为了保证能够按时、按质、按量获得各种资源,还必须制定项目采购工作的具体作业计划。这是有关项目何时开展所要采购产品的询价、订货、签订合同等工作的作业计划,是确保项目采购的各种资源能够按时、按质、按量和在需要的时候到位的计划安排。

3. 询价

这是项目组织为获得外部资源所开展的一项具体的采购工作,是在项目采购工作中搜寻市场行情、获得资源报价或劳务的投标报价,以及供应商的各种条件要求、报价单、投标申请书等文件的实际作业。当然,这也是项目采购管理中"货比三家"的一项具体工作。

4. 供应来源选择

这是在项目采购管理的询价工作完成以后,在获得了多个供应商或分包商所提供的报价等信息之后,按照一定的选择评价标准,从提供报价的供应商或分包商中选择一个或多个进行项目采购合同洽谈和订立,并最终购买其产品或劳务的具体管理工作。

5. 合同管理

这包括与选定的各个供应商在完成项目采购合同谈判和签订以后所开展的项目采购合同履约过程中的管理工作,这是项目业主或项目组织与资源供应商或分包商之间的整个合同关系的管理工作和项目资源供应合同履约过程的管理工作。

6. 合同完结

这是在项目采购合同全部履行完毕以后或者是合同因故中断与终止以后,所开展的各种项目采购合同结算和决算,以及各种产权和所有权的交接过程,这一过程包括了一系列项目采购合同条款的实际履行情况的验证、审计、完成和交接的管理工作。

第二节 项目采购管理的方法和技术

一、"制造或购买"的决策分析

这是最基本的项目采购管理决策分析技术方法,常用于分析和决定,一种项目所需的特殊产品,是应该由项目组织自行生产还是从外部采购获得。这一方法的原理是:如果项目组织能够以较低成本生产出所需的某种产品,那么它就不应该从外部购买;如果项目组织自己制造某种所需产品的成本高于外部采购的成本,那么它就应该从外部供应商或分包商采购获得该产品。任何项目组织在制定项目采购计划之前都必须对项目所需各种商品进行"制造或购买"的决策分析和评价,这是决定采购计划中究竟"采购什么"的前提。

二、项目采购计划管理的原理与方法

项目采购计划管理与企业日常运营中的采购计划管理既有不同的地方,又有许多共性的地方,企业日常运营中的一些采购计划管理方法和技术也可以应用于项目采购管理。开展项目采购计划管理所需的采购计划管理方法和原理主要涉及6个方面的内容,它们被称作采购管理的六大因素。

1. 采购什么

项目采购计划管理中的第一要素是"采购什么",即首先要决定项目采购的对象及其品质。项目采购计划管理要求采购的产品质量应满足四个条件:一是适用性(即项目外购的产品不一定要有最好的质量,但一定要符合项目实际的质量要求),二是通用性(即项目外购的产品最好能够通用,在项目采购中尽量不使用定制化的产品),三是可取获得性(即能够在需要的时间内,以适当的价格,及时得到要采购的产品),四是经济性(即在保证质量的前提下从供应来源中选择成本最低的,以降低项目成本)。

2. 何时采购

"何时采购"是项目采购计划管理中的第二大要素,这是指项目组织需要计划和安排采购的时点和时期。项目采购计划管理必须依据项目的工期进度计划和资源需求计划以及所需产品的生产和运送时间,合理地确定产品的采购订货时间。

3. 如何采购

"如何采购"主要是指在项目采购过程中采用何种工作方式以及项目采购的大政方针和具体的交易条件。项目采购计划管理这方面的工作包括:是否采用分批交货的方式,采用何

种产品供给运输方式,具体项目采购产品的交货方式和地点,等等。

4. 采购多少

这是有关项目采购数量的管理,任何项目所需产品的采购数量一定要适当,所以都需要进行计划管理。项目所需产品的采购数量管理必须根据项目实际情况决定,如大型工厂建设项目所需的资源多而且消耗快,所以"采购多少"可以使用经济订货模型等方法来决定。但是对于智力密集型的软件开发项目或科研项目,因为所需的资源多是办公设备及办公用品,它们的成本低,所以一般不需要使用经济订货模型决定"采购多少"。

5. 向谁采购

这是有关如何选择可靠的供应商或分包商的采购计划管理问题,这也是项目采购管理中的一项重要工作。一般在项目采购管理决定向谁采购时,应调查各供应商或分包商的设备规模、技术、供应能力、产品质量、质量管理情况、组织能力和财务信用状况等等。在项目采购管理过程中,项目组织应经常与自己的供应商或分包商保持联系,对那些关系项目成败的供应商或分包商,项目组织必须在一定程度上介入它们的生产监督和质量保障工作,从而保证产品供应的质量、数量和及时性。

6. 何种价格采购

这涉及的是项目采购管理中的定价管理问题,即如何确定以适当价格获得项目所需产品的管理问题。项目组织应当注意不能无条件地按照最低价格原则去采购和获得项目所需产品,必须同时考虑质量和交货期等要素。项目组织应在既定的项目所需产品质量、交货期限和其他交易条件下去寻找最低的采购合同价格。项目采购合同价格的高低受多方面因素的影响,这包括:项目所需产品的市场供求关系,产品提供一方的成本及其合同计价方法,项目所需产品的采购条件(如交货日期、付款方法、采购数量等),供应商或分包商的成本控制水平,国家或地方政府政策的影响,物价波动和通货膨胀的影响,采购人员的价值判断和争价能力的影响,等等,在确定项目采购的价格时必须同时考虑这些因素的综合影响。

三、项目采购合同的谈判

1. 项目采购合同谈判的阶段划分

项目采购管理中的合同谈判一般分为如下几个阶段。

(1)初步洽谈阶段。这本身又分为前期准备和初步接洽两个具体阶段。在前期准备中,要求谈判双方做好市场调查、签约资格审查、信用审查等工作。其中,签约资格审查指的是对签约者的法人地位、资产财务状况、企业技术装备和能力以及企业信用和业绩等方面所做的评审。在初步接洽过程中,双方当事人为了达到预期效果一般都会就各自关心的事项向对方提出要求或说明并澄清一些问题。这方面的问题包括项目名称、规模、任务、目标和要求,当事人双方的主体性质、资质状况和信誉,项目已具备的实施条件,等等。在这些问题中,有些可以双方当场澄清,有些则需要进行一定的调查(但是必须在合同签署以前完成)。

(2)实质性谈判阶段。实质性谈判是买卖双方在取得一定了解的基础上开展的正式谈判。在实质性谈判中,需要对资源或产品采购合同涵盖的所有主题进行全面的谈判,这包括(但是不仅限于)双方的责任和权利、合同中应用的术语说明、适用的法律、在资源提供过程中所使用的技术手段和管理方法、合同融资方式以及价格等。一般在这种谈判中,双方需要针对合同的必要条件进行逐条协商,这包括合同的标的、数量和质量、价格和支付办法、履约的要求、验收、违约责任等。下面对这些必须讨论的问题一一予以说明。

第一,合同的标的。这是项目组织要从供应商或分包商那里购买的商品或劳务。这是双方权利和义务所指向的对象。在合同中对于合同标的必须完整、详细、准确地叙述。双方有必要对合同中涉及标的的术语进行约定和说明,使双方的认识相互一致。

第二,质量和数量。对于合同标的所要求的质量和数量的描述必须规范、清晰和没有歧义。尤其是对标的质量的要求标准和检验方法,双方必须达成共识。

第三,价格和支付办法。价格和支付办法事关买卖双方的直接利益,所以也是项目采购合同谈判中主要议题之一,是实质性谈判阶段最重要的讨论内容。其中,支付办法涉及各种结算方面的办法,包括时间、方式、预付金额等。

第四,合同履行的时间、地点和方式。合同履行的方式和地点直接关系到双方的利益和以后发生合同纠纷时的法律管辖地等问题。此外,在项目采购合同谈判中,还需要确定相关的交货方式、运输方式和程序等条件,以及运杂费、保险费如何担负等问题。这些都直接关系到采购中各种风险归属问题。

第五,商品或劳务的验收与交付。关于采购获得的商品或劳务的验收时间、验收标准、验收的方法、验收人员或机构等内容也都必须在实质性谈判阶段达成一致意见。另外,有关商品或劳务(成果)的最终交付也需要谈判决定。

第六,违约责任。买卖双方当事人应就在合同履行期间可能出现的错误或失误,以及由此引发的各种问题和其他违约问题,订立违约责任条款并明确双方的违约责任。这方面的具体约定还应符合相关法律有关违约责任和赔偿责任的规定。

第七,其他事项。还有一些其他事项可能是一个具体项目采购合同所特有的条款,这需要根据采购标的和内容去确定。例如,订立的采购合同是否合乎有关政府部门规定和要求,是标准合同格式还是专用合同格式等。

(3)签约阶段。项目组织与供应商或分包商在完成合同谈判之后就进入签约阶段。签订的项目采购合同要尽可能明确、具体,条款完备,双方权利义务清楚,避免使用含混不清的词句和条款。一般应严格控制合同中的开放性条款;明确规定合同生效的条件,有效期以及延长、中止和变更的条件与程序;对仲裁和法律适用条款也要做出说明和规定;对仲裁和诉讼的选择要做出明确规定。另外,在合同正式签订之前,有时需要组织有关专业人员和顾问(如会计师、律师等)对合同进行必要的审查,确保没有引起歧义、问题或违反法律的地方。

2. 合同谈判的技巧或手段

项目组织与供应商或分包商之间的合同谈判是一种具有高度人际关系和专业技能要求的事情。因为谈判最基本的就是组织或个人之间的讨价还价,这个过程中涉及个人和组织的需求、动机、行为以及大量的心理因素。下面的这些基本法则可以在项目采购管理的合同谈判中使用,从而获得有利的谈判地位或将谈判转变为对自己一方有利。

(1)努力将谈判地点放在自己组织所在地。努力将谈判放在自己所在地举行会有"主场"优势,使对方在为客的谈判环境中产生一种压力。例如,可以准备一个庄严、舒适、光线充足、不受干扰的承发包合同谈判会场,将自己的谈判小组安排在首席位置上,并争取把对方小组的成员分散开来安排等。

(2)尽量让供应商或分包商在谈判中多发言。合同谈判不是谁说得多就会占优势,因为多说不但会说错而且会说出各种让步和自己的底线。在采购合同谈判开始时应尽可能让对方先对自己的价格和交易要求进行解释,如果你能运用恰当的抑制态度,对方会做出连他自己也意想不到的让步或透漏许多有用信息。

(3)谈判发言必须充分准备不能杂乱无章。谈判没有很好地准备,发言时把情况和数字搞得杂乱无章,这样会在谈判中无意泄漏一些重要信息和数据。只有提前充分地准备,发言才能清楚、谨慎,有条理且不会泄漏信息,这样对方就会因为情报缺乏和不了解内情而在心理上处于极为不利的境地。

(4)谈判争论时发言不要激动。在辩驳供应商或分包商的理由或说法时,甚至在谈判发生争论时,发言一定不要激动,否则就违背了通过谈判实现"双赢"的真正目的,而且可能危及自己的利益和地位。一个人如果让激动或愤怒支配了自己和他人的关系,常常会导致他远离自己预定的目标。

(5)谈判双方要相互顾全体面。如果供应商或分包商在某一点上做出了让步,一定要顾全他的体面。举例说,如果你发现对方在成本估算和报价中有些错误,一定不要指责它狡诈或无能,妥当的办法是建议他修改,因为这种指责对实现项目合同谈判的目标,不但没有帮助而且有害。

(6)谈判一定要避免过早摊牌。项目采购合同的谈判一定要避免过早摊牌,因为一旦摊牌或发出最后通牒,谈判双方就很难再做进一步的让步了。不要逼对方说出"这就是我的条件,要么就接受,要么就拉倒!"之类的话。这会导致谈判破裂。因此,在确认最后的让步之前,要确认已经得到了想要的最后结果。

(7)要满足谈判对手感情上的需求。在项目采购合同的谈判中要努力满足谈判对手感情上的需求,要给对手这样的印象:尽管你在和他们讨价还价,但是你还是很尊重他们的人格和利益,并把他们看作是利益一致的伙伴,甚至是一个项目团队里的成员。

第三节　项目采购计划的制定

一、制定项目采购计划所需的信息

1. 项目的范围信息

项目范围信息描述了一个项目的边界和内容,项目范围信息中还包含有在项目采购计划中必须考虑的关于项目需求与组织战略等方面的重要信息。这些都是在项目的范围管理中所产生的各种有关信息。

2. 项目产出物的信息

项目产出物的信息是指有关项目最终产品的描述和说明,这包括项目产出物的功能、特性和质量方面的说明信息,项目产出物的各种图纸、技术说明书等资料。这些信息为项目采购计划的制定提供了有关技术方面的要求和信息。

3. 项目资源需求信息

项目资源需求信息是指在开展项目活动中需要取得和消耗的各种资源的全面说明,其中最主要的是有关项目对外采购方面的资源数据和说明,包括人力资源、财力和物力资源的需求和采购说明。

4. 外部资源的市场条件

在项目采购计划的编制过程中必须考虑外部资源的市场条件和哪些产品或劳务在市场上可以得到,以及这些资源的市场在哪里,在什么情况下和以什么条件能够得到项目所需的这些外部资源。这些都属于项目开发所需的市场条件方面的信息。

5. 项目的其他管理计划

在制定项目采购计划时必须要使用项目的其他管理计划作为依据和参照,因为这些综合或专项的项目管理计划对项目采购计划具有约束或指导作用。在制定项目采购计划中需要参考或依据的主要有项目集成计划、项目工期计划、项目成本计划、项目质量计划、项目资金计划、项目的人员配备计划等。

6. 项目采购的约束条件与假设前提条件

项目的约束条件是限制组织选择所需资源的因素和条件,其中最普遍的约束条件是资金的约束。在制定项目采购计划时,一定要考虑由于项目资金的限制而不得不牺牲资源的质量等级(价格低但同样能满足项目需求的资源)。假设前提条件是指那些为项目采购计划编制的需要而主观认定是真实的、现实的或者确定性的假定因素。

二、项目采购计划的编制过程

项目采购计划的编制过程包括:依据项目采购计划所需的信息,结合组织自身条件和项目其他各项计划的要求,对整个项目实现过程中的资源供应情况做出具体的计划安排,并按照有关规定的标准或规范,编写项目采购计划文件的管理工作过程。项目采购计划编制的最终结果是生成各种各样的项目采购文件,主要包括项目采购计划、项目采购作业计划、项目采购标书、供应商评价标准等文件。在编制项目采购计划中需要开展的主要工作和活动如下。

1. "制造或购买"的决策分析

在编制采购计划时首先要开展"制造或购买"的决策分析,以决定需要从外部组织采购哪些资源(产品和劳务)和自己生产或提供哪些资源。在制定项目采购计划的整个过程中,对所有提出或需要外购的资源都应该开展这种决策分析。

2. 对各种信息进行加工处理

在项目采购计划的编制中,需要对收集获得的各种相关信息进行必要的加工和处理,以找出计划制定决策所需的各种信息。有时组织必须聘请各类顾问或专业技术人员对收集的信息进行必要的加工和处理。例如,工程建设项目关于工程造价信息的加工与处理就可以委托造价工程师咨询公司或者雇用造价工程师来完成。

3. 采购方式与合同类型的选择

在制定项目采购计划的过程中还必须确定以什么样的方式获得资源,需要与资源供应商或分包商签订什么类型的采购合同。项目资源的获得方式包括通过询价和议标选定供应商或分包商,采用公开招标或邀请招标的方式选定供应商或分包商。合同类型的选择一般需要在固定价格合同、成本补偿合同、单位价格合同中选择一个。这三种类型的合同对资源的买卖双方各有利弊,必须根据项目和所要采购资源的具体情况反复权衡后做出选择。

4. 项目采购计划文件的编制和标准化处理

在上述工作完成之后就可以动手编制项目采购计划了。这种计划的编制可以采用专家分析法、经济批量订货法、综合平衡计划法等具体方法。项目采购计划编制工作将最终生成项目采购计划、项目采购工作计划、项目采购标书、供应商评价标准等文件。最后需要开展的一项工作是,对项目采购计划的各种文件进行标准化处理,即将这些计划管理的文件按照一定的标准格式给出。在这方面常见的标准格式文件包括标准采购合同、标准劳务合同、标准招标书和投标书、标准计划文件等。

三、项目采购计划编制的最终成果

项目采购计划编制工作的最终成果是形成了一系列的项目采购工作及其管理所需的指导文件。这方面的主要文件包括以下五个。

1. 项目采购计划

项目采购计划编制工作中最重要的成果就是生成一份项目采购计划。项目采购计划全面描述了项目组织未来所需开展的采购工作的计划和安排,包括从项目采购的具体工作计划到招投标活动的计划安排,有关供应的选择,采购合同的签订、实施,合同完结等各项工作的计划安排。在项目采购计划中应该对以下的问题做出回答:

(1) 项目采购工作的总体安排。在项目采购计划中,项目组织要明确规定项目所需采购的资源和在资源采购中应该开展的采购工作及其管理活动的计划与安排。

(2) 项目采购使用什么类型合同。项目采购计划应明确规定在资源采购中采用一般供应合同还是固定价格合同,或采用成本补偿合同、单位价格合同等。

(3) 所需采购资源的估价办法。项目采购计划对外取资源的价格估算办法应该做出规定,并以此作为筛选供应商或分包商的依据以及评价报价与投标书的标准。

(4) 项目采购工作与责任。项目采购计划还应该规定项目资源采购分别由项目业主或项目团队承担哪些责任,以及需要开展的询价、招投标、发盘、还盘、谈判与签合同等工作的责任、时间安排等。

(5)项目采购文件的标准化要求。如果需要采用标准化的采购文件,由谁来负责编制或如何获得这些标准化文件的文本,包括标准合同文本、采购标描述的标准文本、招投标的标准文本等。

(6)如何管理各种资源的供应商。如果项目需要很多资源,项目采购合同还应该规定如何管理好各种资源供应商(或分包商),包括如何选择、控制他们的活动以及如何确定其履约的情况等。

(7)如何协调项目采购工作与其他工作。在采购计划中,还应该规定在开展项目采购工作的过程中应该如何合理地协调项目采购工作与项目其他方面的工作以实现项目的目标。

一个项目采购计划可以是正式的或非正式的,详细的或者粗略的,标准的或非标准的,但是它们的内容都应该包括上述几个方面。

2. 项目采购作业计划

项目采购计划工作的第二项成果是编制和生成项目采购作业计划。项目采购作业计划是指根据项目采购计划与各种资源的需求信息制定的关于项目采购工作的具体作业计划。项目采购作业计划规定和安排了一个项目采购计划在实施中各项具体工作的日程、方法、责任和应急措施等内容。

3. 项目采购要求说明文件

项目采购计划编制工作的另一个重要成果是编制出各种资源的采购要求说明文件。在采购要求说明文件中应该充分详细地描述各种资源的采购要求细节,以便让供应商确认自己是否能够提供这些产品或劳务。这里关于"充分详细"的要求是指必须根据产品或劳务的特性、项目的需求、采购适用的合同格式给出说明。项目资源采购者必须保证在采购要求说明文件中清晰地描述所需采购的具体产品或劳务以及相关的各种要求。

4. 项目采购具体工作文件

这是指项目采购工作过程中所使用的一系列具体的工作文件,项目采购工作文件有不同的种类和要求,其中最常用的有项目投标书、商品询价书、谈判邀请书、初步意向书等。项目采购工作文件是按照一定的结构或格式编写的,这样可以方便供应商或分包商准确地理解采购者的要求和意图,方便项目业主准确完整地理解来自于供应商或分包商的回应。这些项目采购工作文件的内容包括相关采购的要求、说明,采购者期望的反馈信息以及各种合同条款的说明等。

5. 项目采购的评价标准

项目采购计划文件还必须包括项目采购招投标活动的评价标准和供应商、承包商的评价标准等文件。项目采购需要使用这些评价标准文件来给供应商和他们的报价书、发盘或投标书评定等级或打分。项目采购评价标准既有客观的评价标准指标,也有主观的评价标准指标。采购评价标准是项目采购计划文件的一个重要组成部分。在项目采购的评价标准中"购买价格"仅仅是重要的评价标准之一,必须综合考虑各方面的因素去确定项目采购的评价要素和评价标准,以便进行综合采购评价。表12-1所示为一个综合采购评价标准体系。

表 12-1 综合评价标准体系

评价指标	指标说明	权重
项目需求的理解	指供应商对买主项目资源需求的准确理解,这可从其提交的报价或发盘中看出来	0.2
全生命周期成本	中选的供应商是否能够按照项目全生命周期最低总成本(购买成本加上运营维护成本)供货	0.3
组织的技术能力	供应商具备项目所需的技能和知识吗?或者能够合理地预期供应商最终会得到这些技能和知识	0.25
管理水平	供应商是否已经具备,或者能否合理地预期供应商最终能够开发出项目所需的管理能力,以确保管理的成功	0.15
财务能力	供应商是否已经具备,或能否合理地预期供应商能够具备项目所需的财力资源和财务能力	0.1

第四节 项目采购计划的实施

一、项目所需商品的采购计划实施

项目所需商品的采购计划实施工作主要包括下面几项内容。

1. 开展询价工作

这是根据项目采购计划和项目采购作业计划所规定的时间,以及相应的各种采购工作文件所开展的寻找供应商并向可能的供应商发出询价信,以及交流项目具体所需资源的信息的工作。此时需要邀请可能的供应商给出报价,向可能的供应商发出邀请,请求他们发出发盘要约的工作。这是项目所需商品采购计划实施工作的第一步,项目所需任何一种商品的采购都必须首先进行询价,以便能够"货比三家",最终以最优的条件与选定的供应商签约。

2. 获得报价的工作

这是指项目业主从各个可能的供应商处获得报价的工作过程。在这一过程中,项目业主要与各个可能的供应商进行联系,要求对方追加报价信息,解释报价中的依据和理由,确认报价所包括的商品与售后服务的内容,等等。供应商的报价从法律上讲是一种要约,或叫"发盘"。项目业主或供应商在承诺接受对方的报价(或叫要约)以前,必须非常明确地知道对方报价的实际内涵,所以必须开展从各个可能的供应商之处获得报价和相关信息及确认的工作。

3. 供应商评审

在获得和明确了供应商报价以后,就可以根据供应商报价和在项目采购计划过程中制定的采购评价标准对供应商及其报价进行评价了。在这一评价过程中,首先必须审查供应商各方面资格的合法性和合格性,从而去掉在法律能力上存在缺陷的供应商。然后,将剩下的供应商进行比较和评价并给出优先序列,之后选出最佳者和次佳者,以便随后分别进行还盘和讨价还价等供应合同的谈判工作。

4. 还盘并讨价还价

在对可能的供应商进行评审并选定主要供应商候选人以后就可以开始进行还盘和进一步的讨价还价工作了。在这个过程中,项目组织要尽可能地为维护项目业主和自己的利益而展开价格条件等方面的反复讨论。

5. 谈判签约

在讨价还价后,如果双方基本达成了价格方面的条件,那么就可以进入项目采购的合同细节谈判和签约工作了。在这项工作中,主要内容是与供应商谈判和商定采购合同的各项条款。这包括价格条款、数量与质量条款、交货期与交货方式条款、支付条款、违约条款等。项目采购合同一旦签订,项目采购管理就进入本章第五节中讨论的合同管理阶段了。

二、项目招标工作的实施

1. 招投标的方式

项目组织或业主按照采购计划的安排,可以通过多种招标方式来选择供应商或承包商,常见方式包括以下四种。

(1) 公开招标。作为买主的项目组织或业主可以在一般媒体上(如报纸、广播、电视、互联网),或者在专业媒体(如专业期刊和报纸)上发布公开招标广告。凡是对项目所需资源有提供意向,并且符合投标条件的供应商或承包商都可以在规定时间内提交投标书。由招标单位对其进行资格审查并经核准后,供应商或承包商就可以参加投标了。一般大型项目多数都是通过公开招投标去获得供应商或承包商提供的商品与劳务。

(2) 邀请招标。有些项目组织或业主保留着以前交易过的,或经人推荐的供应商或承包商的信息、名单或文件。这些名单中,一般含有这些供应商或承包商的相关情况和信誉等其他方面的信息。为了减少寻找供应商或承包商的成本,项目组织可以只将采购工作文件或招标书发送给这些邀请投标的供应商或承包商。如果没有这种名单,项目组织或业主也可以向权威的商业咨询机构购买相关供应商或承包商的信息,或通过开发自己的供应商或承包商信息来源而获得邀请招标的供应商名单。

(3) 两段招标。这是将公开招标和邀请招标结合起来的招标方式。一般是技术复杂的大型项目多数使用这种招投标方式。这种方法一般首先由项目组织或业主采用公开招标的方式广泛联系供应商或承包商,然后对投标的供应商或承包商进行资格预审,再从中邀请三家以上条件最好的供应商或承包商按照邀请招标的方式,开展后续的招标工作。

(4)协商议标。对由于受客观条件限制或不易形成竞标的项目,一般可以采用协商议标的方式进行项目招标工作。例如,某些专业性很强,只有少数单位有能力承担的项目工作,或者时间紧迫而来不及按照正规程序招标的项目等,此时,可以邀请几个供应商或承包商进行报价,经比较以后,由招投标双方通过协商确定价格等有关事宜。这种方式实质上是一种非竞争性招标,一般项目商品采购招标较少采用这种方式,主要是劳务或技术开发的承发包才采用这种方式。

以上各种招标方式由项目组织或业主根据实际情况和客观条件做出适当的选用。

2. 招标程序

按照我国标准的招标程序,一般招标活动可分为几个阶段,这种分阶段的标准招标程序如图12-2所示。项目采购或承发包招标活动一般包括如下阶段。

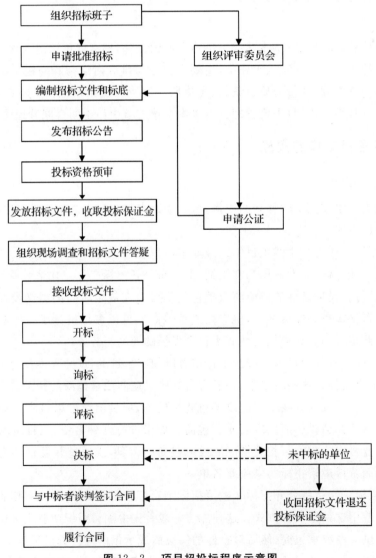

图 12-2 项目招投标程序示意图

(1)招标准备阶段。在这一阶段中,项目组织或业主在其内部成立负责采购或承发包的管理小组,或者将招标工作外包出去由专业招投标咨询公司负责完成。项目组织或业主的采购与承发包招标活动有时还需经政府招投标管理机构审批。大型的工程建设项目一般要由政府主管部门与项目组织或业主共同领导和实施招标工作。较小的项目不用经过上级组织审批和招标,因为这种项目所需的产品和劳务直接可以从市场上采购或招募。

项目采购计划的文件中应该包括用于采购或承发包招标的关键性书面文件。例如,项目采购说明书、采购评选标准以及要求供应商或承包商遵循的投标书标准格式等。招标前准备阶段还应做的工作包括以下三项:

第一,准备标底。标底又称"底价",它是项目组织或招标人对采购或承发包商品或劳务总费用的自我估算,或估算的期望值。它是评定供应商或承包商出价的合理性、可行性的重要依据。在编制标底时应充分考虑项目所需资源的数量、质量等级、交货时期、运输费用等众多因素。这种标底(或称自我估算值)直接关系到参与投标的供应商或承包商的中标机会,因此在项目采购或承发包合同签订前必须严加保密。如有泄密应对责任者严肃处理,直至追究其法律责任。

第二,投标者资格预审。这指的是项目组织或业主对申请投标的供应商或承包商所进行的资质审查。审查合格者方可发放招标文件(即资源采购或承发包工作文件),这样可以确保招标活动按预期的计划进行。参与投标的供应商或承包商应该都是有实力、有信誉的法人。通过投标者资格预审,筛选掉一部分不合格的供应商或承包商,这样也可以减少开标、评标的工作量和成本。一般而言,资格预审的主要内容有投标者的法人地位、资产财务状况、人员素质、各类技术力量和生产能力、企业信誉和以往的交易业绩等。

第三,召开标前会议。这又被称为项目组织会议、业主会议或招标会议等。它是在供应商或承包商准备投标书之前召开的会议,由项目组织或业主主持召开。召开标前会议是项目组织或业主给所有投标者提供的一次采购或承发包要求质疑与说明的机会。在这种会议上,项目组织或业主针对各位参与投标的供应商或承包商提出的问题或建议进行答复,以确保所有供应商或承包商对采购或承发包的内容、技术要求、合同要求等有一个清楚的、统一的理解。在标前会议上供应商或承包商所提出的问题以及项目组织或业主的解答,应该作为修正条款写入采购或承发包工作文件中,从而进一步完善招投标文件。

(2)开标、评标阶段。这一阶段的主要工作包括如下几个方面:

第一,开标活动。这是在招标公告中事先确定的时间、地点,召集评标委员会的全体成员、所有投标方代表和有关人士,在公证人员监督下将密封的投标文件当众启封,公开宣读投标单位名称、报价等,并一一记录在案,由招标方的法定代表签字等一系列程序组成的一项招投标活动。为了公平起见,投标文件的启封顺序一般按提交先后次序逐个进行。对于招投标双方来说,开标活动主要是一个富有意义的仪式,没有多少实质性内容。

第二,初审和询标。开标结束后招投标就进入了内部评审阶段,此时由招标工作小组和评标委员会对投标文件进行初步审阅和鉴别。初审的内容涉及投标文件是否符合招标文件的格式要求,所要求的技术资料和证明文件是否齐全,报价的计算是否合理,是否提出招标人无法接受的附加条件,以及其他需要询问质疑的问题。经过初审后那些不符合要求的投标文件应作为"废标"处理。对基本符合要求但尚需投标者给予澄清问题的投标书，招标工作人员应认真整理出来，并通知投标方进行书面回答或当面会谈。这种当面会谈相当于对投标文件进行答辩，所以国际上称为"澄清会议"。在澄清过程中，招标人的质疑和投标人的澄清都应该有书面记录，并需经双方法人代表签字后成为招标文件的补充部分。

第三，评标。这是指评标委员会按照预先确定的评价原则，一视同仁地对每份合格的投标文件从技术方法、商业价格以及法律规范等方面分别做出评价。每份投标文件评标后都应写出书面分析和评价意见，并撰写出整个评标工作的评价对比表和分析报告，最后选出2~3家最好的投标书供下一步的决标使用。

(3) 决标与签约。这一阶段的主要工作包括如下几个方面：

第一，决标。在公开招标中，国际上通用的决标办法是在符合要求的投标文件中一般以报价最低者中标，因为价格是商品和劳务购买的主要决定因素。但是最低价格的投标方案不一定就是项目总成本最低的方案，如果供应商或承包商在非价格条件方面有问题的话，还会发生许多其他的成本，从而造成项目总成本过大的情况。基于这种思想，我国颁布的招投标法中规定要选出报价低而又合理的投标者中标。评标一般必须在投标文件有效期内结束，法律规定一般从开标到确定中标单位的间隔时间不应该超过30天。

第二，授标与签约。招标人向中标人发出书面"中标通知书"的行动被称为授标。按照相关法律规定，招标单位应该在评标委员会确定中标单位后两日内发出中标通知书，并在发出通知书之日起15日内，与中标单位签订合同。一般而言，项目的合同价基本上就等于中标价。中标人如逾期不签约或拒签合同，招标人有权没收其投标保证金，以补偿自己的损失。对于未中标的单位，由招标单位通知并收回招标文件及有关资料，退还他们预交的保证金。如果因招标单位的责任未能如期签约的，招标单位应双倍返还保证金并保留中标单位的中标权。招标项目的合同文件应包括招标文件、投标文件、双方签字的开标记录、往来函电资料等。

至此，招标工作全部结束。项目组织或业主通过招标过程选出了合适的资源供应商或承包商。表12-3是一份招标书的通用格式及要求。

表12-3　招标书的通用格式及要求

招标书由标题、正文、结尾三部分组成。
一、标题
标题有四种表达形式。一是完全性标题，由"招标单位＋招标性质和内容＋招标形式＋文体"组成。二是不完全性标题，由"招标单位＋招标形式＋文体"组成。三是只写文件名称。四是广告性标题，非常灵活、醒目。
二、正文
这包括引言和主体两部分。
1. 引言
它说明招标目的、依据和招标项目名称。表述文字要准确、简洁、开门见山。

续表

2.主体 这是招标书的核心,一般要写明招标内容、要求及有关事项,主要有如下内容: (1)招标方式 招标方式中要说明属于哪类招标:公开招标、内部招标、邀请招标等。 (2)招标范围 招标范围指的是对招标对象的限制条件。 (3)招标程序 招标程序应写明招标、评标、定标的方法和步骤,以及招标起止时间或地点。 (4)招标内容和具体要求 招标的具体内容和要求应依据招标类型分条目写清楚,数字要准确,用词恰当。 (5)双方签订合同的原则 这包括签订、变更、解除、终止合同的条件和法律程序及时间等。 (6)招标过程中的权利和义务 这对招标方是关于审标、评标、定标等权利和义务的规定;对于投标方是遵守投标书要求进行投标和中标后签约履约的要求。 (7)组织领导 标书应注明招标领导机构或办事机构的情况和联系人。 (8)其他有关说明 这是投标方应注意事项的说明。 (9)结尾 标书结尾要写清招标单位的地址、电传、电报、电话、邮政编码或者网站地址。如果是两个以上单位联合招标,要求分别写上这两个单位。落款单位可以是招标单位的专管部门或承办部门。 招标书的写作应规范化,内容真实可信,详细具体,条款周全,有法可依,表达准确,避免歧义。标书中项目获取的实物量和劳动量测算要科学、合理,应体现竞争意识。

三、采购计划实施工作的结果

项目组织进行采购或承发包招标的结果就是选出满意的供应商或承包商并与之签订合同。合同是项目组织与中标的供应商或承包商双方签订并应共同遵守的协议,其中规定了供应商或承包商提供特定的产品和项目组织为之支付货款的义务。按照所需采购的资源(产品和劳务)的规模、种类、数量、交货条件等因素的不同,这种协议可以是简单的也可以是复杂的。这种协议也有别的叫法,如契约、协定、分包合同、购货订单或者谅解备忘录等等。尽管所有的项目文件都受限于某些评价和审批的格式与程序,但是项目合同具有法定的共同遵守特征。在任何情况下,评价和审批项目合同的过程主要着眼于确保合同中清楚地描述了能够满足项目需求的产品或劳务。一个标准的项目货物采购合同所应包含的内容如下:

(1)货物名称、商标、型号、厂家、数量、金额、供货进度。
(2)货物质量要求、技术标准、供方对质量负责的条件和权限。
(3)交(提)货地点、方式、运输方式及到达站港和费用负担。

(4)合理损耗及计算方法、包装标准、包装物的供应与回收。
(5)货物验收标准、方法及提出异议的期限。
(6)货物随机备品、配件工具数量及供应方法。
(7)供货的结算方式及期限、如需提供担保要另立合同担保书以作为合同附件。
(8)违约责任、解决合同纠纷的方式。
(9)其他约定事项和合同有效期限等。

第五节 项目合同管理

一、项目合同管理所需的信息

项目组织或业主在与资源供应商或承包商签订了合同之后,需要在项目的实施过程中与供应商或承包商共同开展合作并处理好项目资源的供应工作以保证项目合同的顺利实施。在项目合同管理中,项目组织或业主在合同实施、管理与控制方面所需的信息包括以下几项。

1. 项目采购或承包合同

这些合同明确规定了项目组织或业主和供应商或承包商的权利和义务,以及有关产品或劳务的具体交付计划,它是项目组织和供应商或承包商开展项目资源供应的依据。

2. 项目合同实施结果信息

这是项目供应商或承包商提供资源和履约实际进度信息,是关于项目实施中供应商或承包商交付了哪些产品或劳务,哪些还没交付,质量标准达到什么程度,发生了多大的成本等信息。项目组织或业主可以根据这些信息监控资源供应商或承包商的履约活动。

3. 项目合同变更请求

在项目实施过程中和供应商及承包商的资源供应过程中,可能会因为各种原因而导致对项目合同的变更。例如,在项目实施进度计划调整后项目采购计划也会进行相应的调整,而供应商或承包商也可能因各种因素不能按合同规定期限足量提供项目所需资源,此时项目合同的双方都可能对某些合同条款提出变更请求。项目合同变更请求包括对合同条款或对所供产品或劳务的修订。对于有争议的项目合同变更(项目组织或业主和供应商或承包商不能就变更达成一致意见时)信息更需要认真搜集和管理,因为它们可能引起索赔甚至诉讼。

4. 供应商或承包商的发货单

供应商或承包商在发出货物或提供劳务以后必须及时向项目组织提交发货单或完工单,以便对已完成供货或工作请求付款。发货或交工时机和数量通常都在合同中有明确规定,发货单或完工单一定要符合规定和要求。项目组织应该将发货单或完工单及其支持性文件写入供应商或承包商的绩效报告之中,并将其作为项目合同的重要信息进行管理。

5. 项目组织的支付记录

在分期或分批付款的项目采购或承发包合同中,项目组织或业主的支付记录是监控项目采购成本的直接依据。项目组织必须保证及时地按照合同约定对供应商或承包商的发货单进行付款,以提高供应商或承包商的积极性。在项目合同完结之后,还出要对支付手段和支付记录进行采购审计,所以这些都是十分重要的项目合同管理信息。项目组织在项目合同实施中与供应商或承包商之间的往来函电资料,也应作为项目合同管理信息。

二、项目合同管理的内容

项目合同管理的实质是项目采购或承发包合同的履约管理。因为项目合同管理是贯穿于整个项目实施过程中的,所以它也是项目集成管理的一个有机构成部分。当项目采购或承发包合同牵扯到多个供应商或承包商时,这种项目集成管理会在项目管理的多个层次和环节上展开。项目合同管理的具体内容包括以下几项。

1. 项目采购合同的实施管理

项目合同管理的主要内容是为实现项目采购计划而开展项目合同的实施管理。项目组织应该根据项目合同规定,在适当的时间监督和控制供应商或承包商的商品与劳务提供工作。一般为了保证资源的及时获得,在项目实施过程中项目组织必须同供应商或承包商保持联系,催促交付货物或劳务,以免延误整个项目的进度。如果供应商不能按时或按质地交付项目所需的产品或劳务,那么就需要调整原定的项目进度。另外,项目组织和供应商或承包商之间产生的一些合同纠纷及其处理都属于项目采购合同实施管理的范畴。

2. 项目资源供应绩效报告管理

项目组织要针对供应商或承包商的工作进行必要的跟踪与评价,这一工作被称为项目资源供应绩效报告管理。这项工作产生的项目供应绩效报告书能够为项目管理者提供有关供应商或承包商实现项目合同目标的情况信息。这些信息是项目组织监控供应商或承包商、控制项目资源成本、进度以及质量的主要依据。例如,在成本补偿式的项目合同中,项目组织会要求供应商或承包商及时提供资源供应的成本情况并与预定的成本计划相比较分析,当发现项目实际成本超出预算计划时,就必须及时对资源供应情况进行调整。

3. 项目采购的质量控制

项目采购的质量控制包括对来自于供应商或承包商的产品或劳务及时地进行检查和验收等工作,这是保证项目所获得资源符合质量要求的重要手段。在项目采购或承发包合同中一般都对交付物的检查和验收做出严格的规定,在项目采购合同管理中,基本的质量验收方式有凭到货的质检单对实际质量情况进行验收,凭货物的封存样品进行验收,根据买主提供的样品进行验收,凭权威部门的鉴定结论验收等。在建设项目承包合同和采购合同中,在科技攻关项目合同和软件开发项目合同等的验收中,最常用的是凭鉴定结论验收的方式。为进一步监控供应商或承包商交付的商品或劳务的质量,项目组织还可派专门负责质量的工程师进驻供应商或承包商的生产加工现场进行质量监控,以满足项目的要求。

4. 项目合同的变更控制

在项目采购合同的实施过程中很可能由于合同双方的各种因素需要对合同条款进行变更。例如,不可抗力事件的发生会导致合同变更,第三方的原因也可能导致合同变更等。项目合同的变更会对双方的利益产生影响,因此需要合同双方对变更达成一致的意见。一般在项目合同中都有合同变更控制办法的规定,这些条款规定了变更合同的做法和过程,这包括项目合同实施跟踪与争议解决程序以及批准合同变更所需程序和审批手续等。除了项目合同规定之外,中国的有关法律对项目合同变更也规定了一些法定程序,包括双方当事人任何一方都可以提出合同变更或解除的建议,建议中应包括变更或解除合同的充足理由和改变后的合同条款,对方在接到合同变更建议书后如无异议变更即可发生效力,若有异议双方可以进一步谈判协商或请求法院、仲裁机关裁定,项目合同变更协议未达成以前原合同继续有效,项目合同变更达成一致意见后双方需签订书面合同变更协议,这些合同变更协议与原合同一样具有法律效力,一方提出合同变更建议后另一方在接到通知后应在规定或约定时间内予以答复,逾期不答复视为默认,等等。

5. 项目合同纠纷的解决

在实际的项目合同管理中,合同的变更经常会导致双方争议和经济纠纷。当这些情况出现时一般的处理原则是:如果项目合同中有关于处理争议方法的条款,那么就按照合同条款规定的办法处理;如果没有此类条款,那么就可以申请双方约定的第三方进行调解;如果双方对于第三方调解不能达成一致,那么就应交付仲裁或诉讼来解决。

6. 项目组织人员对合同变更的认知

一旦项目采购或承发包合同发生变更,项目组织必须使项目组织内部人员了解和清楚这些变更,以及这些变更对整个项目带来的影响,以确保项目合同的变更得到项目组织人员的认知,从而不会影响项目组织的士气和整个项目工作。项目采购合同变更的控制系统应该与项目总体变更控制系统相结合,因为项目采购合同的变动可能会影响到整个项目计划和实施的变更,所以凡是出现项目采购合同的变更都应该对项目计划和其他的相关文件进行更新,从而确保项目按计划进行。

7. 项目支付系统管理

对供应商或承包商的支付管理通常是通过项目组织的可支付账户控制系统实现的。在有众多采购需求的较大项目管理中,项目组织可以开发建立自己的项目支付控制系统。这一系统必须包括由项目管理者做出的供应商或承包商的履约评价和认可等控制措施。根据中国的有关法律规定,采购合同的支付方式一般有两种:一种是现金支付(这只能在规定所限的金额内使用),另一种是转账支付(即通过开户银行将资金从付款单位的账户转入收款单位的账户)。项目组织或业主与供应商或承包商之间为项目采购合同支付商品的价款和劳务报酬以及运杂费用大都采用这种转账结算的方式。项目组织应依据合同的规定,按照供应商或承包商提交的发货单或完工单对供应商或承包商进行付款并严格管理这些支付活动。

三、项目合同终结管理

项目合同双方在依照合同规定履行了全部义务之后,项目合同就可以终结了。项目合同的终结需要伴随一系列的项目合同终结管理工作。项目合同终结阶段的管理活动包括商品或劳务的检查与验收、项目合同及其管理的终止(这包括更新项目合同管理工作记录并将有用的信息存入档案等)等。需要说明的是,项目合同的提前终止也是项目合同终结管理的一种特殊工作。项目合同终结阶段的管理任务如下。

1. 整理项目合同文件

这里的项目合同文件泛指与项目采购或承发包合同有关的所有文件,包括(但不仅限于)项目合同本身、所有辅助性的供应或承包工作实际进度表、项目组织和供应商或承包商请求并被批准的合同变更记录、供应商或承包商制定或提供的技术文件、供应商或承包商工作绩效报告(如,发货单、支付记录等各种凭证),以及任何与项目合同有关的检查结果记录。这些项目合同文件应该经过整理并建立索引记录,以便日后使用。这些整理过的项目合同文件应该包含在最终的项目总体记录之中。

2. 项目采购合同的审计

项目采购合同的审计是对从项目采购计划直到项目合同管理整个项目采购过程的结构化评价,这种评价和审查的依据是有关的合同文件、相关法律和标准。项目采购合同审计的目标是要确认项目采购管理活动的成功之处、不足之处,以及是否存在违法现象,以便吸取经验和教训。项目采购合同的审计工作一般不能由项目组织内部的人员来进行,而是由国家或专业审计部门来进行的。

3. 项目合同的终止

当供应商或承包商全部完成项目合同所规定的义务以后,项目组织负责合同管理的个人或小组就应该向供应商或承包商提交项目合同已经完成的正式书面通知。一般合同双方应该在项目采购或承发包合同中对正式接受和终止项目合同有相应的协定条款,项目合同终止活动必须按照这些协定条款规定的条件和过程开展。

▶考核知识点

考核知识点	类别	内容
项目采购管理概述	重点	项目采购合同
	难点	项目采购管理的概念
项目采购管理的方法和技术	重点	项目采购管理方式
项目采购计划的制定	重点	项目采购计划的编制
项目采购计划的实施	重点	项目采购招标方式
项目合同管理	重点	项目采购合同管理

▶ 同步综合训练

一、名词解释

1. 项目采购管理。
2. 项目合同管理。

二、简答题

1. 简述项目采购计划编制的主要工作内容。
2. 简述项目采购中的招标方式。

▶ 参考答案

一、名词解释

1. 项目采购管理是指在整个项目过程中项目组织从外部寻求和采购各种项目所需资源（商品和劳务）的管理过程。

2. 项目合同管理就是项目采购或承发包合同的履约管理，其主要内容是为实现项目采购计划而开展项目合同的实施管理。

二、简答题

1. 简述项目采购计划编制的主要工作内容。

答：在编制项目采购计划中需要开展的主要工作和活动如下：

（1）"制造或购买"的决策分析。在编制采购计划时首先要开展"制造或购买"的决策分析，以决定需要从外部组织采购哪些资源（产品和劳务）和自己生产或提供哪些资源。在制定项目采购计划的整个过程中，对所有提出或需要外购的资源都应该开展这种决策分析。

（2）对各种信息进行加工处理。在项目采购计划的编制中，需要对收集获得的各种相关信息进行必要的加工和处理，以找出计划制定决策所需的各种信息。有时组织必须聘请各类顾问或专业技术人员对收集的信息进行必要的加工和处理。例如，工程建设项目关于工程造价信息的加工与处理就可以委托造价工程师咨询公司或者雇用造价工程师来完成。

（3）采购方式与合同类型的选择。在制定项目采购计划的过程中还必须确定以什么样的方式获得资源，需要与资源供应商或分包商签订什么类型的采购合同。项目资源的获得方式包括通过询价和议标选定供应商或分包商和采用公开招标或邀请招标的方式选定供应商或分包商。合同类型的选择一般需要在：固定价格合同、成本补偿合同、单位价格合同中选择一个。这三种类型的合同对资源的买卖双方各有利弊，必须根据项目和所要采购资源的具体情况反复权衡后做出选择。

（4）项目采购计划文件的编制和标准化处理。在上述工作完成之后就可以动手编制项目采购计划了。这种计划的编制可以采用专家分析法、经济批量订货法、综合平衡计划法等具体方法。项目采购计划编制工作将最终生成项目采购计划、项目采购工作计划、项目采购标书、供应商评价标准等文件。最后需要开展的一项工作是，对项目采购计划的各种文件进行标准化处理,即将这些计划管理的文件按照一定的标准格式给出。在这方面常见的标准格式文件包括标准采购合同、标准劳务合同、标准招标书和投标书、标准计划文件等。

2.简述项目采购中的招标方式。

答:(1)公开招标。

(2)邀请招标。

(3)两段招标。

(4)协商议标。

第十三章 项目利益相关者管理

▶ **本章知识要点概述**

要求学员在学习本章后,能够熟练掌握项目利益相关者的概念、项目利益相关者的管理,了解项目利益相关者的需求识别。

第一节 项目利益相关者概述

项目利益相关者管理用于开展下列工作的各个过程:识别能影响项目或受项目影响的全部人员、群体或组织,分析利益相关者对项目的期望和影响,制定合适的管理策略来有效调动利益相关者参与项目的决策和执行。利益相关者管理还关注与利益相关者的持续沟通,以便了解利益相关者的需要和期望,解决实际发生的问题,管理利益冲突,促进利益相关者合理参与项目的决策和活动。应该把利益相关者满意度作为一个关键的项目目标来进行管理。

1. 项目利益相关者的定义

按照美国学者米切尔的界定,利益相关者包含三个层次。

第一层次是指与组织存在利益关系的任何人、组织或机构是利益相关者。他们可以是内部的,如股东;也可能是外部的,如供应商。这一定义包括了既定的受益人和中间人、组织的支持者和反对者,以及决策层和非决策层。一般都包括股东、债权人、管理层、雇员、供应商、消费者、政府部门、社会传媒、相关的社会组织和社会团体,周边的社会成员等。

第二层次是指与组织有直接关系的人或团体。

第三层次是指在组织中投入了资源的人或团体,即凡是在组织中投入了专用性资源共享的人或团体都是利益相关者。

项目利益相关者是指与项目有一定利益关系的个人或组织,也就是项目的参与方以及受项目运作影响或能够对项目运作产生影响的个人或组织。

传统的项目管理主要侧重于成本、进度和质量三方面的控制。但是随着经济的发展、社会的进步,项目利益相关者对项目管理的要求不断加强,项目相关利益主体的地位不断上升,对项目与其利益相关者关系的有效管理也成为项目成功的关键。项目利益相关者是否满意,特别是终端客户是否满意,成为衡量项目价值的重要标准之一。项目管理目标也从实现成本、进度和质量的三大控制转变为让项目利益相关者满意。例如,建造澳大利亚悉尼歌剧院项目时出现了严重的进度拖期和费用超支,用传统的三大约束作为尺度来衡量这个项目是失败的。可是,悉尼歌剧院落成后即成为澳大利亚公民引以为豪的建筑,几乎每一张澳大利亚的旅游明信片上都有该歌剧院的影子,澳大利亚公民认为这个项目取得了巨大成功。

2.项目利益相关者的分类

按照利益相关者与项目的不同的影响关系,项目利益相关者可以分为以下两种:

(1)主要利益相关者:与项目有合同关系的团体或个人,如业主方、承包方、设计方、供货方、监理方和信用机构等。

(2)次要利益相关者:那些与项目有隐性契约,但并未正式参与到项目的交易中,受项目影响或能够影响项目的团体或个人,如政府、公众和环保部门等。

根据利益相关者对项目控制权和掌握权的不同,项目利益相关者可以分为以下两种。

(1)强利益相关者:对项目控制权及掌控权较强的利益相关者。

(2)弱利益相关者:对项目控制权及掌控权较弱的利益相关者。

以项目为界限,分为项目内部利益相关者和项目外部利益相关者。前者包括项目经理和项目成员;后者包括项目发起人、总经理、职能经理、项目客户(内部客户、外部客户)、分包商、供应商和政府等。

以企业为界限,分为项目内部利益相关者和项目外部利益相关者。前者包括项目发起人、项目经理、职能经理、总经理、内部客户以及项目内部成员等;后者包括政府、分包商、外部客户以及项目外部成员等。

第二节 识别项目利益相关者及其需求

每个项目都有利益相关者,他们受项目的积极或消极影响,或者能对项目施加积极或消极影响。有些利益相关者影响项目的能力有限,而有些利益相关者可能对项目及其期望结果有重大影响。项目经理应具备正确识别并合理管理利益相关者的能力,能决定项目的成败。

识别项目利益相关者是识别出能影响项目决策、活动或结果的个人、群体或组织以及被项目决策、活动或结果所影响的个人、群体或组织,并分析和记录他们的相关信息的过程。这些信息包括他们的利益、参与度、相互依赖、影响力及对项目成功的潜在影响等,目的是帮助项目经理建立对各个利益相关者或利益相关者群体的适度关注。

1.一般项目的利益相关者

项目成功的第一保证是项目利益相关者在项目整个生命周期中的有效协作。项目管理团队必须清楚谁是利益相关者,确定他们的要求和期望,然后根据他们的要求对其影响加以管理,确保项目取得成功。一般项目的利益相关者及其主要关系如图13-1所示。

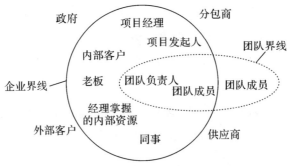

图13-1 项目利益相关者及其关系

(1)项目经理。项目经理是指负责管理项目的个人,是对保证按时、按照预算、按照工作范围以及要求的性能水平完成项目而全面负责的人。项目经理对项目的成功非常重要,但在很多情况下,项目经理的职权反而很弱,同时受制于其他利益相关者,而不能完全控制这些结果。

(2)项目发起人。项目发起人是首先实际命令执行项目的人或团体。他可能是客户,但在许多情况下,他是第三方,例如一位命令开发新产品的市场部主任。项目发起人负责保证项目得到合适的预算款项,决定项目的总体计划,保证达到项目结果所需要的资源。

(3)客户或委托人。每个项目都有特定的客户,也叫委托人。委托人可能是一个人、一个组织,也可能是由两个或更多的人组成的一个团体,或是对同一项目结果具有相同需求的许多组织。一般客户提出需求向被委托人提交需求建议书之时,就是项目诞生之时。客户既是项目结果的需求者,也是项目实施的资金提供者,还是项目交付成果的最终使用者。在一些情况下,客户是订购并支付的人,例如建设建筑物、住宅或公路时;在其他情况下,客户是购买由项目开发出来及后来由公司生产出来的产品的人。

(4)项目管理团队。项目管理团队是指完成项目工作的团队及直接参与项目管理活动的团队成员。

(5)供应商。供应商是指为项目的承约商提供原材料、设备、工具等物资设备的商户。为了确保项目实施的进度和质量,每一个承约商一般都有自己相对固定的供应商。长期的协作关系使得承约商和供应商之间有良好的信誉,这使承约商能有效地配置资源,供应商也能获得自己所期望的利润。

(6)分包商。由于现代项目技术复杂、工程量较大、客户要求较高,一般承约商在承接项目之后,都要将总项目中的一些子项目再转包给不同的分包商。分包商的参与,能有效地发挥各自的特长,使得项目能高质量地完成。但这同时也增加了项目管理的复杂性,使得分包商与承约商之间以及各分包商之间,有时很难得到有效的沟通和协调。

(7)投资人。投资人是指为项目提供现金或实物财力资源的个人或团体。

(8)被委托人。被委托人即承接项目满足客户需求的项目承建方,又叫承约商。被委托人承接项目以后,根据客户的需求和要求,开始启动项目。从项目启动、规划到项目实施和结尾的整个管理过程中,被委托人始终处于主导地位。因此,被委托人素质和能力的高低直接关系着项目质量的高低,选择一个好的项目承约商,是创造高质量项目的关键。目前,客户大多用招标、投标的方式来挑选最佳的承约商。

(9)施加影响者。同项目产品的取得和使用没有直接关系,但是因其在客户组织或实施组织中的地位而能够对项目的进程施加积极或消极影响的个人或集体。

(10)项目管理办公室。如果项目实施组织设立了项目管理办公室,并且对项目的结果负有直接或间接的责任,它就可能成为一个利益相关者。

2.项目利益相关者的需求表达

项目利益相关者常常不是实施项目的专业人员,他们不能明确地表达自己的期望和需求。这就需要项目组织运用一些方法明确利益相关者的需要。

常用的方法是与每个利益相关者进行一对一的访谈,提出以下问题作为访谈提纲:利益相关者是否对项目成功有经济的、情感的、政治的或者职业上的利益?什么原因导致利益相关者会愿意成为项目的相关方?你想从利益相关者那里得到什么信息?你想从利益相关者那里得到什么援助?你对利益相关者抱有什么期望?你对利益者相关者的看法是什么?利益相关者希望从项目中得到什么信息?利益相关者希望从项目中得到什么援助?利益相关者对项目及其后果的期望是什么?利益相关者对项目和项目成员的看法是什么?谁会影响这个利益相关者,影响程度如何?这个利益相关者会影响谁,影响程度如何?这个利益相关者可能会对项目产生积极的还是消极的影响?如果这个利益相关者是积极的,可以采取什么措施确保他一直保持积极?如果这个利益相关者是消极的,可以采取什么措施改变他的想法?如果这个利益相关者是消极的并且他的想法不会改变,应该如何管理来确保他对项目造成的消极影响最低?

质量功能展开表(Quality Function Deployment,QFD)(见图13-2)可以用来将项目利益相关者的期望转化为明确的需求。

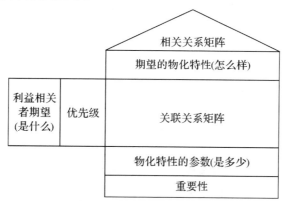

图13-2 项目利益相关者需求表达的质量功能展开表

利益相关者期望一般是笼统或模糊的。期望的物化特性是利益相关者期望的具体化表达,可以由专业人员予以定义并获得利益相关者的认可。相关关系矩阵是指众多物化特性之间的相互关系,通常用正相关或负相关来表示。关联关系矩阵是指项目利益相关者的期望和其物化特性之间的关联关系,这种关系可用强、中等、弱表示,也可采用分值表示。物化特性的参数是指能够用客观标准来度量的项目利益相关者的需求,优先级则表示利益相关者期望之间的优先顺序。

对质量功能展开表的使用有以下步骤:

第一步,确定项目利益相关者对项目的期望,并确定其优先等级,即明确"是什么"。

第二步,确定利益相关者期望的物化特性(所谓物化特性是指可以明确表示的事物,如资金、满意度调查表等),即将"是什么"转化为"怎么样"。

第三步,用关联关系矩阵确定"是什么"和"怎么样"之间的关联关系。

第四步,用相关关系矩阵确定期望的物化特性之间的关联关系。

第五步,根据相关关系矩阵和关联关系矩阵的结果,与确定利益相关者期望的物化特性的参数或衡量标准(即"是多少"),以及这些标准的重要性排序,从而将其转变为利益相关者的需求及其优先满足等级。

第三节 项目利益相关者的管理过程

项目经理必须管理利益相关者的期望,这可能是一件难事,但很重要,因为利益相关者的目标往往彼此相去甚远,甚至互相冲突。只有对利益相关者的需求和期望进行管理并施加影响,调动其积极因素,化解其消极影响,才能确保项目获得成功。

利益相关者的管理是指在整个项目生命周期中与利益相关者进行沟通和协作,以满足其需要与期望,解决实际出现的问题,并促进利益相关者合理参与项目活动。其主要作用是帮助项目经理提升来自利益相关者的支持,并把利益相关者的抵制降到最低,从而显著提高项目成功的机会。

具体来说,项目利益相关者的管理过程如下所述。

(1)项目利益相关者的识别:识别利益相关者的需求和期望,识别其在项目中的贡献和作用,分析利益相关者之间的关系和历史渊源。

(2)项目利益相关者重要性分析。

(3)项目利益相关者支持度分析:按支持度依次递减的顺序,利益相关者的主要类别有首倡者、内部支持者、较积极者、参与者、无所谓者、不积极者和反对者。

(4)项目利益相关者综合分析:项目利益相关者综合分析的常用方法是坐标格法,如图13-3所示。

(5)开发有效应对项目利益相关者的策略:明确利益相关者的责、权、利,建立完美的信息沟通网络,维护和推动良好的合作伙伴关系,实施相互协调的差异化管理策略。

(6)执行、沟通和管理项目利益相关者计划的变更。

(7)记录得到的经验教训并将其应用到将来的项目中去。

第十三章 项目利益相关者管理

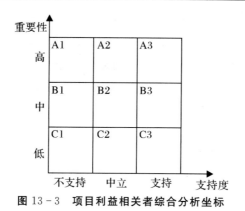

图 13-3 项目利益相关者综合分析坐标

表 13-1 是某市市政道路养护和维修项目的利益相关者及需求和利益期望分析。

表 13-1 某市市政道路养护和维修项目利益相关者分析

序号	利益相关者	项目中的角色	基本需求和期望	利益程度（高、中、低）	影响程度（高、中、低）
1	某市市政道路养护和维修工作组	管理者	期望：在保证工程质量的基础上养护和维修因气候等原因造成的损毁道路	高	高
2	承建方	建设者	需求：政府部门大力支持，市民的理解和支持 期望：按时完工，保证质量，获得报酬	高	高
3	工程监理部门	监督者	需求：承建方的支持和配合、相关的专家和技术人员 期望：保证工程质量、项目按时完成、资金的合理分配和使用	中	中
4	市民	受益者	配合、理解、支持	高	中
5	交管部门	辅助者	需求：市民的大力配合和理解 期望：项目按时完工，顺利进行，在最大程度上减少对交通的影响，保证红绿灯建设，保证出行安全	低	中
6	气象部门	辅助者	期望：顺利进行，项目按时完成	低	中
7	城市建设部门	辅助者	期望：保证道路绿化	低	中
8	自来水公司	辅助者	期望：在建设过程中，合理规划线路，保证居民用水	中	中
9	电力公司	辅助者	期望：保证施工用电，合理规划供电线路，保证居民用电	中	高
10	天然气公司	辅助者	期望：保证供气安全	中	低
11	公交公司	辅助者	期望：按时完工，合理规划公交线路	高	中
12	热力公司	辅助者	期望：合理规划管线，保证热力供应	中	中

▶ 考核知识点

考核知识点	类别	内容
项目利益相关者概述	重点	项目利益相关者的概念
识别项目利益相关者及其需求	重点	项目一般项目的利益相关者
	难点	项目利益相关者的需求表达
项目利益相关者的管理过程	难点	项目利益相关者的管理过程

▶ 同步综合训练

一、名词解释

项目利益相关者。

二、简答题

1.简述质量功能展开表的使用步骤。

2.简述项目利益相关者的管理过程。

▶ 参考答案

一、名词解释

项目利益相关者是指与项目有一定利益关系的个人或组织,也就是项目的参与方以及受项目运作影响或能够对项目运作产生影响的个人或组织。

二、简答题

1.简述质量功能展开表的使用步骤。

答:第一步,确定项目利益相关者对项目的期望,并确定其优先等级,即明确"是什么"。

第二步,确定利益相关者期望的物化特性(所谓物化特性是指可以明确表示的事物,如资金、满意度调查表等),即将"是什么"转化为"怎么样"。

第三步,用关联关系矩阵确定"是什么"和"怎么样"之间的关联关系。

第四步,用相关关系矩阵确定期望的物化特性之间的关联关系。

第五步,根据相关关系矩阵和关联关系矩阵的结果,与确定利益相关者期望的物化特性的参数或衡量标准(即"是多少"),以及这些标准的重要性排序,从而将其转变为利益相关者的需求及其优先满足等级。

2.简述项目利益相关者的管理过程。

答:(1)项目利益相关者的识别:识别利益相关者的需求和期望,识别其在项目中的贡献和作用,分析利益相关者之间的关系和历史渊源。

(2)项目利益相关者重要性分析。

(3)项目利益相关者支持度分析:按支持度依次递减的顺序,利益相关者的主要类别有首倡者、内部支持者、较积极者、参与者、无所谓者、不积极者和反对者。

(4)项目利益相关者综合分析:项目利益相关者综合分析的常用方法是坐标格法。

(5)开发有效应对利益相关者的策略:明确利益相关者的责、权、利,建立完美的信息沟通网络,维护和推动良好的合作伙伴关系,实施相互协调的差异化管理策略。

(6)执行、沟通和管理利益相关者计划的变更。

(7)记录得到的经验教训并将其应用到将来的项目中去。

附　　录

附录一　全真模拟试题(一)

一、名词解释(每小题5分,共20分)

1. 项目。
2. 项目管理。
3. 项目成本。
4. 项目风险。

二、单项选择题(每小题2分,共10分)

1. E工作有四项紧前工作A、B、C、D,其最早完成时间分别为6、7、8、9,则B工作的自由时差为(　　)。

　　A. 0　　　　　　B. 1　　　　　　C. 2　　　　　　D. 3

2. 风险发生的概率为0.8,风险对目标影响程度为0.1,则风险值为(　　)。

　　A. 0.9　　　　　B. 0.8　　　　　C. 0.7　　　　　D. 0.08

3. 一个工作包的计划预算成本为8 000元,但只完成了3/4,实际成本为6 500元,其成本偏差为(　　)。

　　A. 500元　　　　B. －500元　　　C. 150元　　　　D. 150元

4. 一般情况下,相对于网络计划图而言,横道图可以更好地表示(　　)。

　　A. 逻辑关系　　　B. 关键路径　　　C. 资源平衡　　　D. 进展状况

5. X与Y之间的相关系数 r 接近1,说明X与Y(　　)。

　　A. 负相关　　　　B. 线性相关　　　C. 不相关　　　　D. 没有线性关系

三、填空题(每小题4分,共20分)

1. 项目组织结构的常见方式有＿＿＿＿,＿＿＿＿,＿＿＿＿。
2. 项目管理的"PDCA"循环是指＿＿＿＿,＿＿＿＿,＿＿＿＿,＿＿＿＿。
3. 项目管理的五个基本过程包括＿＿＿＿,＿＿＿＿,＿＿＿＿,＿＿＿＿,＿＿＿＿。
4. 项目活动工期的估算方法有＿＿＿＿,＿＿＿＿,＿＿＿＿。
5. 项目风险应对的一般策略有＿＿＿＿,＿＿＿＿,＿＿＿＿,＿＿＿＿。

四、简答题(每小题10分,共20分)

1. 简述项目风险管理的主要内容。

2.简述人力资源的基本特点。

五、论述题（共15分）

论述项目质量管理思想。

六、计算题（共15分）

某企业根据市场需求情况，决定投入资金开发一种新产品。产品研制和生产准备需要投资1 000万元，其中研制时间半年，需要研制费用400万元；生产准备和生产线改造需要半年，改造费用投资600万元；新产品计划第二年年初投产并投入市场，预计投产当年企业的生产销售成本为900万元，同年可实现销售收入1 000万元；此后，企业每年的生产销售成本为1 500万元，可实现销售收入2 000万元。假定期望投资收益率为12%以上，投产后每年的销售收入和销售成本在年末计算，试分析该企业从2013年至2017年的现金流量情况，并将有关数据填入表中。

年 份	2013	2014	2015	2016	2017
投资/万元					
成本/万元					
收入/万元					
净现金流量/万元					
12%的贴现系数	0.892 9	0.797 2	0.711 8	0.635 5	0.567 4
折现净现值					
累计折现净现值					

▶ **参考答案**

一、名词解释（每小题5分，共20分）

1.项目是一个组织为实现既定的目标，在一定的时间、人员和其他资源的约束条件下，所开展的一种有一定独特性的、一次性的工作。

2.项目管理是运用各种知识、技能、方法与工作，为满足或超越项目有关各方对项目的要求及期望所开展的各种管理活动。

3.项目成本是指为实现项目目标而开展的各种活动中所消耗资源而形成各种费用的总体。

4.项目风险是指由于项目所处环境和条件本身的不确定性，以及项目业主/客户、项目组织或项目其他相关利益者主观上不能准确预见或控制的影响因素，项目的最终结果与当事者的期望产生背离，从而给当事者带来损失的可能性。

二、单项选择题（每小题2分，共10分）

1.D 2.D 3.B 4.D 5.B

三、填空题（每小题4分，共20分）

1.直线型 职能型 矩阵型

2.计划 执行 控制 处理

3. 起始　计划　组织　控制　结束
4. 专家评估法　模拟法　类比法
5. 规避　遏制　转移　分担　化解

四、简答题(每小题 10 分,共 20 分)

1. 答:(1)项目风险的识别。

(2)项目风险的度量。

(3)制定项目风险应对措施。

(4)项目风险的控制。

2. 答:(1)能动性。

(2)再生性。

(3)智能性。

(4)社会性。

五、论述题(共 15 分)

答:项目质量管理的思想主要是全面质量管理的思想。所谓全面质量管理的思想,国际标准化组织认为"是一个组织以质量为中心,以全员参与为基础,目的在于通过让顾客满意和本组织所有成员及社会受益而达到长期成功的一种质量管理模式"。从这一定义中可以看出,全面质量管理的指导思想分两个层次:其一,一个组织的整体要以质量为核心,并且一个组织的每个员工要积极参与质量管理;其二,全面质量管理的根本目的是使全社会受益和使组织本身获得长期成功。

(1)使顾客满意是质量管理的目的。任何项目的质量管理都要将满足项目业主/客户的需要(明确的需求是项目说明书规定的,隐含的需求需要与项目业主/客户深入沟通才能够了解)作为自己最根本的目的,因为整个项目管理的目标就是提供能够满足项目业主/客户需要的项目产出物。

(2)质量是干出来的不是检验出来的。质量检验的目的为了找出质量问题(不合格的产品或工作),是一种纠正质量问题或错误的管理工作。但是,任何避免错误和解决问题的成本通常比纠正错误和造成问题后果的成本要低,所以在质量管理中要把管理工作的重心放在避免出现错误和问题的质量保障方面,对于项目质量管理尤其应该如此。

(3)质量管理的责任是全体员工的。项目质量管理和产品质量管理的责任都应该是全体员工的,项目质量管理的成功是项目全体人员积极参与和共同努力的结果。项目质量管理成功所依赖的最关键因素是项目团队成员的积极参与以及对项目产出物质量和项目工作质量的责任划分与责任履行的管理。

(4)质量管理的关键是不断地改进和提高。项目质量管理和产品质量管理的过程中都会使用"戴明循环"(戴明博士所提倡的 PDCA 循环,其中 P 是计划、D 是执行、C 是检查、A 是处理)。这是一种持续改进工作的方法和思想,这种思想和方法同样是项目质量管理的一种指导思想和技术方法,但是由于项目的一次性和独特性,这种方法的使用有时具有一定的局限性。

六、计算题（共15分）

年 份	2013	2014	2015	2016	2017
投资	1 000				
成本	−1 000	900	1 500	1 500	1500
收入	0	1 000	2 000	2 000	2 000
净现金流量	−1 000	100	500	500	500
12%的贴现系数	0.892 9	0.797 2	0.711 8	0.635 5	0.567 4
折现净现值	−892.9	79.72	355.9	317.75	283.7
累计折现净现值	−892.9	−813.18	−457.28	−139.53	144.17

附录二 全真模拟试题（二）

一、名词解释（每小题5分，共20分）

1. 质量。
2. 项目相关利益主体。
3. 项目管理过程。
4. 项目分解结构。

二、单项选择题（每小题2分，共10分）

1. 某项目年产50万件，每件售价10元，单位可变成本4元，固定成本36万元，当销售额达（　　）后，就不会亏本。
   A. 90万元　　B. 6万元　　C. 50万元　　D. 36万元

2. 风险发生的概率为0.8，风险对目标影响程度为0.1，则风险值为（　　）。
   A. 0.9　　B. 0.8　　C. 0.7　　D. 0.08

3. A工作结束8天后B工作才能结束，其正确表示是（　　）。
   A. FTS8　　B. STS8　　C. STF8　　D. FTF8

4. 全面质量管理的基本工作方法是（　　）。
   A. "三全"管理　　B. ISO9000　　C. PDCA循环　　D. 三结合

5. 预计某项目效果好时可获利400万元，其概率为0.2；效果一般时可获利200万元，其概率0.5；效果差时可获利50万元，其概率0.3，则该项目的期望值为（　　）。
   A. 195万元　　B. 325万元　　C. 250万元　　D. 200万元

三、填空题（每小题4分，共20分）

1. 一般项目划分的4个阶段：_____，_____，_____，_____。
2. 塔克曼团队发展四阶段包括_____，_____，_____，_____。
3. 项目成本估算的方法有_____，_____，_____，_____。
4. 项目沟通的主要方式有_____，_____，_____，_____。

5.挣值分析法主要计算的3个量：_____，_____，_____。

四、简答题（每小题10分，共20分）

1.项目沟通的基本原则。

2.项目质量计划的编制方法。

五、论述题（共15分）

描述典型的项目生命周期。

六、计算题（共15分）

下表是某项目的现金流出和现金流入情况。

项目现金流量表　　　　　　　　　　　　　　单位：万元

序号	工作项	2014年	2015年	2016年	2017年	2018年
1	现金流出	1 500	1 200	1 000	1 000	1 000
2	现金流入	—	1 000	1 500	2 000	2 000
3	净现金流量					
4	累计净现金流量					
5	9%的贴现系数	0.917 4	0.841 7	0.772 2	0.708 4	0.649 9
6	净现值					
7	累计净现值					

1.将表中3、4、6、7行的空格填满。

2.计算该项目的净现值。

▶ **参考答案**

一、名词解释（每小题5分，共20分）

1.质量是反映实体（产品、过程或活动等）满足明确和隐含的需要能力和特性总和。

2.一个项目会涉及许多组织、群体或个人的利益，这些组织、群体或个人都是这一项目的相关利益主体或叫相关利益者，不管项目是直接涉及还是间接涉及这些人或组织的利益。

3.项目管理过程一般是由五种不同的项目管理具体过程构成的。这五种项目管理具体过程构成了一个项目管理过程组，一个项目管理过程组所包括的五种具体管理过程有：起始过程、计划过程、实施过程、控制过程、结束过程。

4.项目分解结构是指将项目产出物（或者说是项目目标）逐层细分为更小、更易管理的子项目或项目要素，直到将项目产出物分解成非常详尽，并能够支持下一步的项目活动分析和定义工作为止，所形成的树状层次结构。

二、单项选择题（每小题2分，共10分）

1.B　2.D　3.A　4.A　5.A

三、填空题（每小题4分，共20分）

1.定义与决策　计划与设计　实施与控制　完工与交付

2.形成　震荡　规范　辉煌

3.类比法　参数法　工料清单法　软件工具法

4. 口头　书面　非语言　电子媒介

5. BCWS　BCWP　ACWP

四、简答题（每小题10分，共20分）

1. 答：(1)准确性原则。

(2)完整性原则。

(3)及时性原则。

(4)充分运用非正式组织沟通的原则。

2. 答：(1)成本/收益分析法。

(2)质量标杆法。

(3)流程图法。

(4)实验设计法。

五、论述题（共15分）

答：典型的项目生命周期是图2-7给出的四阶段项目生命周期(仅供参考)。

六、计算题（共15分）

项目现金流量表　　　　　　　　　单位：万元

序号	工作项	2014年	2015年	2016年	2017年	2018年
1	现金流出	1 500	1 200	1 000	1 000	1 000
2	现金流入	—	1 000	1 500	2 000	2 000
3	净现金流量	−1 500	−200	500	1 000	1 000
4	累计净现金流量	−1 500	−1 700	−1 200	−200	800
5	9%的贴现系数	0.917 4	0.841 7	0.772 2	0.708 4	0.649 9
6	净现值	−1 376.1	−168.34	386.1	708.4	649.9
7	累计净现值	−1 376.1	−1 544.44	−1 158.34	−449.94	199.96

参考文献

[1] 戚安邦.项目管理学[M].北京:科学出版社,2007.
[2] 白思俊.现代项目管理概论[M].2版.北京:电子工业出版社,2013.
[3] 美国项目管理协会.项目管理知识体系指南(PMBOK指南):第6版[M].北京:电子工业出版社,2018.
[4] 白思俊.项目管理导论[M].北京:机械工业出版社,2018.
[5] 林少培,黄丹.现代项目管理[M].上海:上海交通大学出版社,2019.
[6] 殷焕武,周中华.项目管理导论[M].北京:机械工业出版社,2010.